MW01482634

MARCELLO SILVESTRINI
CLAUDIO BURA
ELISABETTA CHIACCHELLA
VALENTINA GIUNTI ARMANNI
RENZO PAVESE

L'Italiano e l'Italia

Lingua
e Civiltà
Italiana per
Stranieri

Livello
MEDIO e SUPERIORE

GRAMMATICA
CON NOTE DI STILE

GUERRA EDIZIONI

3.   2.   1.

2000   1999   98   97

ISBN 88-7715-202-8

© 1995 - 1ª edizione - Guerra Edizioni
© 1996 - 2ª edizione - Guerra Edizioni

Guerra guru srl - Via A. Manna, 25-27 - Perugia
Tel. 075/5289090 - 5270257/58 - Fax 5288244

– PIANO GENERALE –

Unità	Testo Introduttivo	Autoapprendimento Autocorrezione	Sintesi Grammaticale	Preposizioni	Civiltà
1.	MATRIMONIO IN RODAGGIO (N. Ginzburg) p. 9 Ginzburg: vita e opere p. 348	Esercizi Elisione e troncamento Preposizioni Segni di punteggiatura p. 12 Per la lingua scritta p. 15	ALFABETO Divisione in sillabe Maiuscola Apostrofo Accento grafico e tonico "d" eufonica Segni ortografici Punteggiatura p. 16	Esercizio di completamento p. 14	IL MATRIMONIO Come sposarsi in Italia p. 25
2.	PAURA DI ESSERE TRADITO (A. De Carlo) p. 28 De Carlo: vita e opere p. 346	Esercizi Passato prossimo imperfetto, presente futuro Desinenze del participio passato Uso ausiliari p. 31 Per la lingua scritta p. 36	INDICATIVO Idea di passato presente, futuro Usi modali del futuro Uso ausiliari Accordo del Participio passato p. 37	Esercizio di completamento p. 35	SCIENZA E TECNOLOGIA p. 46
3.	TRA MINESTRA E FINESTRA (A. Palazzeschi) p. 49 Palazzeschi: vita e opere p. 351	Esercizi Passato prossimo, remoto, trapassato Pronomi diretti p. 52 Per la lingua scritta p. 55	TEMPI PASSATI dell"indicativo Imperfetto Passato e trapassato prossimo e remoto Pronomi personali soggetto p. 56	Esercizio di completamento p. 54 TRA/FRA Uso e reggenze p. 65	LA CUCINA ITALIANA p. 66
4.	IL GUARDAROBA DI LAURA (P. Capriolo) p. 70 Capriolo: vita e opere p. 345	Esercizi Pronome personale Soggetto e oggetto indiretto atono p. 73 Per la lingua scritta p. 75	PRONOMI personali Soggetto e complemento Posizione dei pronomi Pronomi allocutivi p. 76	Esercizio di completamento p. 74 "PER" Uso e reggenze p. 86	REALTÀ SOCIALE ITALIANA p. 89

– Matrimonio in rodaggio (1) *–*

Pietro e Giuliana sono sposati da meno di un mese. *(have been married)*
Vittoria, la *domestica*, lascia la stanza e va a preparare il pranzo.   *donna di servizio,*
Entra Pietro.   *cameriera*

Giuliana: Ho chiacchierato un po' con Vittoria. Le ho raccontato la mia vita. Stava a sentire, non perdeva una sillaba. Tu invece, quando parlo, non mi ascolti. Stamattina sei uscito mentre stavo parlando.
Eppure ti dicevo una cosa importante.

Pietro: Ah sì? Cosa mi dicevi?

Giuliana: Ti dicevo che non vedo ora, fra noi, una ragione seria di vivere insieme.

Pietro: Non abbiamo nessuna ragione seria di vivere insieme? Lo pensi?

Giuliana: Lo penso. Trovo che sei una persona molto *leggera*.   *poco seria*
Sposandomi hai dato prova di una grande leggerezza.

Pietro: Io non sono per niente leggero. Io sono uno che sa sempre quello che fa.

Giuliana: Io invece non so mai quello che faccio. *Prendo una*   *faccio un errore*
cantonata dopo l'altra. Del resto come fai a dire che tu sai sempre quello che fai? Fin adesso non hai fatto niente. Niente d'importante, voglio dire. Quella di esserti sposato è stata la prima cosa importante della tua vita.

Pietro: Prima di incontrare te, sono stato sul punto di sposarmi almeno diciotto volte. *Mi son* sempre *tirato indietro*.   *ho rinunciato*
Perché scoprivo in quelle donne qualcosa che *mi dava i*   *mi faceva inorridire,*
brividi. Scoprivo, nel profondo del loro spirito, un pun-   *mi spaventava*
giglione. Sì, proprio un *pungiglione* (2). Erano delle vespe.   *aculeo, sting*
Quando ho trovato te, che non sei né una vespa né una mosca, ti ho sposato.

(1) Matrimonio in prova, in esperimento.
(2) Aculeo addominale di alcuni insetti.

[handwritten note: Giuliana non è come le altre donne, non parla]

Giuliana: Nel tuo modo di dirmi che non sono una vespa, c'è qualcosa d'offensivo per me. Tu vuoi dire che io sono un buon animaletto domestico, *innocuo*, gentile?... Una farfalla?

non pericoloso

Pietro: Ho detto che non sei una vespa. Non ho detto che sei una farfalla. Sei sempre pronta a far di te stessa qualcosa di grazioso.

Always ready to make refer to yourself as something pretty

Giuliana: Io non trovo graziose le farfalle. Le trovo odiose. Quasi preferisco le vespe. M'offende che tu pensi che non ho il pungiglione. È vero, ma mi offende.

Pietro: Ti offende la verità. La verità non deve mai offendere. Se t'offendi alla verità, vuol dire che non sei ancora diventata adulta. Vuol dire che non hai ancora imparato ad accettare te stessa. Ma adesso ti consiglio di alzarti, lavarti e venire a mangiare. Sarà bell'e cotta la minestra...

Pietro è condiscendente a Giuliana

Giuliana: Ahimè, non c'è la minestra. E non so se mi laverò. Quando ho la malinconia, non ho voglia di lavarmi. M'hai fatto venire la malinconia.

Pietro: Ti ho fatto venire la malinconia? Io?

Giuliana: Sei tornato così *sentenzioso* da quel funerale!

pieno di massime, dogmatico

Pietro: Non sono sentenzioso.

Giuliana: Sei sentenzioso, sicuro di te e molto antipatico. Parli di me quasi che mi *conoscessi come il fondo delle tue tasche*.

conoscessi molto bene

lui è troppo sicuro di se stesso

Pietro: Infatti io ti conosco come il fondo delle mie tasche.

Giuliana: Ci siamo incontrati che non è neanche un mese e mi conosci come il fondo delle tue tasche? Ma se non sappiamo nemmeno bene perché ci siamo sposati! Non facciamo che domandarci "il perché" dalla mattina alla sera!

Pietro: Tu! Io no. Io non mi domando niente. Tu sei una persona con la testa confusa. Io no. Io vedo ben chiaro. Vedo chiaro e lontano.

Giuliana: Ma guarda che alta opinione che hai di te! Una sicurezza da *sbalordire*! "Vedo chiaro e lontano!" Io ti dico che *siamo nelle nebbie*! Siamo nelle nebbie fino ai capelli, questa infatti è la stagione! Non vediamo *a un palmo dal nostro naso*!

sorprendere, stupire

nella confusione

a breve distanza

Pietro: (Uscendo dalla stanza, nervoso). T'apro il bagno? Ti apro il bagno. Se ti lavi, forse ti *schiarisci le idee*. Lavarsi fa bene. *Disintossica*. Schiarisce le idee ...

fai chiarezza in te

purifica

— lui parla come parlare a una figlia

(Adattato da: NATALIA GINZBURG, *Ti ho sposato per allegria*)*

— Non hanno preso sul serio il matrimonio

* Per notizie su Natalia Ginzburg, vedi la sezione "*Scrittori in vetrina*", a pag. 348.

1. Scelta multipla

1. Pietro e Giuliana sono sposati da
❑ un mese ☑ meno di un mese ❑ più di un mese

2. Pietro dice che Giuliana non è né una vespa né una mosca
In questa definizione, secondo lei, c'è qualcosa di
❑ gradevole ❑ gentile ❑ offensivo

3. Pietro dice che Giuliana è sempre pronta a proporsi come qualcosa di
❑ grazioso ❑ allegro ❑ spiritoso

4. Giuliana trova le farfalle:
❑ noiose ❑ pericolose ❑ odiose

5. Per Pietro, la verità non deve mai
❑ offendere ❑ essere accettata ❑ far diventare adulti

6. Giuliana non ha voglia di lavarsi quando
❑ ha fame ❑ è in vacanza ❑ è malinconica

7. Pietro pensa di conoscere Giuliana
❑ molto bene ❑ confusamente ❑ a memoria

8. Giuliana dice che loro due sono in
❑ grande angoscia ❑ grandi difficoltà ❑ mezzo alla confusione

9. I due non riescono a capire e vedere il loro futuro a
❑ grande distanza ❑ breve distanza ❑ nessuna distanza

10. Lavarsi
❑ schiarisce e ammorbidisce la pelle ❑ elimina lo sporco e la stanchez-za ❑ fa bene, purifica

2. Questionario

1. Chi sono i protagonisti della storia?
2. Da quanto tempo sono sposati?
3. Quante volte Pietro è stato sul punto di sposarsi?
4. Perché ogni volta che Pietro era sul punto di sposarsi si tirava indietro?
5. Come trova, Giuliana, le farfalle?
6. Che significa, per Pietro, offendersi di fronte alla verità?
7. Quando è che Giuliana non ha voglia di lavarsi?

8. Da dove è tornato tanto strano Pietro?
9. I due non fanno altro che domandarsi "il perché" di che cosa?
10. Perché lavarsi può far bene a Giuliana?

PER L'AUTOCORREZIONE E L'AUTOAPPRENDIMENTO

3. Completare (elisione e troncamento)

1. Mi _____ sempre tirato indietro.
2. Tu vuoi dire che io sono un _____ animaletto domestico.
3. Sei sempre pronta a _____ di te stessa qualcosa di grazioso.
4. _____ 'offende che tu pensi che non ho il pungiglione.
5. Se ____ 'offendi alla verità, _____ dire che non sei ancora diventata adulta, _____ dire che non hai ancora imparato ad accettare te stessa.
6. Sarà _____ 'e cotta la minestra.
7. Ahimè, non _____ 'è la minestra.
8. ____ 'hai fatto venire la malinconia.
9. Io vedo _____ chiaro.

4. Completare con le preposizioni

1. Pietro e Giuliana sono sposati ____ meno _____ un mese.
2. Prima ____ incontrare te, sono stato _____ punto _____ sposarmi diciotto volte.
3. Scoprivo, _____ profondo _____ loro spirito, un pungiglione.
4. ____ tuo modo _____ dirmi che non sono una vespa, c'è qualcosa _____ offensivo ____ me.
5. Sei sempre pronta _____ far ____ te stessa qualcosa _____ grazioso.
6. Vuol dire che non hai ancora imparato _____ accettare te stessa. Ma adesso ti consiglio _____ alzarti, lavarti e venire _____ mangiare.
7. Quando ho la malinconia, non ho voglia _____ lavarmi.
8. Sei tornato così sentenzioso _____ quel funerale!
9. Sei sicuro _____ te e molto antipatico. Parli _____ me quasi che mi conoscessi come il fondo _____ tue tasche.
10. Non facciamo che domandarci "il perché" _____ mattina _____ sera!
11. Ma guarda che alta opinione hai _____ te! Una sicurezza _____ sbalordire!
12. Io ti dico che siamo _____ nebbie.
13. Non vediamo _____ un palmo _____ nostro naso.

5. Segnare l'accento grafico dove è necessario

1. Perche scoprivo in quelle donne qualcosa che mi dava i brividi.
2. Si, proprio un pungiglione.
3. Quando ho trovato te, che non sei ne una vespa ne una mosca, ti ho sposato.
4. Nel tuo modo di dirmi che non sono una vespa, c'e qualcosa d'offensivo per me.
5. E vero, ma mi offende.
6. Ti offende la verita. La verita non deve mai offendere. Se t'offende la verita, vuol dire che non sei ancora adulta.
7. Sara bell'e cotta la minestra.
8. Ahime, non c'e minestra. E non so se mi lavero.
9. Sei tornato cosi ...sentenzioso da quel funerale!
10. Ci siamo incontrati che non e neanche un mese ...
11. Ma se non sappiamo nemmeno bene perche ci siamo sposati! Non facciamo che domandarci "il perche" dalla mattina alla sera!
12. Questa infatti e la stagione delle nebbie!

6. Segnare l'accento tonico sulle parole sottolineate

1. Prima di incontrare te, sono stato sul punto di sposarmi ...
2. Mi son sempre tirato indietro.
3. Perché scoprivo in quelle donne qualcosa che mi dava i brividi.
4. Tu vuoi dire che io sono un buon animaletto domestico, innocuo, gentile?
5. Io non trovo graziose le farfalle. Le trovo odiose.
6. La verità non deve mai offendere,
7. Quando ho la malinconia, non ho voglia di lavarmi.
8. Sei sentenzioso, sicuro di te e molto antipatico.
9. Disintossica. Schiarisce le idee.

7. Scrivere con la maiuscola le parole che lo richiedono

1. *pietro* e *giuliana* sono sposati da meno di un mese.
2. *pietro*: prima di incontrare te, sono stato sul punto di sposarmi almeno diciotto volte. mi son sempre tirato indietro. perché scoprivo in quelle donne qualcosa che mi dava i brividi. scoprivo, nel profondo del loro spirito... un pungiglione.
3. *giuliana:* tu vuoi dire che io sono un buon animaletto domestico, innocuo, gentile? ... una farfalla?

4. *pietro*: ti ho fatto venire la malinconia? io?
5. *pietro:* tu! io no. io non mi domando niente. tu sei una persona con la testa confusa. io no. io vedo ben chiaro. vedo chiaro e lontano.
6. *giuliana*: ma guarda che alta opinione hai di te! una sicurezza da sbalordire! "vedo chiaro e lontano!" io ti dico che siamo nelle nebbie! siamo nelle nebbie fino ai capelli.

8. Reinserire i segni di punteggiatura

1. *Giuliana* Ci siamo incontrati che non è neanche un mese e mi conosci come il fondo delle tue tasche Ma se non sappiamo nemmeno bene perché ci siamo sposati Non facciamo che domandarci "il perché" dalla mattina alla sera
2. *Pietro* Tu Io no Io non mi domando niente Tu sei una persona con la testa confusa Io no Io vedo chiaro e lontano
3. *Giuliana* Ma guarda che alta opinione hai di te Una sicurezza da sbalordire Vedo chiaro e lontano Io ti dico che siamo nelle nebbie Siamo nelle nebbie fino ai capelli questa infatti è la stagione Non vediamo a un palmo dal nostro naso
4. *Pietro* (uscendo dalla stanza nervoso) T'apro il bagno
5. *Pietro* Ti apro il bagno Se ti lavi forse ti schiarisci le idee Lavarsi fa bene Disintossica Schiarisce le idee

9. Completare con le preposizioni

1. Vittoria va _____ preparare il pranzo.
2. Ho chiacchierato un po' _____ Vittoria. Stava ___ sentire, non perdeva una sillaba.
3. Sposandomi hai dato prova ____ grande leggerezza.
4. Quella ___ esserti sposato è stata la prima cosa importante _____ tua vita.
5. Prima ____ incontrare te, sono stato _____ punto ____ sposarmi almeno diciotto volte.
6. Se t'offendi _____ verità, vuol dire che non sei ancora diventata adulta.
7. Parli ____ me quasi che mi conoscessi con il fondo _____ tue tasche.
8. Infatti io ti conosco come il fondo _____ mie tasche.
9. Tu sei una persona _____ la testa confusa.
10. Siamo _____ nebbie fino _____ capelli.

10. Completare liberamente le frasi

1. Sono stato sul punto di ...
2. Mi son sempre tirato indietro ...
3. Scoprivo qualcosa che mi dava ...
4. Sei sempre pronta a far di te stessa qualcosa di ...
5. Vuol dire che ...
6. Non ho voglia di ...
7. Mi hai fatto venire ...
8. Non facciamo che domandarci ...
9. Vedo chiaro e ...
10. Non vediamo a un palmo dal ...

11. Fare le domande

1. Da quanto tempo sono sposati?
     – Sono sposati da meno di un mese.
2. _____
     – Sono stato sul punto di sposarmi
     _____? almeno diciotto volte.
3. _____?
     – Scoprivo un pungiglione.
4. _____?
     – Nel profondo del loro spirito.
5. _____?
     – Ho detto che non sei una vespa.
6. _____
     – Adesso ti consiglio di alzarti, lavarti
     _____? e venire a mangiare.
7. _____?
     – M'hai fatto venire la malinconia.
8. _____?
     – Io non mi domando niente.

12. Scrivere un testo (circa 150 parole)

1. Descrivere come si svolge la cerimonia del matrimonio nel vostro Paese.

2. Cosa significa "sposarsi" oggi?

3. Il matrimonio tra sogno e realtà.

SINTESI GRAMMATICALE

ALFABETO	***Troncamento***
Divisione in sillabe	***"d" eufonica***
Accento	***Punteggiatura***
Elisione	***Maiuscola***

ALFABETO

Le lettere dell'alfabeto italiano sono **ventuno**: **cinque vocali (a, e, i, o, u)** e **sedici consonanti**.

A	B	C	D	E	F	G	H	I	L	M
a	bi	ci	di	e	effe	gi	acca	i	elle	emme

N	O	P	Q	R	S	T	U	V	Z	
enne	o	pi	qu	erre	esse	ti	u	vu	zeta	

I seguenti segni grafici servono per trascrivere parole straniere e non fanno parte del nostro alfabeto [1].

J	K	W	X	Y
i lunga	cappa	doppia vu	ics	ipsilon

Le vocali **e** ed **o** possono avere:

suono **aperto** (o largo)		suono **chiuso** (o stretto)	
bène	tròvo	mése	fóndo
vèspa	vòglia	capélli	ancóra
adèsso	diciòtto	véro	conóscere
minèstra	qualcòsa	perché	persóna

[1] In un normale vocabolario le lettere dell'alfabeto hanno la seguente collocazione: A, B, C, D, E, F, G, H, I, J, K, L, M, N, O, P, Q, R, S, T, U, V, W, X, Y, Z.

Nell'*alfabeto fonetico,* i fonemi della lingua italiana si trascrivono con i seguenti
simboli:

Vocali

A.I. [1]	A.F.I. [2]	GRAFIA ITALIANA	GRAFIA FONETICA
a	a	**casa, cane**	kaza, kane
e, é	e	**sera, perché**	sera, per'ke
e, è	ε	**testa, caffè**	tɛsta, kaf'fɛ
i	i	**vita, vino**	vita, vino
o	o	**pronto, sole**	pronto, sole
o, ò	ɔ	**porta, andò**	pɔrta, an'dɔ
u	u	**futuro, uva**	fu'turo, uva

Semiconsonanti

A.I.	A.F.I.	GRAFIA ITALIANA	GRAFIA FONETICA
i	j	**piede, dietro**	pjɛde, djɛtro
u	w	**suono, ruota**	swɔno, rwɔta

Consonanti

A.I.	A.F.I.	GRAFIA ITALIANA	GRAFIA FONETICA	A.I.	A.F.I.	GRAFIA ITALIANA	GRAFIA FONETICA
p	p	**porta, palla**	pɔrta, palla	g	g	**gatto, gonna**	gatto, gɔnna
b	b	**banca, bello**	banka, bɛllo	g	dʒ	**gentile, giacca**	dʒen'tile, dʒakka
m	m	**mano, mare**	mano, mare	c	k	**casa, cucina**	kaza, ku'tʃina
t	t	**terra, tino**	tɛrra, tino	c	tʃ	**cinema, cera**	'tʃinema, tʃera
d	d	**dito, denaro**	dito, de'naro	f	f	**fiume, fame**	fjume, fame
n	n	**notte, nero**	nɔtte, nero	v	v	**vento, verità**	vɛnto, veri'tà
gn	ɲ	**legno, gnomo**	leɲɲo, ɲomo	s	s	**sera, sole**	sera, sole
gh	g	**ghiro, preghiera**	giro, pre'gjɛra	s	z	**smog, smunto**	zmɔg, zmunto
ch	k	**chiesa, chiave**	kiɛza, kjave	sc	ʃ	**scena, sciarpa**	ʃɛna, ʃarpa
qu	kw	**quadro, quando**	kwadro, kwando	r	r	**Roma, rumore**	roma, ru'more
z	ts	**zio, vizio**	tsio, vitstsjo	l	l	**libro, lavoro**	libro, la'voro
z	dz	**zero, azienda**	dzɛro, adz'dzjɛnda	gli	ʎ	**gli, fogli**	ʎi, fɔʎʎi

[1] Alfabeto Italiano.
[2] Alfabeto Fonetico Internazionale.

DIVISIONE IN SILLABE [1]

— Ogni consonante fa SILLABA con la vocale che segue
   ve-ri-tà, ve-ni-re, si-cu-ro

— Le consonanti **doppie** si separano
   di-ciot-to, of-fen-si-vo, ac-cet-ta-re, cap-pel-lo

— Una, o due, o più **consonanti vicine** formano sillaba con la vocale che segue
   co-sta-re, co-stru-zio-ne, ba-ga-glio, ba-gno

— Se però la prima consonante è **l/m/n/r**, allora questa si unisce alla sillaba che precede
   in-con-tra-re, qual-co-sa, im-pa-ra-re, per-so-na

— Il gruppo **cq** si separa
   ac-qua, piac-que, nac-que, sciac-qua-re

— I **dittonghi** (risultanti dall'unione di **a/o/e** con **i** oppure **u**: ai, oi, ei, au, ou, e viceversa) non si dividono
   Giu-lia-na, in-die-tro, chia-ro, buo-no, chia-mia-mo

ACCENTO

L'ACCENTO, di solito, non viene indicato graficamente.
È necessario però segnarlo nei seguenti casi [acuto (´); grave (`)]

— quando cade sull'ultima sillaba (parole tronche).
   Perché, chissà, giovedì, laggiù, università, caffè, più, ciò, può, ecc.

— quando il significato di certe parole monosillabe cambia a seconda che ci sia o no l'accento.

è	*è vero*	e	*bello e buono*
né	*non ho né fame né sete*	ne	*ne ho fumate cinque*
sé	*lo porta con sé*	se	*non so se tornerò*
sì	*ha detto di sì*	si	*oggi non si lavora*
dà	*non mi dà nulla*	da	*viene da Berlino*
là	*vado là*	la	*la verità non offende*
lì	*fermati lì*	li	*li vedi ancora*
tè	*non bevo tè*	te	*te ne do due*

(1) Così anche vengono divise le parole a fine riga per andare "a capo".

– quando l'accento può evitare ambiguità di significato

loro càpitano (da 'capitare')	*il capitàno* (grado militare)
tu desìderi (da 'desiderare')	*i desidèri* (plurale di 'desiderio')
i prìncipi (pl. di 'principe')	*princìpi* (plurale di 'principio')
sùbito (avverbio)	*subìto* (participio passato di 'subire')

ELISIONE

Per rendere più scorrevole ed armoniosa l'espressione orale, la vocale finale di parola cade, se seguita da una parola che inizi per vocale o per h.
La caduta di questa vocale (finale di parola) è indicata dall'apostrofo.
Il fenomeno si definisce ELISIONE.

L'apostrofo si segna con le seguenti parole:

– Gli articoli **la/lo** e le preposizioni articolate **allo, alla, della, dello**, ecc.
   l'aula, l'orologio, sull'albero, all'amico

– L'articolo **una**
   un'amica, un'anima, un'opera

– La preposizione **di**
   d'oro, d'argento, d'inverno, d'estate

– La preposizione **da,** solo in espressioni quali**:**
   d'ora in poi, d'altra parte, ecc.

– **ci/ne** (davanti a **i-** o ad **e-**)
   c'è, c'insegna, non ce n'è nessuno

– **questo, quello, tutto, buono, bello, santo**
   quest'anno, quell'albergo, tutt'altro, buon'anima, bell'uomo, Sant'Antonio

TRONCAMENTO

A volte si ha la caduta di una vocale o di un' intera sillaba davanti a parole che inizino con vocale o anche con consonante.
In questi casi la sillaba finale della parola troncata ha per lo più **l/m/n/r**. Il fenomeno si definisce TRONCAMENTO.

alcuno	non ho *alcun* libro
bello	è un *bel* vivere
buono	è un *buon* pranzo
ciascuno	*ciascun* uomo è responsabile delle proprie azioni
dottore	il *dottor* Franchi non è in casa
grande	c'è un *gran* rumore fuori
ingegnere	l'*ingegner* Rossi è uscito
nessuno	non ha *nessun* amico
professore	il *professor* Bianchi ti aspetta
quale	*qual* è la tua macchina?
quello	*quel* libro mi piace
Santo	è la festa di *San* Lorenzo
uno	è *un* asino
tale	una *tal* persona mi fa paura
valle	in *Val* Gardena ci si riposa

Non si può fare il troncamento con nomi al plurale né con parole tronche *(città)* o monosillabiche *(re)*. È molto raro con i nomi che terminano in *-a*. Fanno eccezione: *ora* (or) e i composti *allora* (allor), *ancora* (ancor), *ognora* (ognor), ecc., nonché *suora* (suor Giovanna) [1].

L'apostrofo viene segnato **solo** negli imperativi:

da' = dai,   di' = dici,   *fa'* = fai,   sta' = stai,   to' = (togli), prendi,   *va'* = vai;

e anche in *po'* = poco,   *mo'* = modo, ecc.

> *Da' retta una buona volta!*
> *Di' tutto quello che sai!*
> *Fa' presto, siamo in ritardo!*
> *Sta' attento, quando guidi!*
> *To' e vattene via!*
> *Va' a casa ora, è molto tardi!*
> *Sono un po' stanco, vado a riposare*
> *Lo presi sulle spalle a mo' di sacco*

"d" EUFONICA

Per ragioni di armonia nel parlato (ma anche nello scritto) si aggiunge una **d** (**d** eufonica) davanti a parole che iniziano con **e** oppure con **a**.

Andiamo ad Assisi	meglio di	*andiamo a Assisi*
Andiamo ad aprire	meglio di	*andiamo a aprire*
Antonio ed Ermanno	meglio di	*Antonio e Ermanno*
Studiava ed era intelligente	meglio di	*studiava e era intelligente*

---

(1) Il troncamento in *-m* è molto frequente in poesia o in forme dialettali.

PUNTEGGIATURA

Virgola [,]

Si usa per indicare una pausa breve, ad esempio per separare le parole di un elenco, per un inciso all'interno di una frase.

Carlo, Giulio, Luigi e Lina sono arrivati
Io, per quanto riguarda me, sono d'accordo
Coraggio, ragazzi, correte!

Due punti [:]

Si usano per introdurre un discorso diretto, una spiegazione, un chiarimento o una elencazione.

Gli chiese: "Perché non facciamo una pausa?"
Ero molto stanco: avevo dormito pochissimo la notte precedente
Erano venuti proprio tutti alla festa: gli zii, i cugini, i nonni e persino i vicini di casa

Punto e virgola [;]

Si usa per indicare una pausa media, all'interno di un discorso, o per evidenziare elementi separati.

Tornò a casa molto tardi; i suoi erano già a letto
Gli disse di stare sereno; poi si allontanò

Punto [.]

Si usa per indicare una pausa lunga o la fine di un discorso.
Marcovaldo ritornò alla panchina. Si sdraiò. Ora il semaforo era nascosto alla *sua vista.* (Calvino)

Punto interrogativo [?]

Si usa per indicare la fine di un discorso in forma di domanda.

Quanti anni hai?

Punto esclamativo [!]

Si usa per indicare la fine di una frase che esprime sorpresa, rabbia, meraviglia o che costituisce un comando, una richiesta, un'invocazione.

Sei arrivato, quanto mi fa piacere!
Sei proprio il solito noioso!
Vieni qua, per favore![1]

Puntini di sospensione [...]

Sono normalmente indicati graficamente in numero di tre.
Si usano per indicare la sospensione del discorso che, per qualche motivo, non viene portato a termine (normalmente per timore, reticenza, emozione, allusività).

Eh, la sanno lunga, certe persone...
Veramente... non so... non credo di poter venire

Trattino [-]

Si usa per collegare due parole composte, a volte per dividere in sillabe una parola *(an-ni-ver-sa-rio)*, per spezzare una parola in fine di riga *(anni-versario)*.

Il treno Roma-Torino
Un bel fine-settimana

Lineetta [–]

Si usa per delimitare un inciso, a volte per introdurre un discorso diretto o un dialogo (in sostituzione delle virgolette). E' più lunga del trattino.

Luigi le disse: – Prenditi una vacanza!
Lei scherzò a lungo – con ironia, sarcasmo talora – sul mio passato
Giovanna – così dicevano – era stata suora, un tempo

---

[1] Punto esclamativo e punto interrogativo si combinano **?!** o **!?**, ad indicare un misto di stupore, incredulità, meraviglia e di interrogazione retorica (nei fumetti specialmente).
A volte sia il punto esclamativo che il punto interrogativo possono essere ripetuti due o tre volte **??** **!! ??? !!!**, a sottolineare graficamente o un particolare stato di incredulità da parte di chi formula la domanda o una più marcata esclamazione.
Tu qui?! Che ci fai a Roma? Ti pensavo ancora in America!
Evviva!!!
Dove??? Trasferito in Alaska, Luigi? Non ci credo!!

Virgolette [" "]

Si usano per delimitare un discorso diretto, per mettere in evidenza una parola, una frase o un titolo, per citare le parole di qualcuno, per citare in un contesto italiano una parola o espressione straniera o dialettale.

> *Gli disse: "Domani partiamo col treno delle cinque"*
> *Foscolo scrisse "Le Grazie" negli anni della maturità*
> *Lui non diceva mai un bel "grazie" di cuore a nessuno*
> *Sulla tomba di Machiavelli sono incise le parole: "Tanto nomini nullum*
> *par elogium"*
> *È andato a prendere "mammà" alla stazione (mammà: uso napoletano)*

Parentesi tonda ( )

La parentesi tonda si usa per indicare, all'interno di un discorso, un inciso, una spiegazione, o per ricordare o per segnalare qualcosa di importante (come ad esempio il nome di un autore al termine di un brano).

> *Giovanna era stata per un lungo periodo (dieci anni, se ben ricordo) infermiera*
> *in una clinica privata*
> *Negli anni in cui vivevo a Belluno (un periodo proprio da dimenticare; non*
> *tornerei indietro per tutto l'oro del mondo!) andava molto di moda il cultu-*
> *rismo*

Parentesi quadra [ ]

La parentesi quadra, più frequente in matematica, si usa per lo più per indicare che all'interno di una citazione è stata inserita una parola che non faceva parte del testo oppure per introdurre un nostro commento o per segnalare un nostro inciso, una nostra spiegazione [come nel caso nostro per quanto riguarda la spiegazione dei segni di punteggiatura], per indicare in una parola una lettera o una sillaba che si pensa o si aggiunge.

> *"Nel mezzo del cammin di [nostra] vita" (Dante)*
> *La particella affermativa "sì", deriva dal latino sic est = sì [c] [est]*

Asterisco [*] o [***]

Si usa con diverse funzioni: per indicare una nota, un'omissione, un'ipotesi, ecc.
In grammatica, alcuni autori, lo fanno precedere a parole, a frasi non attestate o
   non corrette.

> *Abitava a ***, non tanto distante dalla capitale*
> *È errato scrivere: *quei nobil signori (invece di quei nobili signori)*

MAIUSCOLA

La LETTERA MAIUSCOLA si usa:

— all'inizio di un discorso o di un periodo; quindi dopo il punto fermo, dopo il punto
   interrogativo ed esclamativo

— dopo i due punti nel discorso diretto
   Partendo mi disse: "Ritornerò presto"

— nei nomi di persona, nei cognomi, nei soprannomi
   Luigi, Teresa, Leopardi, Rossi, Giorgione

— nei nomi geografici (astri e pianeti, continenti, paesi, regioni, città, monti, fiumi)
   e nei nomi di popoli
   la stella Sirio, la Luna, Giove, l'Europa, l'Italia, la Toscana, Firenze, l'Abetone,
   il Tevere, gli Italiani

— nei nomi comuni "sublimati"
   l'Uomo, la Vita, questo Paese, cara Mamma..., un vero Amore

— nei nomi che indicano istituzioni, solennità, figure religiose, cariche pubbliche
   o religiose (non obbligatoriamente)
   lo Stato, la Repubblica, la Patria, il Capo dello Stato, il Ministro, il Prefetto,
   il Papa, la Chiesa, la Madonna, lo Spirito Santo, Sua Eccellenza, il Natale

- nei titoli di giornali, libri, film, opere artistiche
   La Divina Commedia, L'Annunciazione di Leonardo, Il Corriere della Sera

ELEMENTI DI CIVILTÀ

Il matrimonio

Se ti capitasse di innamorarti perdutamente di un ragazzo italiano (o di una ragazza italiana), tanto da pensare al matrimonio e al tuo trasferimento nel nostro Paese, ecco alcune istruzioni pratiche e utili su

COME SPOSARSI IN ITALIA

Quando tu e il tuo "lui" (o la tua "lei") avete deciso di compiere il grande passo, comunicate la decisione in famiglia e fissate la data delle nozze.

Di solito i mesi privilegiati sono Maggio, Giugno e Settembre. Il tempo è bello e non fa troppo caldo. Le giornate sono lunghe. Il ricevimento nuziale si può fare all'aperto in bei giardini fioriti oppure in campagna.

Circa un mese e mezzo prima del matrimonio dovrete spedire a familiari, amici e conoscenti

La foto ricordo

Le partecipazioni

che consistono in cartoncini con cui annunciate la data, il luogo, l'ora delle vostre nozze ed invitate le persone più care al banchetto che seguirà alla cerimonia.

"Sposarsi" significa anche cominciare a pensare di vivere insieme in una stessa casa, che deve ancora essere arredata ed in cui manca tutto, o quasi. Ecco perché voi, futuri sposi, dovrete andare in giro per i negozi della città a scegliere gli oggetti che vi piacciono e di cui avete bisogno.

Quando avrete trovato negozi che hanno gli oggetti giusti, è consuetudine fare una bella

Lista di nozze

un elenco, cioè, delle cose, scelte da voi, che i vostri amici e parenti potranno regalarvi.

L'organizzazione della cerimonia e del ricevimento occupa spesso mesi e mesi, ma alla fine arriverà il gran giorno.

Tutto è pronto. C'è molta animazione davanti alla Chiesa (o al Municipio). I vostri ospiti aspettano, in gruppetti, con impazienza...

Lo sposo è già arrivato, in abito scuro e con il mazzolino di fiori da regalare alla sposa quando le andrà incontro.

La sposa, invece, si sa, si fa desiderare...

Festa di sposi

Finalmente appare, in abito bianco, e l'attenzione è tutta per lei.

Emozionati, voi due entrate in Chiesa (o in Municipio), mentre parenti ed amici fanno ala al vostro passaggio.

Dopo che, secondo il rito, vi sarete scambiati solenni promesse, vi sarete infilati reciprocamente

Le fedi

all'anulare sinistro e saranno state apposte le firme vostre e dei testimoni sull'apposito registro (mentre vengono scattate innumerevoli foto e le note dell'organo rendono solenne l'atmosfera), finalmente sarete marito e moglie.

All'uscita vi accoglierà una pioggia di riso augurale, che gli ospiti festanti vi lanceranno perché vi porti fortuna.

E poi baci, abbracci, e via di corsa, tutti in macchina per raggiungere il luogo stabilito per

Il banchetto

Una lunga coda di auto si snoda per le strade e si sentono colpi di clacson festanti.

Quando il rumoroso corteo arriva a destinazione, è il momento dell'aperitivo, a cui fa seguito il pranzo (o la cena).

Voi, sposi, sedete a un tavolo centrale, insieme ai genitori e ai testimoni. Gli altri invitati vi stanno attorno e spesso alzano il bicchiere per fare un brindisi. "Viva gli sposi!" è senza dubbio l'augurio più ricorrente. Il cibo, buono e abbondante (sei, sette, otto e più portate ...), e ottimi vini completeranno l'avvenimento.

Tutti sono allegri e si divertono, pur rimanendo quattro o cinque ore seduti. Del resto, da noi si dice che "a tavola non s'invecchia"... Quando arriverà

La torta

tutta bianca, con la panna, allora si scatteranno ancora fotografie per

Il brindisi prima del taglio della torta

fissare l'immagine-ricordo della coppia che ne taglia la prima fetta.
Poi, a grande richiesta degli invitati, marito e moglie si scambiano un bacio, tenendo in mano un bicchiere colmo di spumante. Verso la fine, cari sposini, bisogna fare il giro dei tavoli per distribuire ai presenti

I confetti

in sacchettini di tulle. Poi, stanchi morti, sarete finalmente liberi di salutare e partire per

La luna di miele

mentre la festa continua senza di voi. E, se c'è un'orchestrina, si comincia perfino a ballare. Quando tornerete dal viaggio di nozze, come ringraziamento dei regali ricevuti e a ricordo dell'evento, dovrete consegnare a tutti gli invitati le bomboniere, cioè degli oggettini (di solito piccole ceramiche o soprammobili) contenenti altri confetti. Per il matrimonio "all'italiana", questo è tutto.

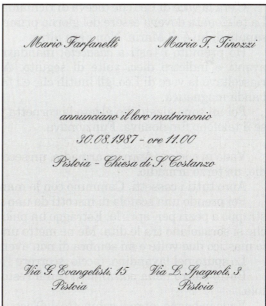

Mario Farfanelli   *Maria T. Tinozzi*

annunciano il loro matrimonio

30.08.1987 - ore 11.00

Pistoia - Chiesa di S. Costanzo

Via G. Evangelisti, 15   *Via L. Spagnoli, 3*
Pistoia   *Pistoia*

Cartoncino d'invito per parenti ed amici

MORFOLOGIA

INDICATIVO presente   Futuro semplice e anteriore
Passato prossimo   Uso degli ausiliari
Imperfetto   Accordo del participio passato
CIVILTÀ. *Scienza e tecnologia*

– *Paura di essere tradito* –

Ho preso l'ascensore, sono salito, ho cercato a lungo le chiavi per aprire, le ho trovate finalmente.

Ho aperto, sono entrato, ho *sbattuto* la porta.   *chiuso con violenza*

Sono corso al telefono. Ho premuto i tasti della segreteria telefonica. Li ho premuti emozionato e timoroso. Il cuore mi batteva così forte che non riuscivo a controllare i miei movimenti: facevo *scorrere* il nastro   *girare* nel senso sbagliato. Alla fine ho premuto il tasto nel modo giusto.

C'era la voce di Leo che diceva di richiamarlo subito. La telefonata doveva essere del giorno prima che avevo saputo di lui e di Maria. Non c'era altro.

Ho premuto i tasti a *casaccio*; mandavo il nastro   *a caso* avanti e indietro dieci volte di seguito. Ascoltavo e riascoltavo la voce di Leo, gli inutili clic e i *fruscii* della   *rumori, disturbi* banda magnetica.

Poi mi sono alzato, ho alzato la cornetta per vedere se il telefono funzionava. Funzionava.

Vado in cucina. Apro un armadio, un secondo armadio, un terzo armadio.

Apro tutti i cassetti. Cammino con le mani in tasca.

Poi prendo una scatola di biscotti da uno *scaffale*, la   *scomparto, ripiano di un mobile* strappo a pezzi per aprirla. Estraggo un paio di biscotti che si sbriciolano tra le dita. Me ne metto uno in bocca, lo mastico due volte e mi sembra di non averne voglia.

Lo sputo nel lavandino, faccio scorrere l'acqua.

Butto l'altro nella *pattumiera* con il resto della sca-   *contenitore di rifiuti* tola.

Vado in bagno, apro il rubinetto dell'acqua calda, mi scotto la punta delle dita. Apro quello dell'acqua fredda, mi bagno la fronte, il collo, le tempie.

Mi asciugo la faccia con la vestaglia di lana. Mi asciugo le mani sui pantaloni.

Ora suona il telefono.
Sarà lei, sarà in qualche motel?
Sarà con lui?
Adesso vorrà controllare se sono in casa, per tranquillizzarmi e per tranquillizzarsi.
Poi verrà, salirà su per le scale, verrà da me come se niente fosse.
Io non so che farò!
Rimarrò calmo ad aspettarla.
Lei entrerà, camminerà piano piano, si avvicinerà a me...
Afferro la cornetta pieno di paura.   *prendo*
La cornetta mi *sfugge* dalle mani. Ora la stringo fra le   *scappa, esce*
mani.
Dico: - Pronto?
Nessuno risponde.
Sento come un fruscio.
Dico: - Pronto? - con voce abbastanza impaurita.
- Pronto? - dice Maria.
Il cuore mi batte così forte che *scivolo* e mi ritrovo per   *cado*
terra, *aggrappato* alla cornetta come una scimmia al ramo.   *tenendomi stretto*
Grido: - Sei tu!
- Sì! - dice lei con voce *esitante* e stupita.   *incerta*
- Dove sei? - le chiedo.
Lei dice: - Senti....
E dopo una lunga pausa:
- Posso venire lì?
- Certo. Dove sei? Ti vengo a prendere subito. Dimmi dove sei.

(Adattato da: ANDREA DE CARLO, *Uccelli da gabbia e da voliera*)*

*Per notizie su Andrea De Carlo, vedi la sezione *"Scrittori in vetrina"*, a pag. 346.

1. Scelta multipla

1. Il protagonista, appena è in casa, corre a
   ❑ telefonare ❑ staccare la segreteria telefonica ❑ ascoltare i messaggi registrati

2. Fa scorrere il nastro nel senso sbagliato perché
   ❑ è molto innamorato ❑ è emozionato e timoroso ❑ soffre di cuore

3. Sul nastro era incisa la telefonata di
   ❑ Maria ❑ Leo e di Maria ❑ Leo

4. Il protagonista
   ❑ riascolta la telefonata ❑ cancella i clic e i fruscii ❑ preme gli interruttori della luce

5. Poi
   ❑ apre un primo, un secondo cassetto ❑ alza la cornetta per telefonare ❑ si muove nervosamente per casa

6. Prende dei biscotti dallo scaffale e
   ❑ ne mangia controvoglia ❑ ne mette uno in bocca ❑ sputa tutto nella pattumiera

7. Va in bagno e si
   ❑ bagna la fronte con acqua fredda ❑ scotta la fronte con acqua calda ❑ bagna la punta delle dita con acqua calda

8. Suona il telefono. Il protagonista immagina che
   ❑ sia Maria ❑ lo vogliano da un motel ❑ sia Leo

9. S'immagina che quando lei tornerà a casa
   ❑ controllerà se tutto è a posto ❑ starà calma ad aspettarlo ❑ si comporterà come se niente fosse

10. Alla fine lui
    ❑ afferra, pieno di paura, la cornetta ❑ risponde al telefono ❑ non si lascia sfuggire la situazione

2. Questionario

1. Quali azioni ha compiuto il protagonista prima di entrare in casa?
2. Che cosa ha fatto subito dopo?

3. Di chi era la voce incisa sul nastro magnetico?

4. Che cosa diceva la registrazione?

5. Quante volte l'uomo riascolta il messaggio?

6. Che cosa fa in cucina?

7. E in bagno?

8. Quando squilla il telefono, quali pensieri vengono al protagonista?

9. Finalmente alza la cornetta. Quali reazioni ha quando, dall'altro capo, risponde Maria?

10. Quali parole si dicono al telefono i due?

PER L'AUTOCORREZIONE E L'AUTOAPPRENDIMENTO

3. Completare col passato prossimo

1. *Ho* ___*preso*___ l'ascensore, ___*sono*___ ___*salito*___, ___*ho*___ ___*cercato*___ a lungo le chiavi per aprire ...

2. *Sono* ___*corso*___ al telefono.

3. *Ho* ___*premut*___ i tasti della segreteria telefonica.

4. Li ___*ho*___ ___*premut*___ emozionato e timoroso.

5. Alla fine ___*ho*___ ___*premuto*___ il tasto nel modo giusto.

6. *Ho* ___*premuto*___ i tasti a casaccio.

7. Poi mi ___*sono*___ ___*alzato*___, ___*ho*___ ___*alzato*___ la cornetta per vedere se il telefono funzionava.

4. Completare con il presente

1. ___*Vado*___ in cucina.

2. ___*Apro*___ un armadio, un secondo armadio, un terzo armadio.

3. ___*Apro*___ tutti i cassetti.

4. ___*Cammino*___ con le mani in tasca.

5. Poi ___*prendo*___ una scatola di biscotti da uno scaffale, la ___*strappo*___ a pezzi per aprirla.

6. ___*Estraggo*___ un paio di biscotti che si ___*sbriciolano*___ tra le dita.

7. Me ne ___*metto*___ uno in bocca, lo ___*mastino*___ due volte e mi ___*sembra*___ di non averne voglia. Lo ___*sputo*___ nel lavandino, ___*faccio*___ scorrere l'acqua.

8. ___*Butto*___ l'altro nella pattumiera con il resto della scatola.

9. _____ in bagno, _____ il rubinetto dell'acqua calda, mi _____ la punta delle dita.

10. _____ quello dell'acqua fredda, mi _____ la fronte, il collo, le tempie.

11. Mi _____ la faccia con la vestaglia di lana. Mi _____ le mani sui pantaloni.

12. Ora _____ il telefono.

13. _____ la cornetta pieno di paura. La cornetta mi _____ dalle mani. Ora la _____ fra le mani.

14. _____ : - Pronto?

15. Nessuno _____ .

16. _____ come un fruscio.

17. Il cuore mi _____ così forte che _____ e mi _____ per terra, aggrappato alla cornetta come una scimmia al ramo.

18. _____ : -Sei tu? - Sì"! _____ lei con voce esitante e stupita.

5. Completare col futuro

1. _Sarà_ lei, _sarà_ in qualche motel? _sarà_ con lui?

2. Adesso _____ controllare se sono in casa, per tranquillizzarmi e per tranquillizzarsi.

3. Poi _____ , _____ su per le scale, _____ da me come se niente fosse.

4. Io non so che _____ .

5. _____ calmo ad aspettarla.

6. Lei _____ , _____ piano piano, si _____ a me ...

6. Completare con l'imperfetto

1. Il cuore mi _batteva._ così forte che non _____ a controllare i miei movimenti: _____ scorrere il nastro nel senso sbagliato.

2. C' _era_ la voce di Leo che _____ di richiamarlo subito.

3. La telefonata _____ essere del giorno prima che avevo saputo di lui e di Maria.

4. Non c'_____ altro.

5. Ho premuto i tasti a casaccio; _____ il nastro avanti e indietro dieci volte di seguito.

6. _____ e _____ la voce di Leo, gli inutili clic e i fruscii della banda magnetica.

7. Completare con la desinenza del participio passato

1. Ho pres_o_ l'ascensore, sono salit_o_, ho cercat_o_ a lungo le chiavi per aprire, le ho trovat_e_ finalmente. Ho apert_o_, sono entrat_o_, ho sbattut_o_ la porta.
2. Sono cors_o_ al telefono. Ho premut_o_ i tasti della segreteria telefonica. Li ho premut_i_ emozionato e timoroso.
3. Alla fine ho premut_o_ il tasto nel modo giusto.
4. Ho premut_o_ i tasti a casaccio.
5. Poi mi sono alzat_o_, ho alzat_o_ la cornetta per vedere se il telefono funzionava.
6. Ho pres_o_ una scatola di biscotti da uno scaffale, l'ho strappat__ a pezzi per aprirla.
7. Ho estratt_o_ un paio di biscotti che si sono sbriciolat__ tra le dita.
8. Me ne sono mess__ uno in bocca, l'ho masticat__ due volte e mi è sembrat__ di non averne voglia.
9. Sono andat__ in bagno, ho apert__ il rubinetto dell'acqua calda, mi sono scottat__ la punta delle dita. Ho apert__ quello dell'acqua fredda, mi sono bagnat__ la fronte, il collo, le tempie.
10. Ho afferrat__ la cornetta. La cornetta mi è sfuggit__ dalle mani. Ora l'ho strett__ fra le mani.

8. Completare con l'ausiliare

1. _Ho_ preso l'ascensore, _sono_ salito, _ho_ cercato a lungo le chiavi per aprire, le _ho_ trovate finalmente. _Ho_ aperto, _sono_ entrato, _ho_ sbattuto la porta.
2. _Sono_ corso al telefono.
3. _Ho_ premuto i tasti della segreteria telefonica.
4. Li _ho_ premuti emozionato e timoroso.
5. Alla fine _ho_ premuto il tasto nel modo giusto.
6. _Ho_ premuto i tasti a casaccio.
7. Poi mi _sono_ alzato, _sono_ alzato la cornetta per vedere se il telefono funzionava.

9. Completare con l'articolo

1. Ho preso _l_'ascensore, sono salito, ho cercato a lungo _le_ chiavi per aprire, le ho trovate finalmente. Ho aperto, sono entrato, ho sbattuto _la_ porta.
2. Ho premuto _i_ tasti della segreteria telefonica. _La_ cuore mi batteva così forte che non sono riuscito a controllare _i_ miei movimenti: facevo scorrere _il_ nastro nel senso sbagliato. Alla fine ho premuto _il_ tasto giusto.
3. C'era _la_ voce di Leo che diceva di richiamarlo subito. _____ telefonata doveva essere del giorno prima che avevo saputo di lui e di Maria.

4. Ho premuto _____ tasti a casaccio; mandavo _____ nastro avanti e indietro dieci volte di seguito. Ascoltavo e riascoltavo _____ voce di Leo, _____ inutili clic e ___ fruscii della banda magnetica.

5. Poi mi sono alzato, ho alzato _____ cornetta per vedere se _____ telefono funzionava.

6. Apro _____ armadio, _____ secondo armadio, ___ terzo armadio. Apro tutti _____ cassetti. Cammino con _____ mani in tasca.

7. Poi prendo _____ scatola di biscotti da _____ scaffale, la strappo a pezzi per aprirla. Estraggo _____ paio di biscotti che si sbriciolano tra _____ dita. Me ne metto uno in bocca, lo mastico due volte e mi sembra di non averne voglia. Lo sputo nel lavandino, faccio scorrere _____'acqua. Butto _____'altro nella pattumiera con _____ resto della scatola.

8. Vado in bagno, apro _____ rubinetto dell'acqua calda, mi scotto _____ punta delle dita. Apro quello dell'acqua fredda, mi bagno _____ fronte, _____ collo, _____ tempie. Mi asciugo _____ mani sui pantaloni.

10. Completare con i pronomi

1. Ho preso l'ascensore, sono salito, ho cercato a lungo le chiavi per aprire, _____ ho trovate finalmente.

2. Ho premuto i tasti della segreteria telefonica. _____ ho premuti emozionato e timoroso. Il cuore ____ batteva così forte che non riuscivo a controllare i miei movimenti.

3. C'era la voce di Leo che diceva di richiamar_____ subito.
   La telefonata doveva essere del giorno prima che avevo saputo di _____ e di Maria.

4. Poi _____ sono alzato, ho alzato la cornetta per vedere se il telefono funzionava.

5. Poi prendo una scatola di biscotti da uno scaffale, _____ strappo per aprir_____. Estraggo un paio di biscotti che _____ sbriciolano tra le dita. _____ _____ metto uno in bocca, _____ mastico due volte e _____ sembra di non aver_____ voglia. _____ sputo nel lavandino, faccio scorrere l'acqua.

6. Vado in bagno, apro il rubinetto dell'acqua calda, _____ scotto la punta delle dita. Apro quello dell'acqua fredda, _____ bagno la fronte, il collo, le tempie. _____ asciugo le mani sui pantaloni.

7. Sarà _____, sarà in qualche motel? Sarà con _____?

8. Adesso vorrà controllare se sono in casa, per tranquillizzar_____ e tranquillizzar_____.

9. Poi verrà, salirà su per le scale, verrà da _____ come se niente fosse. _____ non so che farò. Rimarrò calmo ad aspettar_____.

10. _____ entrerà, camminerà piano piano, _____ avvicinerà a _____.

11. La cornetta _____ sfugge dalle mani. Ora _____ stringo tra le mani.

12. Il cuore _____ batte così forte che scivolo e _____ ritrovo per terra aggrappato alla cornetta come una scimmia al ramo.
13. Grido: - Sei ____ !. - Sì! - dice con voce esitante e stupita.
14. _____ dice: - Senti ... - e dopo una lunga pausa: - Posso venire lì? - Certo, rispondo. Dove sei? _____ vengo a prendere subito. Di _____ dove sei.-

11. Completare con le preposizioni

1. Ho preso l'ascensore, sono salito, ho cercato _a_ lungo le chiavi _per_ aprire.
2. Sono corso _al_ telefono. Il cuore mi batteva così forte che non riuscivo _a_ controllare i miei movimenti: facevo scorrere il nastro _nel_ senso sbagliato. Alla fine ho premuto il tasto _al_ modo giusto.
3. C'era la voce _di_ Leo che diceva _di_ richiamarlo subito. La telefonata doveva essere _del_ giorno prima che avevo saputo _di_ lui e _di_ Maria.
4. Ho premuto i tasti _a_ casaccio; mandavo il nastro avanti e indietro dieci volte _di_ seguito.
5. Ascoltavo e riascoltavo la voce _di_ Leo, gli inutili clic e i fruscii_della_ banda magnetica.
6. Poi mi sono alzato, ho alzato la cornetta_per_ vedere se il telefono funzionava.
7. Vado _in_ cucina. Cammino _con_ le mani _in_ tasca.
8. Poi prendo una scatola _di_ biscotti _da_ uno scaffale. Estraggo un paio di biscotti che si sbriciolano _tra_ le dita. Me ne metto uno _in_ bocca, lo mastico due volte e mi sembra _di_ non averne voglia. Lo sputo _nel_ lavandino, faccio scorrere l'acqua.
9. Butto l'altro _nella_ pattumiera _con_ il resto _della_ scatola.
10. Vado _in_ bagno, apro il rubinetto _dell_'acqua calda, mi scotto la punta _delle_ dita. Apro quello _dell_'acqua fredda, mi bagno la fronte, il collo, le tempie.
11. Mi asciugo la faccia _con_ la vestaglia _di_ lana.
12. Mi asciugo le mani _sui_ pantaloni. (perche lui si metto i pant
13. Sarà lei, sarà _in_ qualche motel? Sarà _con_ lui? Adesso vorrà controllare se sono _in_ casa, _per_ tranquillizzarmi e tranquillizzarsi.
14. Afferro la cornetta pieno _di_ paura. La cornetta mi sfugge _dalle_ mani. Ora la stringo _fra_ le mani.
15. Il cuore mi batte così forte che scivolo e mi ritrovo _per_ terra, aggrappato _la_ cornetta come una scimmia _al_ ramo.

12. Completare liberamente le frasi

 1. Ho paura di ...
 2. Ho cercato a lungo di ...
 3. Il cuore mi batteva così forte che ...
 4. Non riuscivo a ...
 5. Estraggo un paio di ...
 6. Mi sembra di (non) ...
 7. Voglio controllare se ...
 8. Come se niente ...
 9. Mi ritrovo a ...
10. Non so che ...

13. Fare le domande

1. Che cosa hai cercato a lungo?   – Ho cercato a lungo le chiavi.

2. _____?   – Sono corso al telefono.

3. _____?   – C'era la voce di Leo.

4. _____?   – Ho premuto i tasti a casaccio.

5. _____?   – Apro il rubinetto dell'acqua calda.

6. _____?   – Mi bagno la fronte, il collo, le tempie.

7. _____

_____?   – Mi asciugo la faccia con la vestaglia di lana.

8. _____?   – Mi asciugo le mani sui pantaloni.

14. Scrivere un testo (circa 120 parole)

 1. Quella volta ho avuto veramente paura.
 2. Le cose o le persone che proprio non sopporto e mi fanno arrabbiare di più.
 3. La gelosia. Che cos'è? E' insicurezza? E' paura del ridicolo? E' irrazionalità? Provate a spiegarla in base alle vostre o altrui esperienze.

SINTESI GRAMMATICALE

MODO INDICATIVO
Idea di passato, presente, futuro
Indicativo presente
Indicativo futuro semplice e anteriore
Usi "modali" del futuro
Uso degli ausiliari
Accordo del participio passato

MODO INDICATIVO

L'INDICATIVO è il modo della **realtà,** dell'**oggettività**, della **certezza,** della sicura **verità.**

SCHEMA dei TEMPI DELL'INDICATIVO

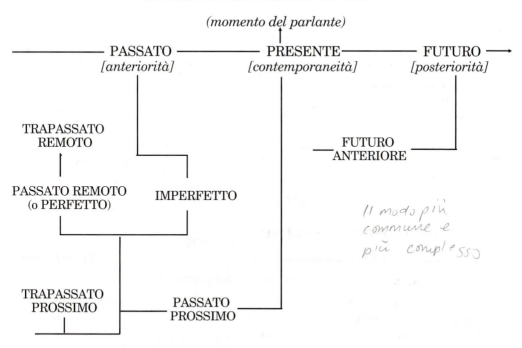

Il modo più commune e più complesso

IDEA DI PASSATO - PRESENTE - FUTURO

Passato	Presente	Futuro
Sono stato *ragazzo*	**Sono** *papà*	**Sarò** *nonno*
Per 13 anni **ho frequentato** *la scuola*	*Da 5 anni* **frequento** *l'università*	*Il prossimo anno* **prenderò** *la laurea*
Sono nato *a N.Y.*	**Abito** *a Roma*	*Presto* **tornerò** *negli U.S.A.*
Ho comprato *questa macchina sei anni fa*	**Ho** *questa macchina da sei anni*	*Fra un anno la* **cambierò**

PASSATO, PRESENTE, FUTURO sono i tre momenti fondamentali nell'asse del tempo.

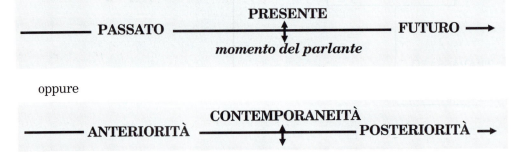

oppure

TIPI DI PRESENTE

Il **presente** non indica solo il momento preciso in cui parliamo *(ora, adesso, in questo momento)*, ma può dilatarsi in un "prima" e in un "dopo".

p r e s e n t e	per	p r e s e n t e

Vivo a Roma da sempre e per sempre. (C'è un "prima" e un "dopo").
Ho fame. (Realtà attuale)
Frequento l'università. (Realtà attuale)
Due più due fanno quattro. (È una verità valida per sempre)
L'ozio è il padre dei vizi. (Proverbio)
Dici sempre un sacco di bugie. (Abitudine)
Faccio ogni giorno la stessa strada (Abitudine)
La conosco da otto anni. (Da allora fino ad oggi)
Sono vegetariano. (Una realtà abituale per me)

p r e s e n t e	per	p a s s a t o

Questo uso è essere più frequente in italiano

Dante nasce a Firenze nel 1265 e muore a Ravenna il 14 settembre 1321. (Presente storico)
Negli anni 1536-41 Michelangelo è a Roma e dipinge "Il Giudizio Universale". (Presente storico)
Allora il ragazzo si alza, prende le sue cose e se ne va sbattendo la porta. (Presente narrativo)

p r e s e n t e	per	f u t u r o

usa questo modo quando è un futuro prossimo e non lontano (eg-trent'anni)

La prossima estate vado in vacanza al mare
Fra sei mesi compio trent'anni
Sabato andiamo a ballare in discoteca
Fra breve mi laureo e poi mi cerco un lavoro
Domani mattina resto a dormire fino alle 10!
Domani è troppo tardi

Come si può vedere, in presenza di un'espressione temporale futura, il presente ha sempre valore di futuro.

TIPI DI FUTURO

Il FUTURO non indica solamente azioni successive al momento in cui si parla.
Può anche avere valore "modale": cioè può non esprimere un'azione futura, ma
significare un presente sotto forma di:

What time can it be

- **dubbio, supposizione, ipotesi, valutazione**
  Che ore saranno? Dove sarà mia moglie in questo momento?
  Sarà in qualche motel? Sarà con lui?
  Ma dove avrò messo le chiavi della macchina?
  "Bella questa villa! Quanto costerà?" "Potrà valere almeno 800 milioni!"
  "Quanti anni avrà Caterina?" "Ne avrà una trentina"

- **disaccordo, scarsa convinzione, probabilità**
  Sarà come dici tu, ma io non sono d'accordo!
  E va bene, vorrà dire che farò così! *It means that I will do it like this*
  Sarà, ma non ci credo! *So you say?*
  A quest'ora saranno già in Liguria *probably already in*

- **sogni, fantasticherie, pensieri**
  Non so che farò; rimarrò calmo ad aspettarla; lei entrerà, camminerà...

- **didascalie** (specie in sceneggiature teatrali)
  *La scena si presenterà così: al centro ci sarà un tavolo, ai lati due porte; alle pareti
  saranno appesi dei quadri; i personaggi entreranno dalle porte laterali*
  In inglese al presente

Il **futuro,** nel suo vero aspetto "cronologico", può avere un valore più marcato di
sicura eventualità, se esprime:

- **previsione** [1]
  Domani pioverà di sicuro!
  Prima o poi cambierà lavoro, lì non può resistere!
  Tu ti avvierai in treno, e noi ti raggiungeremo il giorno dopo, in aereo

- **intenzione**
  Lo farò senz'altro, non temere!
  Domani andrò a pesca, cascasse il mondo!
  E va bene! Ci andrò io!
  Mi diplomerò entro l'anno, te lo prometto!

---

[1] In questo ambito può rientrare il cosiddetto "futuro ludico", usato per introdurre e spiegare un
gioco e le sue regole: (tra bambini): *"Tu sarai la mamma e io la figlia".*

Il FUTURO ANTERIORE o futuro composto indica un'azione anteriore ad un'altra espressa in futuro semplice.

Stasera potrai uscire solo dopo che avrai finito di fare i compiti

È un tempo non troppo frequentemente usato; al suo posto si possono avere altre soluzioni: un futuro semplice, un passato prossimo, un infinito passato, un participio passato. *un verbo intransitivo* *la lezione è il soggetto*

Appena terminerà [sarà terminata] la lezione, potrete fare merenda in cortile
Quando abbiamo finito [avremo finito], vi telefoneremo
Dopo aver mangiato [dopo che avremo mangiato], andremo a fare un riposino
Finito [dopo che avrò finito] di vedere il film, passerò ad altro programma

Con valore "modale" esso esprime *dubbio, perplessità, incertezza,* ecc. in situazione passata.

Non trovo il portafoglio, ma dove l'avrò lasciato? Mi sarà caduto o me l'avranno rubato! (Non so dove l'ho lasciato, forse mi è caduto o me l'hanno rubato)

As soon as he has finished the lesson
Appena avrà terminato la lezione
(è oggetto diretto)

USO DEGLI AUSILIARI

I **tempi composti** si formano unendo al participio passato del verbo, concordato secondo le regole, le forme opportunamente coniugate dei verbi **ausiliari**: **essere** e **avere** [1].

ESSERE

Si usa l'ausiliare **essere** per formare i tempi composti:

— dei verbi **riflessivi e pronominali riflessivi**
Mi sono vestito, mi sono lavato le mani, ci siamo sposati, si sono vergognati, vi siete arrampicati, ci siamo fumati un sigaro

[1] **Essere** funge da ausiliare non solo per la formazione dei tempi composti, ma anche per tutti i tempi del **passivo.** Si considerano verbi ausiliari anche **andare** e **venire,** che si affiancano ad "essere" per la formazione del passivo (vedi Unità 12). Si tenga presente, però, che l'uso di *venire,* in luogo di *essere,* avviene solo nei tempi semplici, e l'uso di *andare* è anch'esso limitato ai tempi semplici (ed è sinonimo, in tal caso, di *dover essere*), salvo che con un numero ristretto di verbi (*deludere, dimenticare, disperdere, distruggere, perdere, rovinare, smarrire, trascurare,* ecc.) dove sono possibili i tempi composti e predomina, per così dire, un significato particolare di "negatività fatale", ossia di inevitabile danno.

– dei verbi **impersonali**
  Mi è sembrato, gli è parso, è stato necessario, è piovuto

– della forma impersonale "**si**"
  Si è parlato, si è mangiato, si è partiti, si è arrivati, ci si è inquietati

Sono verbi coniugati sempre con essere — *verbo riflessivo*

AVERE

Si usa l'ausiliare **avere** per formare i tempi composti:
I verbi trasitivi richiedono AVERE

– dei verbi **transitivi attivi**
  *Ho preso l'ascensore, ho cercato le chiavi per aprire. Le ho trovate finalmente,
  ho aperto, ho sbattuto la porta*

– dei verbi **servili** o **modali** (*dovere, potere, volere, ecc. quando sono usati da soli*)
  "Perché non sei venuto?" "Perché non ho potuto"
  "Perché l'hai fatto?" "Ho dovuto"
  "Ha voluto lui così"

– dei verbi **intransitivi di moto** non direzionali, di movimento ma senza meta
  (*camminare, vagabondare, passeggiare, volare, correre, viaggiare, ecc.*)
  Aveva camminato e corso tutto il giorno.

AVERE o ESSERE

1. Quando si ha un verbo **modale** o **fraseologico** che regge un infinito, l'ausiliare
   usato in genere è quello dell'infinito.
   Ho potuto fare
   Sono dovuto uscire [1]

2. Quando si ha un verbo **modale che regge un verbo riflessivo o un riflessivo
   pronominale** si ha come ausiliare:
   – **essere**, quando il pronome è proclitico (posto prima dei due verbi).
     Si è dovuto vestire
     Se ne sono dovuti andare
   – **avere**, quando il pronome è enclitico (posto dopo i due verbi).
     Ha dovuto vestirsi
     Hanno dovuto andarsene

3. Nella maggior parte dei verbi *intransitivi* si usa l'ausiliare **essere**; tuttavia un
   consistente numero di intransitivi vuole **avere**.

[1] Ma si sente anche: *ho dovuto uscire.*

Senza meta – ū out aim, destinazione

– Si usa l'ausiliare **avere** con i verbi:

abitare	cenare	ridere	stillare	tossire
agire	dormire	pensare	riposare	gridare
avere	giocare	piangere	soffrire	pranzare
sognare	ubbidire	ecc.		

non hanno un oggetto diretto

> *Ho avuto molto da fare ieri*
> *Ho dormito un po' poi sono uscito*
> *Hanno giocato a lungo nel prato*
> *Hai pensato veramente a tutto*

– Si usa l'ausiliare **essere** con i verbi:

accadere	capitare	giungere	partire	succedere
andare	costare	impazzire	restare	svanire
arrivare	diventare	invecchiare	rimanere	uscire
avvenire	entrare	morire	scomparire	venire
cadere	essere	nascere	stare	ecc.

> *Sono stato a Roma ieri*
> *Era accaduto un fatto molto strano*
> *È nato in campagna*
> *Erano morti dieci anni prima*
> *Siamo rimasti fino a notte tarda*
> *È svanita nel nulla*
> *Siamo stati insieme a cena*

verbi del movimenti
verbi di stato
o cambiamento di stato

– Possono utilizzare sia **essere** che **avere**:

1) I verbi impersonali che indicano **fenomeni atmosferici** senza sostanziale differenza di significato [1]
   > *ha / è piovuto / grandinato / tuonato / gelato / lampeggiato*

2) Alcuni verbi hanno "avere" o "essere" a seconda che siano **usati transitivamente** (cioè che abbiano un oggetto espresso) **oppure intransitivamente**

affondare	calare	cominciare	crescere	finire
fuggire	guarire	ingrassare	salire	saltare
scendere	vivere	ecc.		

Ho affondato la barca – La barca è affondata
> *Ha vissuto una vita modesta - È vissuto fino a 90 anni*
> *Ha saltato il muretto / l'ostacolo - È saltato l'interruttore*
> *Hanno finito il lavoro - Il lavoro è finito*

Ho cresciuto i pomodori - Il bambino è cresciuto molto

---

[1] Un tempo la grammatica prescriveva per questi verbi l'uso dell'ausiliare "essere". Oggi, secondo alcune grammatiche, si dovrebbe usare "essere" quando ci si riferisce al fenomeno in sé, "avere" quando ci si riferisce alla durata nel tempo del fenomeno.

Hanno sceso le scale - I prezzi sono scesi molto
Il professore ha cominciato la lezione - La lezione è cominciata
Abbiamo risalito il fiume - Siamo risaliti di sopra
Ha cresciuto i figli in base a sani principi - È cresciuto in campagna
Ho corso un grave pericolo - È corso a casa
Bartali ha [1] *corso per tutta la vita in bicicletta*

ACCORDO DEL PARTICIPIO PASSATO

– Il participio passato, **usato da solo** o in costrutti assoluti, come attributo o come predicato della frase reggente, si accorda sempre al nome o pronome a cui si riferisce (vedi Unità 14: *participio assoluto*)
  Salutati gli amici, me ne andai
  Scritta la lettera, decisi di non spedirla
  Finita la lezione, gli studenti uscirono dall'aula
  Svegliatosi nel cuore della notte, l'uomo non riuscì più a riprendere sonno
  Accortasi di non avere il portafoglio, la signora rientrò a casa
  Vista lei, cambiò colore

– Il participio passato **unito all'ausiliare** va regolato così:

a) con l'ausiliare **essere** si accorda sempre con il genere e il numero del soggetto
  Mario è arrivato in ritardo, perciò la sua ragazza si è arrabbiata
  Non ci siamo accorti di nulla
  Le signorine si sono allontanate piuttosto offese

b) con l'ausiliare **avere** di solito deve rimanere invariato (-o)
  Abbiamo visto una commedia divertente
  Hanno invitato tutte le loro amiche
  Lia ha preso in affitto una splendida villa in montagna

c) quando si hanno le particelle pronominali **lo/li/la/le** in funzione di complemento **oggetto**, deve concordare con esse [2]
  Ho cercato a lungo le chiavi, le ho trovate finalmente
  Ho premuto i tasti della segreteria telefonica. Li ho premuti tutto emozionato
  Abbiamo aspettato la nostra amica e l' abbiamo accompagnata a casa

---

[1] Quando non è indicata la meta, come già detto a pag. 42, si usa sempre l'ausiliare "avere". *Ho passeggiato, ho camminato, ho girato, ecc.*
[2] Ma non in funzione di complemento indiretto. Esempi: *Ho telefonato a lei* → *Le ho telefonato* (**non**: **Le ho telefonata*).

d) con il "si" impersonale (vedi anche Unità 12, pag. 255), deve terminare in **-o** quando si ha un verbo che normalmente ha l'ausiliare **avere**

> ***abbiamo*** *pensato = si è pensat**o***
> ***ha*** *mangiato = si è mangiat**o***

ma deve terminare in **-i** (o in **-e** per il femminile) quando si ha un verbo che normalmente prende l'ausiliare essere

> ***siamo*** *partit**i*** *= si è partit**i***
> *siamo andati = si è andat**i***
> *si sono vestit**i/e*** *= ci si è vestit**i/e***

e) quando si ha **ne** (particella pronominale) riferita a un **nome** indicante **quantità** (singolare o plurale), può concordare in due modi:

o con la **quantità** (un chilo / un cesto / un tubetto / un barattolo; due bottiglie / due litri / tre pacchi / quattro lattine), o con la **materia.**

> *"Hai preso il riso?" "Sì, ne ho pres**i/o** due chili"*
> *"E la pasta?" "Ne ho pres**o/a** un pacc**o***

– riferita ad un **pronome indefinito** (molto, poco, parecchio, abbastanza [1]...), esso concorda con l' indefinito

> *"Hai comprato la carta?" "Sì, ne ho comprat**a** parecchi**a***"
> *"Hai preso l'inchiostro?" "Sì ne ho pres**o** molt**o***"
> *"Avete fatto gli esercizi?" "No, ne abbiamo fatt**i** poch**i***"
> *Di riviste ne ho lett**e** tant**e***

– in funzione di complemento **oggetto partitivo**, l'accordo si fa con questa particella

> *"Hai letto dei fumetti?" "Oh, sì! Ne ho lett**i**, ne ho lett**i**!"*

f) quando si hanno i pronomi personali **mi/ti/ci/vi** in funzione di complemento oggetto, l'accordo è **facoltativo** (anzi, l'accordo è un uso piuttosto "sorvegliato" della lingua, tipico del registro formale)

> *Lei dice: "Mi ha vist**a/o**, ma non mi ha salutat**a/o**"*
> *Le ragazze dicono: "Ci hanno salutat**e/o** da lontano"*

g) quando si ha il pronome relativo **che** in funzione di complemento oggetto, l'accordo è **facoltativo**, ma ormai è poco comune la concordanza in quanto si tratta di un uso molto formale.

> *Meglio dire*
> *La frutta che lui ha mangiat**o***
> piuttosto che
> *La frutta che lui ha mangiat**a***

---

[1] Con "tutto", **non** si usa il "ne" partitivo, ma il pronome "lo/la/li/le".
"Hai venduto la bresaola?" "Sì, l'ho venduta tutta" (non: *ne ho venduta tutta*)
"E i gamberetti?" "Li ho venduti tutti" (non: *ne ho venduti tutti*).

ELEMENTI DI CIVILTÀ

Scienza e tecnologia

La segreteria telefonica scorre avanti e indietro decine di volte e le voci, con il loro timbro e colore, ci vengono restituite inalterate tutte le volte che vogliamo. Abbiamo così la durata e la ripetizione del suono, che di per sé potrebbe essere precario e fuggevole. E' il miracolo della

Tecnica

I messaggi registrati ora possono chiederci di pagare con urgenza l'affitto arretrato, ora ci ricordano l'appuntamento dal dentista, ora ci lasciano il saluto di un amico, ora ci dicono cose utili o inutili, ma ormai anch'essi appartengono al mondo della

Tecnologia

di un Paese.

Povera com'è di materie prime, l'Italia ha trovato una dignitosa collocazione all'interno dei Paesi industrializzati proprio in virtù della sua capacità di trasformazione te-cnologica.

Il bisogno aguzza l'ingegno... Così, non avendo petrolio, carbone, acciaio a disposizione, e tuttavia avendo esigenze energetiche considerevoli, dal secondo dopoguerra ad oggi gli Italiani si sono ritagliati un ruolo, da tutti riconosciuto e apprezzato, di pregevoli trasformatori di materie prime in prodotti finiti.

Alcuni prodotti della siderurgia

Al prodotto finito, infatti, sia che provenga da raffinazione chimica, sia che si tratti di abbigliamento studiato per ogni genere di età e classe sociale, gli Italiani riescono a dare quel tocco di

Creatività e immaginazione

in più che caratterizza e premia il "made in Italy".

L'Italia è passata, così, da una condizione di paese agricolo a quella di paese prevalentemente industrializzato, grazie ai benefici di una tecnologia avanzata caratterizzata da un gusto, da un'inventiva, da un'originalità del tutto particolari.

D'altronde, contributi notevoli in merito alla creazione di apparecchi nel campo della comunicazione, l'Italia, per prima, aveva già comin-

Creatività italiana nella tecnologia

ciato a darne con Meucci e Marconi, inventori del telefono e del telegrafo senza fili, nonché con il Premio Nobel Natta, inventore della plastica (polietilene).

Ora, invece, nella moderna società ipercomunicativa, si resta a casa seduti magari davanti ad un computer Olivetti. E che dire dell'

Automobile

celebrata con il suo mito della velocità fin dai tempi del notissimo "Manifesto del futurismo" del Marinetti?

Fiat, Alfa Romeo, Lancia, Maserati sono giganti industriali che riescono spesso a coniugare nei loro prodotti sicurezza, praticità, prestazioni eccellenti, *design* e risparmio,

Nelle officine Galileo a Firenze

tutte qualità che l'automobilista richiede e che rendono pertanto le vetture italiane competitive sul mercato internazionale.

Se poi dalla funzionalità si vuole passare all'automobile come oggetto di lusso, allora un solo nome s'impone: Ferrari. La Ferrari, a Roma come a New York e a Parigi, nonostante il suo costo da capogiro, è sempre una macchina che attira e affascina.

Presentazione di modelli Ferrari a Maranello

Produzione di dischi per memorie magnetiche presso l' IBM di Vimercate in Lombardia

---

MORFOLOGIA

INDICATIVO: TEMPI PASSATI	Trapassato prossimo
Passato prossimo	Trapassato remoto
Imperfetto	Preposizione semplice "tra/fra"
Passato remoto	
CIVILTÀ. *La cucina italiana*	

– *Tra minestra e finestra* –

Avevo due anni.

Due anni e già un amore: la finestra.

Tutte le finestre.

Avevo due anni e già un odio: la minestra.

Tutte le minestre.

[annotazione a mano: non gli piace la minestra / gli piace la finestra]

Ma più di tutte una che mi veniva imposta ogni giorno con una puntualità straordinaria.

[annotazione a mano: Un'azione che continua oggi giorno, descrizione, stato]

Non è facile dire che cosa, a quell'età, poteva rappresentare la finestra.

Forse uno spettacolo architettonico che solo oggi posso comprendere: l'aria, la luce, la libertà, il mondo, la vita.

Più facile è dire quello che la minestra poteva rappresentare: un cibo divenuto tanto più *ripugnante* quanto più forzato, la falsità della vita, i problemi che con essa si annunciavano.   *schifoso, disgustoso*

Tutti i giorni le mie orecchie ne udivano le lodi esagerate: quella "cara, buona, santa minestrina", dalla quale pareva dipendere l'universo. *[annotazione a mano: upon which the soup universe seemed to depend]*

Non era possibile uscire prima di averla mangiata e, se eravamo fuori, bisognava rientrare, lasciare tutto, correre a casa per mangiarla.

Se era la nonna a farmela mangiare, e questo accadeva di rado, le cose andavano abbastanza rapidamente, perché mi metteva *in soggezione*.   *in imbarazzo, mi rendeva timoroso*

Se era la mamma, che di persona *si assumeva*   *si prendeva*
l'incarico, allora, lentamente, la mandavo giù, tra baci, carezze, parole dolci, rimproveri, minacce, promesse, tra due *sculaccioni*.   *schiaffi, colpi sul sedere con la mano aperta*

Accadeva anche questo.

Quando mia madre e la nonna uscivano, era la donna di servizio che doveva farmela *inghiottire*.

mandar giù, ingoiare

La poveretta girava con la *scodella* per tutta la casa per convincermi.

piatto fondo

Ballava, cantava, la metteva dovunque.

Se si freddava, bisognava riscaldarla.

Dopo che era stata riscaldata, bisognava farla raffreddare.

Stringevo i denti rifiutandomi di *ingerirla* o, se ne avevo ingerita un po', la *spruzzavo via* con la bocca e, con un colpo di mano, facevo volare il cucchiaio.

mandarla giù
spargevo a spruzzi

Un giorno, presa dalla disperazione, la donna di servizio aprì la finestra, posò la scodella sul davanzale e mi mise lì vicino, in piedi, su una sedia.

Fu un'idea geniale.

Subito si stabilì un equilibrio fra la cosa amata e quella odiata.

Da quel giorno volli sempre mangiare la mia minestra lì, al davanzale.

Ogni volta che mia madre e mia nonna ritornavano, le chiedevano:

- L'ha mangiata la minestrina?

- Sì, signora.

- Tutta?

- Tutta, sì.

- Bravo, bene!

(Adattato da: ALDO PALAZZESCHI, *Stampe dell'Ottocento*)*

1. Scelta multipla

1. L'Autore ha

o due anni e due amori ❏ pochi anni e un odio ❏ un odio e un amore

2. Odiava la minestra perché

❏ gliela facevano mangiare tutti i giorni ❏ aveva dei problemi per digerirla ❏ non era abbastanza fredda

* Per notizie su Aldo Palazzeschi, vedi la sezione *"Scrittori in vetrina",* a pag. 351.

3. Mangiare la minestra
   ❏ era l'attività principale della giornata ❏ voleva dire anche poter
   uscire ❏ non era possibile dopo essere rientrati

4. Il bambino mandava giù la minestra molto
   ❏ rapidamente quando gliela dava la mamma ❏ lentamente quando
   gliela dava la nonna ❏ rapidamente quando gliela dava la nonna

5. Quando la mamma e la nonna erano fuori, la donna di servizio
   ❏ ne approfittava per ballare e cantare ❏ girava per tutta la casa con
   la scodella ❏ metteva la scodella continuamente a scaldare

6. Ma il bambino
   ❏ con un colpo della mano si dava il cucchiaio sui denti ❏ non apriva
   la bocca o sputava la minestra ❏ con un colpo della mano si divertiva
   a far volare il cucchiaio

7. Per fortuna, un giorno la domestica
   ❏ gli diede la minestra stando accanto alla finestra aperta ❏ raf-
   freddò la scodella sul davanzale della finestra ❏ si mise in piedi
   su una sedia vicino al davanzale

8. Fu un'idea
   ❏ geniale, perché lì sul davanzale la minestra si raffreddava ❏ riso-
   lutiva, perché finalmente c'era equilibrio tra la cosa amata e quella
   odiata ❏ geniale, perché il bambino ogni volta guardava la mamma
   che rientrava

2. Questionario

1. Quanti anni ha il protagonista?
2. Perché ama la finestra?
3. Perché odia la minestra?
4. Che cosa succede quando è la nonna a dargli la minestrina?
5. Che cosa avviene, invece, quando gliela dà la mamma?
6. Se la mamma e la nonna non sono in casa, chi dà la minestra al bambino?
7. Che cosa fa di solito la donna di servizio per convincerlo a mangiarla?
8. Come reagisce il bambino?
9. Un giorno, invece, la domestica ha un'idea geniale. Quale?
10. Che cosa domandano, al loro rientro, la nonna e la mamma alla donna di
    servizio?

3. Completare con l'imperfetto

1. _____ due anni. Due anni e già un amore: la finestra._____ due anni e già un odio: la minestra. Tutte le minestre.
2. Non è facile dire che cosa, a quell'età, _____ rappresentare la finestra.
3. Più facile è dire quello che la minestra _____ rappresentare: un cibo divenuto tanto più ripugnante quanto più forzato, la falsità della vita, i problemi che con essa si _____ .
4. Tutti i giorni le mie orecchie ne _____ le lodi esagerate: quella "cara, buona, santa minestrina", dalla quale _____ dipendere l'universo.
5. Non _____ possibile uscire prima di averla mangiata e, se _____ fuori, _____ rientrare, lasciare tutto, correre a casa per mangiarla.
6. Se _____ la nonna a farmela mangiare, e questo _____ di rado, le cose _____ abbastanza rapidamente, perché mi _____ in soggezione.
7. Se _____ la mamma, che di persona si _____ l'incarico, allora, lentamente, la _____ giù, tra baci, carezze, parole dolci, rimproveri, minacce, promesse, tra due sculaccioni.
8. _____ anche questo.
9. Quando mia madre e la nonna _____, era la donna di servizio che _____ farmela inghiottire.
10. La poveretta _____ con la scodella per tutta la casa per convincermi.
11. _____, _____, la _____ dovunque.
12. Se si _____, _____ riscaldarla.
13. Dopo che era stata riscaldata, _____ farla raffreddare.
14. _____ i denti rifiutandomi di ingerirla, o, se ne avevo ingerita un po', la _____ via con la bocca e, con un colpo di mano, _____ volare il cucchiaio.
15. Ogni volta che mia madre e mia nonna _____, le _____ :
    - L'ha mangiata la minestrina?

4. Completare con il passato prossimo, il passato remoto, il trapassato prossimo

1. Se si freddava, bisognava riscaldarla. Dopo che _____ _____ _____, bisognava farla raffreddare.
2. Stringevo i denti rifiutandomi di ingerirla o, se ne ne _____ un po', la spruzzavo via.
3. Un giorno, presa dalla disperazione, la donna di servizio _____ la finestra, _____ la scodella sul davanzale e mi _____ lì vicino, in piedi, su una sedia.
4. _____ un'idea geniale.
5. Subito si _____ un equilibrio fra la cosa amata e quella odiata.
6. Da quel giorno _____ sempre mangiare la mia minestra lì, al davanzale.
7. Ogni volta che mia madre e mia nonna ritornavano, le chiedevano: - L'_____ _____ la minestrina?

5. Completare con l'aggettivo

1. Avevo _____ anni. _____ anni e già un amore: la finestra. _____ le finestre.
2. Ma più di tutte, una che mi veniva imposta _____ giorno con una puntualità _____.
3. Non è _____ dire che cosa a _____'età poteva rappresentare la finestra.
4. Forse uno spettacolo _____ che solo oggi posso comprendere.
5. _____ i giorni le _____ orecchie ne udivano le lodi _____: _____ " _____, _____, _____ minestrina", dalla quale pareva dipendere l'universo.
6. La poveretta girava con la scodella per _____ la casa per convincermi.
7. Subito si stabilì un equilibrio tra la cosa _____ e quella _____.
8. _____ volta che _____ madre e _____ nonna ritornavano, le chiedevano: - L'ha mangiata la minestrina?

6. Completare con i pronomi personali diretti

1. Non era possibile uscire prima di aver_____ mangiata e, se eravamo fuori bisognava rientrare, lasciare tutto, correre a casa per mangiar_____.
2. Se era la nonna a farme_____ mangiare, e questo accadeva di rado, le cose andavano molto rapidamente, perché _____ metteva in soggezione.

3. Se era la mamma che di persona si assumeva l'incarico, allora, lentamente _____ mandavo giù.

4. Quando la mamma e la nonna uscivano, era la donna di servizio che doveva farme_____ inghiottire.

5. La poveretta girava con la scodella per tutta la casa per convincer_____ ; ballava, cantava, _____ metteva dovunque.

6. Se si freddava, bisognava riscaldar_____. Dopo che era stata riscaldata, bisognava far_____ raffreddare.

7. Stringevo i denti rifiutandomi di ingerir_____ o, se ne avevo ingerita un po', _____ spruzzavo via con la bocca e, con un colpo della mano, facevo volare il cucchiaio.

8. Un giorno, presa dalla disperazione, la donna di servizio aprì la finestra, posò la scodella sul davanzale e _____ mise lì vicino, in piedi, su una sedia.

9. Ogni volta che mia madre e mia nonna ritornavano, le chiedevano: ___ 'ha mangiata la minestrina?

7. Completare con le preposizioni

1. Ma più _di_ tutte una che mi veniva imposta ogni giorno _con_ una puntualità straordinaria.

2. Non è facile dire che cosa, _a_ quell'età, poteva rappresentare la finestra.

3. Quella "cara, buona, santa minestrina", _dalla_ quale pareva dipendere l'universo.

4. Non era possibile uscire prima _di_ averla mangiata e, se eravamo fuori, bisognava rientrare, correre _a_ casa _per_ mangiarla.

5. Se era la nonna _a_ farmela mangiare, e questo accadeva _di_ rado, le cose andavano abbastanza rapidamente, perché mi metteva _in_ soggezione.

6. Se era la mamma che _di_ persona si assumeva l'incarico, allora, lentamente, la mandavo giù, _tra_ baci, carezze, parole dolci, rimproveri, minacce, promesse, _tra_ due sculaccioni.

7. La poveretta girava _con_ la scodella _per_ tutta la casa _per_ convincermi.

8. Un giorno, presa _dalla_ disperazione, la donna _di_ servizio aprì la finestra, posò la scodella _sul_ davanzale e mi mise lì vicino, _in_ piedi, _su_ una sedia.

9. Subito si stabilì un equilibrio _fra_ la cosa amata e quella odiata.

10. Da quel giorno volli sempre mangiare la mia minestra lì, _al_ davanzale.
    sul

8. Completare liberamente le frasi

1. Non è facile dire che cosa ...
2. Più facile è dire quello che ...
3. Un cibo divenuto tanto più ...
4. Non era possibile uscire prima di ...
5. La cosa mi metteva in ...
6. La poveretta girava per tutta la casa per ...
7. Stringevo i denti rifiutandomi di ...
8. Un giorno, presa dalla disperazione ...
9. Fu un'idea geniale quella di ...
10. Da quel giorno volli sempre ...

9. Fare le domande

1. Quanti anni avevi?   – Avevo due anni.
2. _____ ?   – Uscire prima di averla mangiata.
3. _____ ?   – La nonna mi metteva in soggezione.
4. _____ ?   – Girava con la scodella in mano.
5. _____ ?   – Per farmela mangiare.
6. _____   – Stringevo i denti rifiutandomi di
_____ ?   ingerirla.
7. _____ ?   – Aprì la finestra.
8. _____ ?   – La posò sul davanzale.

10. Scrivere un testo (circa 150 parole)

1. Raccontate qualche episodio simpatico della vostra infanzia.

2. Parlate di una persona (una cosa, un cibo) che amavate o odiavate da piccoli.

3. La cosa, la persona, il luogo che più vi affascina e vi entusiasma.

SINTESI GRAMMATICALE

INDICATIVO: TEMPI PASSATI
Passato prossimo
Imperfetto
Passato remoto
Trapassato prossimo
Trapassato remoto
Preposizione semplice "tra/fra"

SCHEMA DEI TEMPI PASSATI DELL'INDICATIVO[1]

PRESENTE

————— PASSATO ————————↕———————— FUTURO ——→

momento del parlante

Ora poniamo attenzione a tutte le situazioni che si collocano a sinistra *(prima)* del presente, secondo questo schema:

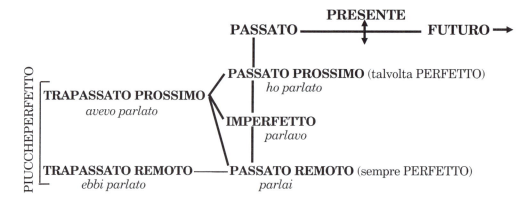

PRESENTE

PASSATO ————↕———— FUTURO ——→

PASSATO PROSSIMO (talvolta PERFETTO)
ho parlato

TRAPASSATO PROSSIMO
avevo parlato

PIUCCHEPERFETTO

IMPERFETTO
parlavo

TRAPASSATO REMOTO————**PASSATO REMOTO** (sempre PERFETTO)
ebbi parlato   *parlai*

[1] Vedere la grafica proposta a pag. 37 dell'Unità n. 2

IMPERFETTO E PASSATO REMOTO

La differenza tra IMPERFETTO e PASSATO REMOTO riguarda il tipo dell'azione.
Passato remoto o perfetto significa, etimologicamente, portato a compimento, concluso.
Le azioni **perfettive** sono, pertanto, viste nella loro compiutezza e condotte a termine, in uno spazio temporale momentaneo.
Le azioni **imperfettive**, al contrario, sono viste come "non condotte a termine", cioè vengono percepite in corso di svolgimento, quindi non sono interrotte, né inscritte in uno spazio temporale ben definito.

USO DELL'IMPERFETTO E DEL PASSATO REMOTO

IMPERFETTO	**PASSATO REMOTO**
situazione descrittiva, durativa	**situazione compiuta**

I confini di tempo di una descrizione sono indeterminati; si tratta di una situazione che permane nel passato per un tempo imprecisato e incompiuto.	Il perfetto indica un fatto concluso, senza alcun legame con il presente e avvenuto in un preciso momento del passato.
Il nostro giardino ERA bello e curato, e il sole lo ILLUMINAVA da tutte le parti *Da ragazzo ERO un ottimista, che non si SPAVENTAVA di fronte alle difficoltà*	*In quell'occasione FUI ottimista e mi rovinai* *Il nostro giardino era bello, splendido, ma il troppo sole e l'incuria lo DISTRUSSERO*

azione abituale[1] ripetitiva

Azione passata **abituale** e ripetitiva inclusa in un dato spazio di tempo dai contorni non determinati.

> *Da bambino* ANDAVO *a sciare tutte le domeniche*
> *Mario, da giovane,* DEDICAVA *alla lettura ogni momento libero che* AVEVA *a disposizione*

azione finita/conclusa

Azione passata inclusa in uno spazio di tempo determinato.

> *L'anno scorso* ANDAI *a sciare in occasione del mio compleanno*
> *Mario, per quell'esame,* STUDIÒ *molto, ora non studia più*

azioni prolungate in successione o parallele (narrativa-cronaca)

Le azioni si svolgono contemporaneamente e sono narrate come spesso fanno i giornali.

> *L'uomo* VESTIVA *di scuro e la polizia lo* SORPRENDEVA *mentre si* CAMBIAVA *d'abito*
> *Il centravanti* PASSAVA *la palla alla punta di sinistra che la* METTEVA *in rete*

azioni distaccate in successione (narrativa-cronaca)

Le azioni, si svolgono una dopo l'altra come elementi distaccati o come didascalie di dialoghi narrativi.

> *Il cacciatore* PRESE *la mira,* PUNTÒ *e poi* SPARÒ
> DISSE ... AGGIUNSE ... RISPOSE ...

Un linguaggio che i giornalisi usano mezzlazione

[1] L'imperfetto abituale è spesso accompagnato da espressioni ed avverbi di frequenza: **sempre, spesso, di solito, ogni giorno/mese/anno, tutti i giorni/tutte le settimane**, ecc.

azione durativa/narrativa	azione definita

Si tratta di vera e propria descrizione o narrazione di fatti.	Azione circoscritta e relativa a circostanze ben delimitate.
Cristoforo Colombo SCOPRIVA l'America nel 1492 (dopo tanti viaggi precedenti)	*Cristoforo Colombo SCOPRÌ l'America nel 1492* (quasi per caso e proprio in quell'occasione)

Ma per indicare un'azione compiuta da molto tempo, i cui effetti permangono nel presente: *Cristoforo Colombo HA SCOPERTO l'America* ecc.

USO DELL'IMPERFETTO E DEL PASSATO PROSSIMO

Il PASSATO PROSSIMO esprime un fatto avvenuto nel passato, ma che ha o può avere un certo rapporto con il presente. Anzi alcuni lo definiscono persino *"presente anteriore"* [1] che, a seconda della situazione comunicativa, assume un significato di *passato compiuto* e *non compiuto* [2].

azione durativa	azione compiuta con effetti nel presente

Azione presentata nel suo svolgimento, dove non vengono definiti né l'inizio né la fine.	Azione presentata nella sua interezza. Ne vengono definite tutta la durata e la cessazione.
Nel '78 ABITAVAMO ancora a Palermo *Alle 10,30 STUDIAVO ancora*	*HO SCRITTO fino alle 11* (e ora sono stanco) *HO AVUTO i capelli lunghi fino a due settimane fa* (sono come un'altra persona)

[1] Il presente *"anteriore"*, che delimita un'azione compiuta nel passato i cui effetti durano nel presente, può essere meglio evidenziato da questi esempi: *Mario dice che HA quasi LETTO tutto il libro* (possibile sottinteso di causa nel passato ed effetto nel presente: perché gli piace e gli è utile). *Mario dice che proprio adesso HA TERMINATO di leggere il libro* (e così è libero di uscire). *Mario dice che il libro l'HA LETTO tanto tempo fa* (e perciò non se lo ricorda più).

[2] Qualche volta il passato prossimo può essere equivalente *"a un futuro anteriore"*, in quanto può esprimere un'azione che avverrà nel futuro. *Ancora un po' di fatica e poi siamo giunti* (cioè *saremo giunti*) al traguardo.

azione durativa	azione definita improvvisa
In un'azione all'imperfetto che dura nel tempo (iniziata prima dell'altra e che probabilmente continuerà anche dopo	si va ad inserire un'azione al passato prossimo, improvvisa e non programmata
FACEVO/STAVO FACENDO colazione, *ERO a letto e LEGGEVO,* *STAVO iniziando a studiare,*	*quando È ARRIVATO*[1] *Luigi* *quando HA BUSSATO alla porta Paola* *quando Cristina mi HA TELEFONATO*

ALTRI USI DELL'IMPERFETTO

– Nella descrizione/relazione di eventi e nella cronaca sportiva (per lo più nello stile giornalistico), nella narrazione fiabesca.

> *Mi sono imbattuto in un brutto incidente: da una macchina uscita di strada giungevano disperate grida di aiuto; la gente accorreva da ogni parte e cercava di rendersi utile*
> *Gran Premio di Monza. La vittoria sul circuito nazionale consentiva alla Ferrari di mantenere la vetta della classifica. Mansel si aggiudicava la corsa alla curva di Lesmo dove staccava per ultimo e infilava la Williams sulla destra*
> *C'era una volta un re che aveva tre figlie...*

– Nel periodo ipotetico di 3° tipo, si impiega sia nella subordinata con il "se" che nella frase principale (in sostituzione del congiuntivo trapassato e del condizionale composto), in un registro linguistico colloquiale o familiare.

> *Se lo sapevo, non ci venivo.* (se lo avessi saputo, non ci sarei venuto)

---

[1] Ma anche ARRIVÒ, se giudichiamo l'azione un po' lontana nel tempo oppure come fatto esposto distaccato dal presente, e così negli esempi successivi *(BUSSÒ, TELEFONÒ)*. Vedi oltre.

– Nel discorso indiretto, quando il verbo reggente è al passato, l'imperfetto sostituisce il presente del discorso diretto

Disse: "Ho fame". Disse che aveva fame

Contesti in cui comunemente si può usare l'imperfetto:

– quando si "riprende il filo del discorso"

Allora, come stavo dicendo, alle otto ho preso l'aereo
Scusa, che dicevi?

– quando si vuole esprimere una richiesta con gentilezza, con modestia

Scusa, volevo chiederti se puoi prestarmi il vocabolario per un paio di giorni
Al bar: "Volevo un caffè e un cornetto" (invece di vorrei...)

USO DEL PASSATO PROSSIMO E DEL PASSATO REMOTO

Le differenze tra i due tempi (passato prossimo e passato remoto) sono legate al fatto **cronologico** (rapporto con il presente) e **psicologico** (come il parlante sente l'azione), oltre che essere un fatto di carattere stilistico e geografico.

PASSATO PROSSIMO	PASSATO REMOTO
Azioni i cui effetti perdurano e si ripercuotono nel presente.	Azioni che rimangono legate ad un momento storico, ancorate al passato.
HA SPOSATO Francesca nell'83 (e ancora sono insieme) *HO COMPRATO questa macchina 20 anni fa (ce l'ho ancora)* *Mio fratello E' NATO 30 anni fa (è ancora vivo)* *Non HO STUDIATO abbastanza: sono proprio preoccupato per l'esame* *HO LAVORATO troppo: non ce la faccio più!* *Con tutto quel che HO MANGIATO e BEVUTO mi sento uno straccio!*	*SPOSÒ Francesca nell''83 (non sono più sposati)* *COMPRAI quella macchina 20 anni fa (non ce l'ho più)* *Dante NACQUE nel 1265 e morì nel 1321* *Lo INCONTRAI, una volta, ma oggi non saprei riconoscerlo* *Mio nonno da giovane EBBE il tifo* *Ti ricordi di quella volta che ANDAMMO insieme ai Musei Vaticani?*

persona ha un rapporto psicologicamente con il presente

→ *non c'è un rapporto con il presente*

Azioni inscritte in un periodo di tempo non ancora concluso con: **in questo/a settimana, mese, anno, secolo ...**
Azioni iniziate nel passato e che sono valide anche nel presente con **sempre, mai, ancora, finora** ...

> *Non HO mai SOPPORTATO gli ipocriti*
> *Luisa non È mai STATA brava in cucina*
> *ABBIAMO SPESO troppo questo mese*
> *In questo secolo la società È CAMBIATA radicalmente*

Azioni inscritte in un periodo di tempo definitivamente trascorso e lontano con avverbi ed espressioni temporali: **allora, un tempo, una volta, dieci anni fa, nel '48 ...**

> *Nel '29 ci FU una gravissima crisi finanziaria*
> *Tre anni fa ANDAI al mare in Grecia*
> *Una volta ANDAMMO a trovarlo, ma si era già trasferito*

Il passato prossimo è più adatto ad esprimere **azioni recenti**.

Stamattina SONO ANDATO dal medico

Il passato remoto è più adatto ad esprimere **azioni lontane**.

Questo palazzo FU COSTRUITO all'inizio del secolo

---

un uso molto "sorvegliato" della lingua
(per esempio in letteratura)

può esprimere azioni che sono **lontane nel tempo,** ma con conseguenze attuali.

> *"SEI mai STATA a Torino?". "Sì, ci SONO STATA con mia sorella più di dieci anni fa, ma me la ricordo come se fosse ieri: che splendida città!"*

può esprimere azioni che siano più **vicine nel tempo** ma definitivamente concluse e improvvise.

> *"Sei mai stata a Torino?".*
> *"Mah, non ricordo. Ah, sì: ci ANDAI una volta, mi pare".*
> *Mi chiamò al telefono mio padre ieri sera ... Stamani è passato a prendermi (Cassola)*

Per le funzioni che esprime

il **passato prossimo** è più usato nella lingua parlata (dialogo). È molto usato nel centro nord in sostituzione del passato remoto, soprattutto per motivi di immediatezza espressiva.

il **passato remoto** è più usato nella lingua scritta (narrazione). È molto più usato nel sud dove talvolta sostituisce il passato prossimo.

PIUCCHEPERFETTO (o TRAPASSATO)

Esprime un'azione passata, avvenuta prima di altri fatti passati.

HO RITROVATO (ieri) *il libro che mi AVEVI REGALATO* (un mese fa)

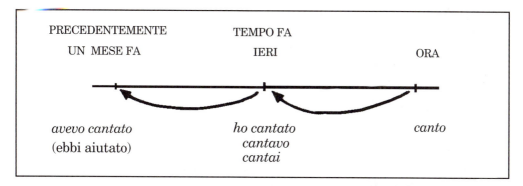

Si esprime in due tempi: TRAPASSATO PROSSIMO e TRAPASSATO REMOTO. Il primo è molto più usato. Il secondo, in letteratura soprattutto, si trova in combinazione con il passato remoto ed esprime l'anteriorità dell'azione rispetto a questo.

Dopo che ebbi spento il televisore, non riuscii a prendere sonno

TRAPASSATO PROSSIMO

– Esprime un'azione **passata avvenuta prima** dei fatti espressi nella reggente da uno (qualsiasi) dei cinque tempi passati.

HO SAPUTO solo ieri che TI ERI SPOSATA
Il professore CAPÌ che il ragazzo non AVEVA STUDIATO
Io lo SAPEVO che Maria ERA PARTITA
Lo AVEVO già SAPUTO che ERI STATO PROMOSSO
Dopo che mi FUI ACCERTATO che tutto ERA STATO MESSO in ordine, me ne andai

– Il trapassato prossimo può essere anche **sintatticamente indipendente**, ed avere un rapporto di logica dipendenza da un'azione sottintesa del passato.

Non ci AVEVO mai PENSATO (ma tu mi hai fatto pensare alla cosa)
Questo me l'AVEVI già DETTO (prima di questa volta)
Non AVEVO mai MANGIATO ostriche (prima di ora)

– Il trapassato prossimo (sintatticamente dipendente o indipendente) può anche trovarsi **in rapporto con un presente o un futuro**. In questo caso l'azione che esprime è sentita come lontana nel tempo, totalmente staccata rispetto al presente.

> *Verranno presto pubblicati i racconti che il padre AVEVA SCRITTO da giovane*
> *Questo è l'anello che mi AVEVA REGALATO il nonno* (tanto tempo fa; forse ora il nonno è morto)
> *Ecco il libro del quale ti AVEVO PARLATO* (quella volta, tanto tempo fa)

TRAPASSATO REMOTO

Si usa soltanto in forma attiva e solo nelle seguenti condizioni sintattiche:

– in subordinate temporali che siano introdotte dalle congiunzioni: *subito / immediatamente, dopo che, come, (non) appena, quando, allorché, una volta che, finché (non)*, ecc., cioè quando l'azione espressa dal trapassato remoto è **immediatamente precedente** a quella della reggente e quando la reggente è al passato remoto

> *Appena EBBE VINTO il premio, smise di lavorare*
> *Solo dopo che gli EBBI RESTITUITO la macchina, mi sentii tranquilla*
> *Una volta che EBBI VISTO di che si trattava, me ne andai*
> *Appena ci EBBERO DATO il permesso, lasciammo l'aula*
> *Appena EBBI RICEVUTO la sua telefonata, uscii*

L'uso di questo tempo, come si vede, è abbastanza raro e si tende a sostituirlo con altre forme:

– DOPO + INFINITO PASSATO [1]
> *Dopo AVER VINTO il premio...*

– UNA VOLTA + PARTICIPIO PASSATO [1]
> *Una volta VINTO il premio, smise di lavorare*

– Oppure con una coordinata formulata con due passati remoti uniti da una "e"
> *Vinse il premio e smise di lavorare*

– Ma anche semplicemente mettendo il PASSATO REMOTO al posto del TRAPASSATO REMOTO.
> *Non appena vinse il premio, SMISE di lavorare*

 [1] Solo nel caso in cui reggente e dipendente abbiano lo stesso soggetto.

PREPOSIZIONE SEMPLICE "TRA/FRA"

La scelta è puramente eufonica. Quando la parola che segue comincia con il gruppo consonantico *fr*, si preferisce TRA e viceversa.

> *tra fratelli* (e non *fra fratelli*)   *fra tre amici* (e non *tra tre amici*)

TRA e FRA esprimono soprattutto un rapporto di "posizione intermedia" tra due elementi, una "relazione" tra persone o cose, nonché, talvolta, una "separazione" tra elementi.

1. Funzioni e valori

Stato in luogo (vale "in mezzo a")	*Tra le foglie ci sono molti frutti*
	Tra la Penisola Italiana e la Sicilia c'è lo stretto di Messina
Moto a luogo	*Vieni tra noi!*
Moto per luogo	*Il sole filtrava tra le persiane*
Distanza	*Tra venti chilometri saremo a Roma*
Partitivo	*È il migliore fra i miei allievi*
Tempo	*Fra tre ore arriverà tuo padre*
a) approssimazione di tempo	*Arriverà tra le quindici e le sedici*
b) approssimazione di età	*Avrà tra i cinquanta e i sessant'anni*
Relazione/reciprocità/compagnia	*Siamo tra amici che si aiutano sempre fra di loro*
Causa	*Tra una cosa e l'altra, sono arrivato in ritardo*
Modo	*Fra lacrime di gioia, mi ha abbracciato a lungo*

2. Locuzioni avverbiali

Tra breve   tra poco   fra (non) breve   tra (non) molto   fra l'altro

3. Fraseologia

Essere/parlare/dire, fra il serio e il faceto
pensare fra sé e sé
parlare fra i denti
stare tra i piedi
mettere il bastone fra le ruote
leggere tra le righe

essere fra l'incudine e il martello
essere incerto fra il sì e il no
essere tra la vita e la morte
dormire fra due guanciali
mettersi le mani fra i capelli
ecc.

4. Proverbi

Essere come un vaso di coccio tra vasi di ferro
Tra moglie e marito non mettere il dito
Tra il dire e il fare c'è di mezzo il mare

Tra cani non si mordono
Tra i due litiganti il terzo gode
ecc.

ELEMENTI DI CIVILTÀ

La cucina italiana

"O mangi questa minestra o salti la finestra". Quante volte questo "ultimatum" imperioso è risuonato alle nostre orecchie di ragazzi!

Allora lo sconforto si impadroniva di noi, come se fossimo tante piccole Mafalde (il celeberrimo personaggio dei fumetti di Quino) davanti a una zuppiera brodosa e fumante. Poi, da grandi, abbiamo ancora incontrato l'espressione, nel significato di non avere alternative in una determinata situazione, del trovarci insomma con le spalle al muro, in un vicolo cieco.

Qui, invece, si può rovesciare il senso di una frase così angosciante, trasformandola in: "Scappa dalla minestra, attraverso la finestra" che ti apriamo noi sul meglio della

Formaggi tipici italiani:
*1. Provolone piccante. **2.** Provolone dolce. **3.** Gorgonzola. **4.** Gruviera. **5.** Bel Paese. **6.** Parmigiano Reggiano. **7.** Crescenza. **8.** Friuliana. **9.** Taleggio. **10.** Quartirolo. **11.** Mascarpone. **12.** Scamorza affumicata. **13.** Scamorza bianca. **14.** Pecorino toscano. **15.** Pecorino sardo. **16.** Caciotta. **17.** Fontina. **18.** Robiola. **19.** Mozzarella. **20.** Ricotta. **21.** Caprini.*

CUCINA ITALIANA

Possiamo, infatti, assicurarti che, qui di seguito, troverai prelibate indicazioni per preparare un pranzetto con i fiocchi, senza la minima ombra di minestre.

Il tutto nella migliore tradizione gastronomica della Penisola.

Per cominciare, come antipasto, proponiamo

Vini tipici italiani

Crostini alla napoletana

(Per sei persone: pane a cassetta - olio - mozzarella grammi 300 - acciughe 6 - pomodoro grammi 200 - pepe - origano)

Tagliate il pane a cassetta in crostini dello spessore di un centimetro. Mettete un po' d'olio in una padellina e, un po' alla volta, friggete i crostini, ma da una sola parte, lasciando l'altra non fritta. Ungete d'olio una teglia in cui, in un solo strato, disponete i crostini, appoggiandoli dalla parte non fritta. Su ogni crostino mettete una fettina di mozzarella, qualche filetto d'acciuga, qualche fettina di pomodoro spellato e senza semi. Poi aggiungete un pizzico di pepe e di origano. Fate sgocciolare su ognuno un pochino d'olio e passate la teglia in forno per una decina di minuti: il tempo necessario per far cuocere la parte inferiore del pane e far liquefare il formaggio. Serviteli caldissimi.

Riconfortati da sapori così mediterranei, proseguiamo con un primo piatto di

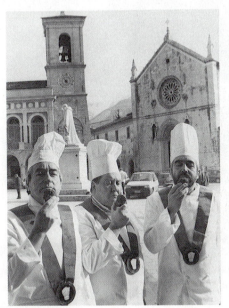

"Tartufi" e gastronomia in piazza

Maccheroncini e broccoli alla siciliana

(Per sei persone: maccheroni grammi 700 - broccoli - olio per friggere - pecorino grattato - sale)

Prodotti tipici di sagre gastronomiche

Scegliete e dividete i broccoli in tante cimette, togliete via qualche filamento e fatele cuocere a metà in acqua leggermente salata.

Scolate le cimette e friggetele in padella con abbondante olio. Lessate i maccheroncini in abbondante acqua, leggermente salata, tenendoli molto al dente. Scolateli e conditeli con tutto o parte dell'olio della frittura e formaggio pecorino. Ungete d'olio un tegame piuttosto largo. Cospargete il fondo con pecorino grattato e disponeteci i maccheroni. Sopra metteteci i broccoli fritti. Spolverizzate con abbondante formaggio grattugiato e lasciate gratinare in forno.

Passiamo al secondo piatto con un

Abbacchio al forno con patate novelle

(Per sei persone: lombata di abbacchio grammi 1500 - strutto grammi 50 - olio 4 cucchiai - patate piccole grammi 1000 - cipolline sbucciate grammi 500 - rosmarino - salvia - alloro - sale - pepe)

Tagliate in pezzi l'abbacchio. Lavatelo. Asciugatelo e mettetelo in una teglia con olio, strutto e qualche rametto di rosmarino, qualche foglia di salvia e di alloro, metà delle cipolline tagliate in fettine sottili e l'altra metà delle cipolline intere. Aggiungete le patatine novelle non sbucciate ma ben strofinate in un panno umido. Condite con sale e abbondante pepe macinato, e mettete la teglia nel forno ben caldo. Con una paletta rivoltate, di tanto in tanto, i pezzi di abbacchio e il contorno per evitare che si attacchino. Fate attenzione che le patate restino intere. Lasciate cuocere per circa un'ora fino a che abbacchio e contorno abbiano preso un bel colore dorato.

A dire il vero, potremmo anche fermarci qui. Ma, si sa, per il dolce un posticino si trova sempre.

Abbacchio al forno con patate novelle

E allora, coraggio! Buttia-
moci sul

Tiramisù

(Per sei persone: mascarpone
grammi 600 - 6 uova - 6 cucchiai
di zucchero - un pacco abbondante di biscotti savoiardi - una
caffettiera per sei tazzine di caffè - cointreau - una tavoletta di
cioccolata)

Montate con un cucchiaio
di legno i tuorli con lo zucchero, fino ad ottenere una crema
fluida. Unite il mascarpone
poco alla volta, amalgamando-
lo al composto e, infine, le chia-
re dell'uovo, che avrete prece-

Tiramisù. (Crema di mascarpone)

dentemente montato a neve. A parte, aggiungete al caffè (freddo) del cointreau.

Poi con il liquido ottenuto bagna-
te i savoiardi, uno ad uno, facendo attenzione a non inzupparli
troppo. Disponete in una bella terrina uno strato di savoiardi e uno
di crema, grattugiandovi sopra la
cioccolata. Continuate a sovrap-
porre gli strati nello stesso ordine.
Tenete in frigorifero la terrina
fino al momento di servire.

Ora non ci resta che chiudere il
banchetto con un ricco caffè.
... E speriamo di non prender-
ci un'indigestione.
Altrimenti ci toccherà tornare alla ... MINESTRINA della conva-
lescenza!

Crema vanigliata primavera

MORFOLOGIA

PRONOMI PERSONALI SOGGETTO
   Pronomi personali complemento
      Posizione dei pronomi

Pronomi allocutivi
Uso del "Lei"
Preposizione semplice "per"

           CIVILTÀ. *Realtà sociale italiana*

— *Il guardaroba di Laura* —

Verso sera ho incontrato Laura nel bar.

Sembrava *eccitata*. L'animazione le colorava il   *agitata, turbata*
viso di un rosa acceso che lo strato di cipria non
bastava a *dissimulare*.   *nascondere*

- Cara, ho avuto un'idea splendida. Venga con
me.

- Dove?

- Non faccia domande: ho una sorpresa per Lei.

Siamo uscite dalla sala. Camminando veloce,
impaziente, mi ha guidata per i corridoi fino al
settore dove *alloggiano* i forestieri, e con un cenno   *abitano*
di *complicità* mi ha invitata ad entrare nella sua   *intesa, consenso segreto*
camera.

- Dobbiamo proprio fare qualcosa, ha detto mentre richiudeva i battenti alle mie spalle. Dobbiamo
porre fine a questa atroce *mortificazione*.   *umiliazione*

Dalla direzione del suo sguardo ho capito che si
riferiva alla *divisa*.   *uniforme, abito, vestito particolare*

- Lei è una donna, cara, una donna molto graziosa: perché non si veste come tale? Purtroppo ho con
me pochi abiti, ma riusciremo senz'altro a trovarne
uno che le stia bene.

Ha *spalancato* l'armadio e *ha passato in rasse-*   *aperto - ha esaminato*
gna i suoi vestiti con l'occhiata malinconica e insie-
me *risoluta* di chi è pronto ad affrontare *stoicamen-*   *decisa - impassibilmente*
te un grave sacrificio.

- Non si disturbi, sto benissimo nei miei panni.

- Non dica assurdità. Nulla a questo mondo *ri-*
solleva il morale come indossare un bel vestito, e il   *conforta lo spirito*
suo morale ha bisogno di essere risollevato.

Dopo avermi *ingiunto* di sedere sul letto, ha   *comandato, imposto* cominciato a tirar fuori gli abiti dall'armadio mostrandomeli uno per uno, magnificandomene i pregi pur con l'aria di volere *sminuirli*.

sottovalutarli

Erano *patetici*, nonostante la loro eleganza: per le tinto brillanti e per la morbida leggerezza dei tessuti mi rammentavano i fiori che avevo veduto *appassire*, mi sembravano *pervasi* dello stesso splendore *caduco*.

commoventi

perdere la freschezza

soffusi, invasi - non durevole

- Ha una linea semplice, come vede, - ha detto Laura posando sul letto il vestito di *raso* nero - ma è molto raffinato per la sera.

tessuto liscio e lucente

Ripensandoci, però, temo che indosso a lei non farebbe una gran figura: lei è troppo esile.

Ne ha preso un altro, di seta verde, con ampie maniche *a sbuffo* e una gonna *svasata*.

gonfie - allargata in basso

- Forse questo è più adatto, ha più ricchezza nel *corpino*. Lo provi.

parte superiore dell'abito

Non potevo *sottrarmi alla sua abnegazione* senza rischiare di offenderla, e poi la vista di quegli abiti aveva fatto rinascere in me il desiderio di vestirmi da donna.

evitare la sua generosità

Neppure nella stanza di Laura vi sono specchi, quindi non potevo vedermi nel nuovo abbigliamento, tuttavia sentivo che quell'abito era di una *taglia* molto più grande della mia.

misura

Le spalle erano cascanti, i passanti della cintura troppo bassi, e la gonna giungeva a *sfiorarmi* le caviglie.

toccare appena

- Le sta divinamente, ha commentato Laura non so con quanta sincerità.

Vedrà come l'ammireranno tutti, questa sera.

(Adattato da: PAOLA CAPRIOLO, *Il doppio regno*)*

*Per notizie su Paola Capriolo, vedi la sezione *"Scrittori in vetrina"*, a pag. 345.

1. Scelta multipla

1. La protagonista incontra Laura, che
❏ si vergogna di qualcosa ❏ è in stato di evidente eccitazione
❏ prova dell'animosità verso qualcuno

2. Lo strato di cipria sul viso di Laura
❏ non riesce a nascondere la sua emozione ❏ ne accentua il rossore
❏ la rende più pallida

3. Laura invita l'amica
❏ nella sua camera ❏ a fare una passeggiata in macchina ❏ a fare
quattro chiacchiere

4. Laura si rivolge all'amica con
❏ fare sospetto e artificioso ❏ parole crude, quasi offensive ❏ parole benevole e gentili

5. Mostra all'amica tutti i suoi vestiti
❏ decisa a regalargliene qualcuno, privandosene non senza sacrificio
❏ con l'intenzione di farla crepare d'invidia ❏ pregandola di sceglierne
uno che le vada bene

6. I vestiti di Laura
❏ destano quasi ripugnanza ❏ appaiono fuori moda ❏ sembrano
fatti su misura per l'amica

7. Un abito di raso nero può
❏ rendere la persona ancora più triste ❏ sottolineare troppo la sua
magrezza di una persona ❏ rendere felice chi l'indossa

8. L'abito di seta verde
❏ ha maniche ampie e gonna allargata in fondo ❏ è stretto e aderente
in vita ❏ ha maniche corte e minigonna

9. L'amica cede infine alle insistenze di Laura per
❏ porre termine alla discussione ❏ non farla arrabbiare ❏ non
offendere la sua sensibilità

10. L'abito prestato dall'amica
❏ le sta proprio a pennello ❏ non sembra fatto su misura per lei
❏ le tira da tutte le parti

2. Questionario

1. Di che colore è diventato il viso di Laura?
2. Quale splendida idea ha avuto Laura?
3. Perché l'amica non deve fare domande?
4. Dove introduce l'amica?
5. A quale mortificazione Laura vuol porre fine?
6. Che cosa vuole offrire alla sua amica?
7. Che cos'è che può risollevare il morale di una donna?
8. Come apparivano gli abiti di Laura tirati fuori dall'armadio?
9. Perché il vestito di raso nero non sta troppo bene all'amica?
10. Perché l'amica di Laura non può vedere come le sta indosso il vestito?

PER L'AUTOCORREZIONE E L'AUTOAPPRENDIMENTO

3. Completare con il pronome personale soggetto o con il complemento diretto

1. Camminando veloce, impaziente, _____ ha guidata per i corridoi fino al settore dove alloggiano i forestieri, e con un cenno di complicità _____ ha invitata ad entrare nella sua camera.
2. _____ è una donna, cara, una donna molto graziosa: perché non si veste come tale?
3. Ha cominciato a tirar fuori gli abiti dall'armadio mostrandone _____ uno per uno, magnificandomene i pregi con l'aria di volere sminuir_____.
4. Ripensandoci, però, temo che indosso a Lei non farebbe una gran figura: _____ è troppo esile.
5. Forse questo è più adatto, ha più ricchezza nel corpino. _____ provi.
6. Non potevo sottrar_____ alla sua abnegazione senza rischiare di offen-der_____.
7. Neppure nella stanza di Laura vi sono specchi, quindi non potevo veder_____ nel nuovo abbigliamento.
8. Vedrà come _____'ammireranno tutti, questa sera!

Unità
4

4. Completare con il pronome complemento indiretto di forma atona

1. Sembrava eccitata, l'animazione _____ colorava il viso di un rosa acceso.
2. Purtroppo ho con me pochi abiti, ma riusciremo senz'altro a trovarne uno che _____ stia bene.
3. Dopo aver_____ ingiunto di sedere sul letto, ha cominciato a tirar fuori gli abiti dall'armadio mostrandomeli uno per uno, magnificando_____ i pregi.
4. Per le tinte brillanti e per la morbida leggerezza dei tessuti _____ rammenta-vano i fiori che avevo veduto appassire, _____ sembravano pervasi dello stesso splendore caduco.
5. Ripensando_____, però, temo che indosso a lei non farebbe una gran figura.
6. _____ ha preso un altro di seta verde, con ampie maniche e una gonna svasata.
7. La gonna giungeva a sfiorar_____ le caviglie.
8. - _____ sta divinamente, ha commentato Laura.

5. Completare con il pronome complemento indiretto di forma tonica

1. Cara, ho avuto un'idea splendida. Venga con _____.
2. Non faccia domande: ho una sorpresa per _____.
3. Purtroppo ho con _____ pochi abiti, ma riusciremo a trovarne uno che le stia bene.
4. Ripensandoci, però, temo che indosso a _____ non farebbe una gran figura.
5. La vista di questi abiti aveva fatto rinascere in _____ il desiderio di vestirmi da donna.

6. Completare con le preposizioni

1. Verso sera ho incontrato Laura _____ bar.
2. Cara, ho avuto un'idea splendida. Venga _____ me.
3. Non faccia domande: ho una sorpresa _____ lei.
4. Siamo uscite _____ sala. Camminando veloce, impaziente, mi ha guidata _____ i corridoi fino _____ settore dove alloggiano i forestieri, e _____ un cenno _____ complicità mi ha invitata _____ entrare _____ sua camera.
5. _____ direzione _____ suo sguardo ho capito che si riferiva _____ divisa.
6. Non si disturbi, sto benissimo _____ miei panni.
7. Dopo avermi ingiunto _____ sedere _____ suo letto, ha cominciato _____ tirar fuori gli abiti _____ 'armadio uno _____ uno.
8. - Ha una linea molto semplice, come vede, ha detto Laura posando _____ letto il vestito _____ raso nero, ma è molto raffinato _____ la sera.
9. Non potevo sottrarmi _____ sua abnegazione senza rischiare _____ offenderla,

e poi la vista _____ quegli abiti aveva fatto rinascere _____ me il desiderio _____ vestirmi _____ donna.

10. Sentivo che quell'abito era _____ una taglia molto più grande _____ mia.

7. Completare liberamente le frasi

1. L'animazione le colorava il viso di un rosa acceso che ...
2. Camminando veloce, impaziente, mi ha guidata verso ...
3. Dobbiamo porre fine a ....
4. Purtroppo ho con me pochi abiti, ma riusciremo a ...
5. Ha spalancato l'armadio e ...
6. Dopo avermi ingiunto di sedere sul letto ha cominciato a ...
7. Erano patetici, nonostante la loro eleganza ...
8. Ripensandoci, però, temo che indosso a lei non ...
9. Non potevo sottrarmi alla sua abnegazione senza rischiare di ...
10. Neppure nella stanza di Laura vi erano specchi, quindi ...

8. Fare le domande

1. Perché Laura sembra eccitata?   – Perché ha avuto un'idea splendida
2. _____ ?   – Siamo uscite dalla sala.
3. _____ ?   – Dalla direzione del suo sguardo.
4. _____   – Erano patetici nonostante la loro
   _____ ?   eleganza.
5. _____ ?   – Ha una linea semplice.
6. _____   – Aveva fatto rinascere il desiderio di
   _____ ?   vestirmi da donna.

9. Per la composizione scritta

1. Vestirsi bene, per una donna, è importante? Perché?

2. Vi piacerebbe vestirvi con una divisa? Motivate il sì o il no.

3. Il "made in Italy "si è notevolmente affermato in questi ultimi anni: sfilate di moda, con modelle straordinarie e bellissime, diffondono nel mondo le firme più prestigiose degli stilisti italiani.

SINTESI GRAMMATICALE

PRONOMI PERSONALI SOGGETTO
Pronomi personali complemento
Posizione dei pronomi
Pronomi allocutivi
Preposizione semplice "per"

PRONOMI PERSONALI SOGGETTO

io	prima persona singolare
tu	seconda persona singolare
lui/lei, esso/essa, [egli/ella]	terza persona singolare
noi	prima persona plurale
voi	seconda persona plurale
loro (maschile e femminile)	
essi/esse	terza persona plurale

– Spesso i pronomi personali soggetto **non sono espressi** ma sottintesi, perché la desinenza del verbo è sufficiente a determinare la persona.
> *(Noi) partiremo domani per le vacanze*
> *Dove vai (tu) quest'anno al mare?*
> *(Io) me lo sentivo che (loro) avrebbero cominciato a dir male di noi*

– La presenza del pronome soggetto diventa OBBLIGATORIA:

a) quando la desinenza del verbo può valere per più persone (è il caso del congiuntivo)
> *Desideri che io (tu/lui/lei) ci vada?*
> *Pensava che io (tu) fossi arrabbiato con lui*

b) quando si ha un modo indefinito (gerundio, participio, infinito)
> *Arrivato lui, la festa cominciò subito*
> *Tu dire queste cose! non ti vergogni?*
> *Noi pensare questo di te!*
> *Pur dicendo lui sciocchezze, lo trovo simpatico*

c) quando il pronome segue il verbo o è messo in particolare evidenza
   Sei stato tu a decidere la data, non sono stato io
   Lui sì, che ha capito!

d) quando il verbo non è espresso, ma sottinteso
   - Chi è stato? - Lui, non io!
   Contento tu, contenti tutti!

e) quando il pronome è accompagnato da: **anche, pure, nemmeno, neanche, neppu-re, stesso, magari, addirittura, almeno, non meno, ecc.**
   "Se ti inviterà verrai pure tu?" "Sì, verrò anch'io"
   "È lui stesso che insiste perché veniate anche voi

f) quando i pronomi soggetto sono in opposizione o a confronto tra di loro
   Io preferisco il mare, lei la montagna
   Lui è arrivato stanco e trasandato, lei fresca e riposata

g) quando ci sono più azioni con soggetti diversi
   Tu andrai avanti, noi seguiremo a distanza e lui ci aspetterà alla stazione

TRASFORMAZIONI DEI PRONOMI PERSONALI SOGGETTO

A) Si hanno le seguenti trasformazioni:

		diventa	
	io	diventa	**me**
	tu	"	**te**
lui	**[egli (esso)]**	"	**lui**
lei	**[ella (essa)]**	"	**lei**
	essi	"	**loro**
	esse	"	**loro**

1. in frasi comparative, introdotte da: **come, quanto, più di, meno di**
   Io sono meno bravo di te
   Tu non sei come loro
   Carlo non è intelligente quanto lei

2. in espressioni esclamative
    Povero me!
    Beato te!
    Felice lui (lei)!
    Felici loro!

    B) In funzione di predicato nominale (cioè coi verbi: **essere**, **sembrare**, **parere**, **diventare**...)

se c'è identità tra il soggetto della frase e il pronome

	io	resta	**io**
	tu	"	**tu**
lui	**[egli (esso)]**	diventa	**lui**
lei	**[ella (essa)]**	"	**lei**

> *Ricordati, io sono sempre io*
> *Carlo è sempre lui, non cambia mai!*

se **non** c'è identità tra il soggetto della frase e il pronome

	io	diventa	**me**
	tu	"	**te**
lui	**[egli (esso)]**	"	**lui**
lei	**[ella (essa)]**	"	**lei**

> *Lui non è me, quindi non può capirmi*
> *Mario sembra te: è testardo*
> *Tu non puoi diventare lei*

PRONOMI DI 3ª PERSONA

Al singolare si hanno:

lui/lei, [egli/ella]	riferiti a persona
esso/essa	riferiti a cosa (raramente a persona, per lo più in usi regionali)

Lui/Lei possono essere facilmente sottintesi. (**Egli/ella** sono piuttosto formali).

> *Quando (egli) arrivò, tutti lo applaudirono*
> *Se lui non è d'accordo, non c'è niente da fare*

–   Al plurale si hanno:
  essi/esse (per persone e cose)
  loro per maschile e femminile (per persone)

> *Quando loro sono arrivate, la festa era già finita*
> *Ho comprato molti libri; (essi) mi terranno compagnia durante il viaggio*
> *Loro sono sempre gli ultimi ad arrivare all'appuntamento*

PRONOMI PERSONALI COMPLEMENTO

Si dividono in due gruppi:

a) pronomi di **forma atona**, cioè privi di accento.
b) pronomi di **forma tonica**, su cui cade l'accento (il tono) della voce (non l'accento grafico).
La loro forma varia a seconda che esercitino la funzione di complemento diretto o di complemento indiretto.

FORMA ATONA		FORMA TONICA	
complemento diretto	complemento indiretto	complemento diretto	complemento indiretto
mi	mi	me	(a/di) me
ti	ti	te	(a/di) te
lo/la/si	gli/le/si	lui/lei/sé	(a/di) lui/lei/sé
ci	ci	noi	(a/di) noi
vi	vi	voi	(a/di) voi
li/le/si	si	loro/sé	(a/di) loro/sé

–   Nelle forme atone è il verbo, su cui cade l'accento della voce, l'elemento di rilievo.

> *Non è stato possibile parlargli*
> *Vi inviterò a casa mia la settimana prossima*

– Nelle forme toniche, invece, l'elemento più marcato è il pronome (che concentra su di sé l'attenzione).

Egli desidera incontrare **me**, *non vuole vedere nessun altro*
Carlo racconterà solo **a lui** *ciò che ha visto*

PARTICELLE PRONOMINALI

– Le particelle pronominali possono indicare persone, cose, luoghi o avere altri referenti

si,   ci/vi,   ne

SI   svolge le seguenti funzioni:

– **si** riflessivo

Maria **si** *guarda sempre allo specchio*
Questa mattina **si** *sono svegliati alle dieci*

– **si** impersonale

In questo ristorante **si** *mangia bene e* **si** *spende poco*
Non **si** *può fare sempre ciò che* **si** *vuole*

– **si** passivante

In questo ristorante **si** *possono gustare tutte le specialità regionali*
Quanti esercizi in classe **si** *sono fatti?*

CI

svolge le seguenti funzioni:

– **ci** nelle forme riflessive (riflessivi propri, apparenti, reciproci, intransitivi pronominali): 1ª persona plurale

> *Ci siamo vestiti*
> *Ci siamo lavati/e le mani*
> *Ci siamo incontrati ieri*
> *Ci vergogniamo per ciò che è successo*

– **ci** in sostituzione del **si** impersonale con un verbo pronominale o riflessivo

> *Non ci si può accontentare di questo*
> *Ci si è vergognati per lui*

– **ci/vi** complemento di luogo [1]

> *L'anno scorso siamo andati al mare; quest'anno non ci torneremo*
> *Siamo a Perugia e ci resteremo tre mesi*

– **ci** riferito a persone, cose, situazioni

> *Vorresti che io ti dessi una mano, ma io non ci penso nemmeno* (ci = a darti una mano)
> *È un amico veramente fidato, ci puoi contare* (ci = su di lui)

– **ci** pleonastico, enfatico

> *In questa città ci sto proprio bene*
> *A fare bella figura ci tengo proprio!*

– **ci** ricorre spesso in espressioni idiomatiche

> *c'era una volta - che ci vuole? - ci vuol tempo - ce l'hai una sigaretta? - da questo orecchio non ci sento - ci sei cascato! - ce l'ho con te - ci sono rimasto male, ecc.*

NE

svolge le seguenti funzioni:

– **ne** pronome partitivo

> *Ho comprato un pacchetto di sigarette e ne ho già fumate più della metà*

[1] Il significato di **ci** e **vi** è identico. La forma **vi** è meno comune.

– **ne** pronome dimostrativo (di/da lui/lei/ loro; questo/questa/questi; di/da ciò)

> *È stata una persona veramente irriconoscente, **ne** ho ricevuto solo grandi dispiaceri*
> *Ho ascoltato bene le sue argomentazioni e **ne** (da ciò) ho dedotto che non **ne** (di ciò) valeva la pena*

– **ne** avverbio di luogo, con senso di allontanamento (di/da lì/là)

> *Domenica scorsa sono andata allo stadio e dopo un po' me **ne** (da lì) sono andata via disgustata*

– **ne** ricorre spesso in espressioni idiomatiche:

me ne vado	non ne posso più	ne ho abbastanza
che ne è di tua sorella?	ne hai combinate delle belle	(non) ne vale la pena
ne va della tua salute	starsene con le mani in mano	non volermene
ne ha fatte di cotte e di crude	ne ha combinate di tutti i colori	aversene a male
ecc.		

POSIZIONE DEI PRONOMI ATONI

– Le particelle pronominali di forma atona (su cui non cade l'accento della voce) normalmente precedono il verbo. In questo caso prendono il nome di **procliti-che.**

> ***Ti** consiglio di non dire sciocchezze*

– Le particelle pronominali atone possono seguire il verbo, formando con esso una sola parola. In questo caso si chiamano **enclitiche**. Si usano:

a) con i modi indefiniti

– con l'infinito (che perde la vocale finale)
> *Sono qui per dir**ti** che mi dispiace*
> *Cerca di non contrariar**la***

– Quando il verbo all'infinito è preceduto da un modale (**potere**, **volere**, **dovere**, ecc.), il pronome può, indifferentemente, precedere il modale o seguire l'infinito

> *Non ti posso dire / non posso dirti quello che penso di te*
> *Perché non mi volevi dire / non volevi dirmi la verità?*

– con il gerundio

> *Parlando**gli** con un po' di calma, capiresti meglio il suo stato d'animo*
> *Vedendo**vi** in difficoltà, vi offro il mio aiuto*
> *Avendo**ne** già parlato, non intendo tornar**ci** su*

– con il participio passato

> *Incontrato**lo** per la strada, nemmeno lo ha salutato*
> *Viste**ne** tante, alla fine gliene è piaciuta una*

b) con l'imperativo:

– di tipo affermativo (tu/noi/voi)

> *Fate**mi** il favore di ascoltare bene*
> *Raccontal**e** quello che sai*

– di tipo negativo di seconda persona il pronome può anche precedere il verbo, in quanto c'è l'infinito

> *Non gli dire / dirgli niente*

– nelle forme monosillabile e tronche quali: **di', fa', da', sta', va',** si raddoppiano le consonanti iniziali dei pronomi (tranne che con **gli**)

> *Dam**mi** una sigaretta*
> *Vac**ci** subito, altrimenti trovi chiuso*
> *Dil**lo** a chi ti pare*
> *Fat**ti** dire chi è*

ma:

> *Da**gli** il tuo libro*

c) con l'avverbio "ecco"

> *Ecco**ci**, siamo arrivati*
> *Volevi qualche informazione? Ecco**ne** alcune*

d) in annunci economici e pubblicitari e, per brevità, nella forma telegrafica

> *Cerca**si** coppia disponibile servizio domestico*
> *Affitta**si** appartamento*
> *Vendon**si** appartamenti ben rifiniti*
> *Aspettiamo**ti** arrivo aereo*

PRONOMI ALLOCUTIVI

Il pronome allocutivo è quello con il quale ci si rivolge direttamente a qualcuno.

Pronomi tonici

Al singolare si hanno:

TU   In Italia si usa il TU quando si ha un rapporto di familiarità, amicizia, confidenza con l'interlocutore. Si usa, per esempio, il TU, tra familiari, amici, molto spesso tra colleghi, specie se coetanei. L'uso del TU si va diffondendo sempre di più, specialmente tra i giovani.

LEI   Il LEI è la "forma di cortesia". In Italia si usa il LEI quando tra gli interlocutori non vi è rapporto di confidenza. Rivolgersi a qualcuno con il LEI è segno di rispetto. Si usa, ad esempio, tra persone che non si conoscono (come negli uffici, nei negozi o per strada), tra dipendenti e superiori, da parte dei giovani rivolti agli anziani [1].
Professore, spero che Lei non sia troppo severo con me
Lei, Professoressa, è stata molto buona

ELLA   L'uso di ELLA è altamente formale, riservato quasi esclusivamente alla forma scritta o comunque in ambiti che richiedono particolari riguardi. Per esempio in ambienti politici, diplomatici, negli alti vertici delle cariche pubbliche [2].
Ella, Signor Ministro, è il benvenuto nel nostro Paese
Signor Presidente, Ella vorrà comprendere il nostro imbarazzo

VOI   L'uso di VOI come forma di cortesia (al posto di *Lei*) è oggi quasi scomparso; solo nel Meridione è ancora diffuso.

Al plurale si hanno:

VOI   Il pronome VOI si usa sia come plurale di TU che come plurale per la forma di cortesia (cioè nei casi in cui al singolare si usa il LEI).

[1] Per non essere troppo enfatici e solenni, c'è la tendenza ormai ad accordare gli aggettivi e i participi al genere della persona a cui ci si rivolge.
[2] Il pronome ELLA ha sempre il verbo alla 3ª persona singolare. L'accordo del participio e dell'aggettivo tende ad essere fatto non più al femminile, ma col genere della persona a cui ci si rivolge. Al posto di "Ella", si preferisce comunque usare "Lei", meno solenne.

LORO È il plurale del pronome LEI. Si usa, però, in contesti di particolare formalità. Per esempio, in ambienti politici, diplomatici, accademici, in situazioni ufficiali. Non è, tuttavia, di uso così raro come ELLA

Loro, Signori, stanno comodi?
Loro, Signore, sono tranquille?

Nello scritto, per esempio nella corrispondenza, **Lei**, **Ella**, **Loro**, **Voi**, si scrivono con la lettera **maiuscola**, così come i relativi pronomi atoni e gli aggettivi e i pronomi possessivi

RingraziandoVi per il Vostro interessamento, Vi inviamo i nostri più cordiali saluti
Gentile Signora, abbiamo ricevuto il Suo telegramma...

Pronomi atoni

TU **ti** proclitico/enclitico
Complemento Diretto *Ti ho visto. Vederti è stato facile*
Complemento Indiretto *Ti ho detto tutto; ma parlarti è stato difficile*

LEI **la** enclitico/proclitico *Signore, potrei invitarLa a cena?*
Complemento Diretto *Signora, devo informarLa / La devo informare che la riunione è stata rinviata*

Le enclitico/proclitico
Complemento Indiretto *Signore, vorrei chiederLe / Le vorrei chiedere un favore!*

VOI **vi** proclitico/enclitico
Complemento Diretto *Vorrei aiutarVi / Vi vorrei aiutare*
Complemento Indiretto *Quanto Vi hanno dato? RegalarVi qualcosa era un obbligo*

LORO **Li** (maschile) enclitico/proclitico
Compl. Diretto *Signori, posso averLi tutti al ricevimento di stasera?*
Erano presenti anche Loro? Non Li avevo notati, mi dispiace!

Le (femminile) enclitico/proclitico
Complemento Diretto *Signorine, scusino! Non Le avevo riconosciute!*

PREPOSIZIONE SEMPLICE "PER"

La preposizione PER indica, nel suo significato fondamentale, un rapporto di "spazio", "tempo", "causa", "fine", ed il suo valore è essenzialmente di "tramite".

1. Funzioni e valori

Moto per luogo	*La madre della regina d'Inghilterra è passata per Perugia*
Moto a luogo	*Giuseppe ha preso il rapido per Roma*
Stato in luogo	*Era seduto per terra, con il naso per aria e non si capiva cosa gli passasse per la testa*
Tempo determinato	*Verrò da te per Natale*
Tempo continuato	*Non ho dormito per tutta la notte, e mi sembra di non aver dormito per anni*
Causa	*Maria è rimasta in casa per il cattivo tempo*
Colpa	*Sul giornale si possono leggere i nomi dei processati per rapina a mano armata,*
Pena	*nonché degli evasori delle tasse multati per vari milioni*
Fine/scopo	*Questa volta faccio un viaggio per divertimento e non per lavoro*
Vantaggio/svantaggio	*Questa vacanza va proprio bene per Mario, ma non per me*
Mezzo/strumento	*Non mi riesce di comunicare per telefono, devo farlo per lettera*
Modo/maniera	*Gli studenti sono stati chiamati per ordine alfabetico*
Prezzo Stima Misura/estensione	*Mio zio ha venduto per un milione un'auto, che, in un incidente, aveva subito danni per oltre due milioni e aveva il motore quasi del tutto rovinato per aver percorso una salita per più di dieci chilometri*
Limitazione	*Per la verità non ti si può rimproverare, ma per me, questa volta, sei stato superficiale*
Sostituzione/scambio (Al posto di)	*Dal momento che capisci una cosa per un'altra, parlerò io per te*

Distributivo	*Davanti alla banca c'era una lunghissima coda di perso-ne, giorno per giorno: facevano entrare una persona per volta e davano un interesse del dieci per cento*
Predicativo	*Alla radio fu dato per morto*

2. Per + verbo all'infinito

a.	Valore finale	*Sono andato in Italia per studiare l'italiano*
b.	Valore causale	*Per essere rimasto deluso in altre università, sono andato a studiare ingegneria al Politecnico di Torino*
c.	Valore consecutivo	*Sono troppo stanco per andare al cinema*

N.B. La locuzione verbale **stare per**, **essere lì lì per** (che vale: **essere sul punto di**, **essere in procinto di**) si usa per esprimere un'azione prossima o imme-diata o intenzionale.

Stavo per telefonarti, ma tu mi hai preceduto

3. Locuzioni avverbiali

Per l'avvenire	per il futuro	per domani	per oggi
per ieri	per il passato	per ora	per il momento
per adesso	per sempre	per tempo	per lungo e per largo
per di qui	per di là	per intanto	per contro
per caso	per l'appunto	per poco	per lo più
per di più	per lo meno	per giunta	per diritto
per traverso	per altro (peraltro)	per di fuori	per di sopra
per eccellenza	per sommi capi	per amore o	per mare e per terra
per filo e per segno	per un verso.. per un altro	per forza	ecc.

4. Esclamazioni

Per carità!	Per l'amor di Dio!	Per Bacco! (o perbacco!)
Per Giove!	Per tutti i diavoli!	Per dindirindina!
Perdiana!	Perdinci!	ecc.

5. Locuzioni prepositive

Per mezzo di	per opera di	per causa di	per colpa di
per onor di	per via di	per conto di	ecc.

6. Locuzioni congiuntive

Per la qual cosa	per il fatto che	per via che
per ciò che	per quanto	ecc.

7. Fraseologia

Avere un debole per ...	andare matto per ...	dare un occhio per
stare con la testa per aria	prendere per oro colato	essere amici per la pelle
andare per la maggiore	non darsi per vinto	andare per le lunghe
raccontare per filo e per segno	prendere fischi per fiaschi	capire Roma per toma
avere un diavolo per capello	menare il can per l'aia	menare/prendere per
rispondere per le rime	passare/uscire per il rotto della cuffia	il naso ecc.

8. Proverbi

Occhio per occhio, dente per dente

Ognuno per sé e Dio per tutti

Chi fa da sé fa per tre

Una volta per uno non fa male a nessuno

Non tutto il male viene per nuocere/Non tutti i mali vengono per nuocere

Chi lascia la via vecchia per la nuova sa quel che lascia ma non sa quel che trova

ELEMENTI DI CIVILTÀ

Realtà sociale italiana

Non c'è sintonia di gusti tra le donne presentate da Paola Capriolo nel testo: gli abiti che Laura considera femminili ed eleganti risultano malinconici e fuori moda agli occhi della più giovane amica.

È pertanto un confronto generazionale quello che si consuma di fronte ad un armadio aperto: spesso la scelta di un vestito stabilisce l'appartenenza di una persona al mondo adulto o a quello dei ragazzi.

Il trapasso dall'adolescenza all'età adulta, sebbene così evidente nelle modificazioni fisiche, è, invece, dal punto di vista psicologico, molto meno percettibile.

Nell'Italia d'oggi, secondo le leggi dello Stato

Extracomunitari "italianizzati"

I giovani

diventano adulti a diciotto anni. Possono votare, possono firmare atti pubblici, possono guidare l'automobile ed hanno la piena responsabilità delle proprie azioni.

Eppure, sia perché "viziati" dal benessere economico, sia perché l'età d'ingresso nel mondo del lavoro (per motivi di studio, servizio di leva, disoccupazione) si è spostata sensibilmente in avanti, sia infine perché coccolati dall'accogliente e protettiva famiglia italiana, i ragazzi stentano a liberarsi del "complesso di Peter Pan", che li vorrebbe perennemente fanciulli e inguaribilmente sognatori.

Vecchi e giovani: modello di integrazione

Un dato confortante, che emerge dalle statistiche, è che però molti giovani, organizzati in associazioni religiose e laiche, dedicano parte del tempo libero ad

Socializzare in Italia

Attività di volontariato

negli ospizi, nelle case di cura, si mettono al servizio degli immigrati stranieri e prestano il loro aiuto ai disabili: essi offrono presenza, capacità e disponibilità gratuitamente.

L'attività di volontariato è un fenomeno non solo giovanile ed in costante aumento che ormai caratterizza la società italiana nel suo complesso, ma esiste in tutto il mondo.

Qual è, a grandi linee, il profilo della realtà "Italia" in campo sociale?
La società italiana offre un

modello di struttura industriale alquanto dinamica, in cui lavorano sia l'uomo che la donna, anche se il mondo femminile non ha ancora raggiunto i traguardi di quello maschile, quanto a diritti e a pari opportunità.

Nei rapporti tra i sessi, ancora forte è l'istituzione del

Matrimonio

prevalentemente religioso; ma c'è anche chi sceglie di vivere da solo, avendo o non avendo un legame sentimentale. Sono tuttavia molti, oggi, i "single" che magari hanno alle spalle rapporti di coppia finiti male. Anche la

La donna e il mondo del lavoro

Famiglia

è un'istituzione sempre cara agli Italiani. La natalità però è vistosamente diminuita ed è stato rovesciato così un vecchio luogo comune che voleva la famiglia italiana composta da genitori, quattro o cinque figli, zii, nonni, e parenti a non finire.

L'età media di vita è, in compenso, notevolmente aumentata, tanto che l'Italia è ormai tendenzialmente popolata da anziani.

Inoltre, siccome l'Italia si è trasformata da Paese di emigranti in Paese di

Immigrazione

(soprattutto dal Nord Africa e dall'Est europeo), essa va modificando sempre più la propria fisionomia e il proprio mercato del lavoro, assumendo così più opportunamente l'aspetto di società multirazziale.

È questa la scommessa che dovrà vincere nel prossimo futuro: diventare una Nazione aperta a flussi controllati di immigrati da inserire, a tutti gli effetti e con pieni diritti, nel tessuto sociale.

Ancora: gli Italiani sono grandi risparmiatori, tra i maggiori in Europa. E così, appena possono, vengono presi dalla "frenesia del mattone", cioè dal desiderio di

Il mito della casa propria

Acquistare casa

tanto che gran parte della popolazione è proprietaria di una abitazione, nel Nord come nel Sud. Solo in tal senso scompaiono le differenze che invece emergono tra l'Italia del Nord e l'Italia del Sud, per quanto riguarda il livello di sviluppo, con un Nord evoluto ed imprenditore e un Sud agricolo e fortemente assistito.

Infine, altro momento di forte coesione nazionale, che fa cadere le barriere fra le due Italie, è quello delle festività: Natale, Capodanno, Pasqua, un Battesimo, un Matrimonio, una Laurea, tutto diventa motivo e occasione per ritrovarsi, per mangiare, brindare e divertirsi in allegria.

La corsa all'arredamento moderno e confortevole

MORFOLOGIA

ARTICOLO	Partitivo
Determinativo	Preposizioni articolate
Indeterminativo	Preposizione semplice "di"

CIVILTÀ. *Il mondo giovanile*

— *La studentessa* —

Il medico dottor Tullio Rabeschi, mentre scendeva dalla macchina davanti alla casa di un cliente, si fermò per osservare una stupenda ragazza che stava avvicinandosi.

Da mesi non gli capitava di vedere un fiore simile.

Quel viso, che conservava ancora i *tratti puri dell'infanzia*, ma aveva già un misterioso splendore, gli ricordava confusamente qualche cosa.   *i lineamenti delle bambine*

- Eppure io non l'ho mai vista prima, egli si disse. Ma in quel mentre la ragazza, passando, lo salutò con un amichevole sorriso.

- Sofia!, lui rispose, riconoscendo finalmente la figlia del suo vecchio amico, che fino a ieri gli era parsa una bambina. E arrossì per un *turbamento* indefinibile.   *imbarazzo, emozione*

La ragazza, chissà come, si fece rossa pure lei.

- Ma lo sai, lui disse, che non ti avevo riconosciuta? Ti sei fatta una signorina ormai. E la scuola? Che classe fai quest'anno?

- La seconda liceo, rispose.

- Accipicchia! E te la cavi? - chiese Rabeschi, ricordando le preoccupazioni dell'amico per quella figlia un po' pigra che non aveva mai voglia di studiare.

- Oh, sì, rispose lei, animata, quest'anno vado molto meglio.

- Ti sei messa a studiare finalmente?

(E intanto gli si formava dentro una strana mescolanza di pensieri: "Che trasformazione impressionante!" Eh, sì, una bambina ancora, però in lei c'era quella *soave* e insieme *sfrontata piega* delle labbra, quel collo liscio e pieno, quel suo camminare...)

    dolce - sfacciato e impudente atteggiamento delle labbra

    - Oh, no, disse Sofia, non proprio. Studiare proprio no. Quest'anno poi meno del solito... Eppure...

    - Avrai dei professori più buoni.

    - No, no, i professori sono sempre gli stessi.

    - E come spieghi la cosa?

    - Non so. Certo che quest'anno ho una fortuna...

    - In tutte le materie?

    - Tranne che in matematica.

    - Scommetto, disse Rabeschi, scommetto che in matematica hai una professoressa.

    - Una professoressa, sì ... Ma Lei, come ha fatto a indovinarlo? - rispose lei ridendo.

            (Adattato da: DINO BUZZATI, *Siamo spiacenti di...*)*

1. Scelta multipla

1. Il dottor Tullio Rabeschi si fermò
    ❏ ad osservare la macchina di un cliente   ❏ ad osservare la casa di un cliente ❏ a guardare una giovane particolarmente bella

2. Da mesi non gli capitava di
    ❏ passare da quelle parti ❏ vedere, in vetrina, un fiore tanto sfolgorante ❏ contemplare una simile bellezza

3. Il viso di lei
    ❏ era tipicamente infantile ❏ aveva un misterioso splendore ❏ era assolutamente puro

4. La ragazza, passando
    ❏ pensò: -Io non l'ho mai visto prima! ❏ esclamò: -Sofia! ❏ sorrise e salutò amichevolmente il dottore

*Per notizie su Dino Buzzati, vedi la sezione *"Scrittori in vetrina"*, a pag. 341.

5. Lui

❏ riconobbe finalmente nella ragazza la figlia di un amico ❏ guardando-la, si ricordò di una bambina vista il giorno prima ❏ arrossì, perché non si ricordava chi fosse

6. Il dottore

❏ si stupì che lei non l'avesse riconosciuto ❏ si stupì che non fosse cresciuta ❏ diventò rosso per una certa emozione

7. La ragazza frequentava la seconda liceo e, a scuola,

❏ se la cavava bene come al solito ❏ non aveva mai voglia di studiare ❏ quell'anno andava molto meglio del solito

8. Nel guardarla, il dottore,

❏ considerava, meravigliato, la trasformazione impressionante della bambina di un tempo ❏ piegava sfrontatamente le labbra ❏ fu impressionato e non riusciva più a pensare

9. Sofia disse che quell'anno, a scuola, andava bene non perché studiasse di più, ma perché

❏ aveva più fortuna ❏ aveva professori buoni ❏ si era messa a studiare

10. Solo in matematica Sofia andava male

❏ perché il docente era una professoressa ❏ perché rideva e tirava a indovinare ❏ e non sapeva spiegarsi il perché

2. Questionario

1. Chi vede il dottor Rabeschi mentre scende dall'auto?
2. Che particolarità possiede il viso della ragazza che si avvicina?
3. Chi è la ragazza?
4. Che cosa prova il dottore quando finalmente la riconosce?
5. E che cosa le chiede?
6. Che classe frequenta la giovane?
7. Perché l'amico di Rabeschi era preoccupato per la figlia?
8. Lei, invece, quell'anno, come va a scuola?
9. Quale "strana mescolanza di pensieri" passa per la mente del dottore mentre parla con lei?
10. Perché Sofia va bene in tutte le materie eccetto che in matematica?

PER L'AUTOCORREZIONE E L'AUTOAPPRENDIMENTO

3. Completare con l'articolo determinativo

1. _____ medico dottor Tullio Rabeschi, mentre scendeva dalla macchina, davanti alla casa di un cliente, si fermò per osservare una stupenda ragazza che stava avvicinandosi.
2. Quel viso, che conservava ancora _____ tratti puri dell'infanzia, ma aveva già un misterioso splendore, gli ricordava confusamente qualche cosa.
3. In quel mentre _____ ragazza, passando, lo salutò con un amichevole sorriso.
4. - Sofia!, lui rispose, riconoscendo finalmente _____ figlia del suo vecchio amico, che fino a ieri gli era parsa una bambina.
5. _____ ragazza, chissà come, si fece rossa pure lei.
6. - E _____ scuola? Che classe fai quest'anno? -_____ seconda Liceo, rispose.
7. - Accipicchia! E te la cavi? - chiese Rabeschi, ricordando _____ preoccupazioni dell'amico per quella figlia un po' pigra che non aveva voglia di studiare.
8. - No, no, _____ professori sono sempre _____ stessi.
9. - E come spieghi _____ cosa?
10. - Non so. Certo che quest'anno ho una fortuna... -In tutte _____ materie?

4. Completare con l'articolo indeterminativo

1. Il medico dottor Tullio Rabeschi, mentre scendeva dalla macchina davanti alla casa di _____ cliente, si fermò per osservare _____ bella ragazza che stava avvicinandosi.
2. Da mesi non gli capitava di vedere _____ fiore simile.
3. Quel viso, che aveva ancora i tratti puri dell'infanzia, ma aveva già _____ misterioso splendore, gli ricordava confusamente qualche cosa.
4. In quel mentre la ragazza, passando, lo salutò con _____ amichevole sorriso.
5. - Sofia! lui rispose, riconoscendo finalmente la figlia del suo vecchio amico, che fino a ieri gli era parsa _____ bambina.
6. E arrossì per _____ turbamento indefinibile.
7. - Ti sei fatta _____ signorina, ormai!
8. - Accipicchia! E te la cavi?, chiese Rabeschi, ricordando le preoccupazioni dell'amico per quella figlia _____ po' pigra, che non aveva mai voglia di studiare.
9. (E intanto gli si formava dentro _____ strana mescolanza di pensieri: "Che trasformazione impressionante!" Eh, sì, _____ bambina ancora...)
10. - Non so. Certo che quest'anno ho _____ fortuna...

11. - Scommetto che in matematica hai _____ professoressa.
12. - _____ professoressa, sì... Ma Lei come ha fatto a indovinarlo?

5. Completare con l'imperfetto

1. Il medico dottor Tullio Rabeschi, mentre _____ dalla macchina davanti alla casa di un cliente, si fermò per osservare una splendida ragazza che _____ avvicinandosi.
2. Da mesi non gli _____ di vedere un fiore simile.
3. Quel viso, che _____ ancora i tratti puri dell'infanzia, ma _____ già un misterioso splendore, gli _____ confusamente qualche cosa.
4. -Accipicchia! E te la cavi?, - chiese Rabeschi ricordando le preoccupazioni dell'amico per quella figlia un po' pigra che non _____ mai voglia di studiare.
5. (E intanto gli si _____ dentro una strana mescolanza di pensieri: "Che trasformazione impressionante!" Eh, sì, una bambina ancora, però in lei c'_____ quella soave e insieme sfrontata piega delle labbra, quel collo liscio e pieno, quel suo camminare...)

6. Completare col presente

1. - Ma lo _____, lui disse, che non ti avevo riconosciuta? Ti sei fatta una signorina, ormai! E la scuola? Che classe _____ quest'anno?
2. - Accipicchia! E te la _____? - chiese Rabeschi, ricordando le preoccupazioni dell'amico per quella figlia un po' pigra che non aveva mai voglia di studiare.
3. - Oh, sì, rispose lei, animata, quest'anno _____ molto meglio.
4. - No, no, i professori _____ sempre gli stessi.
5. - E come _____ la cosa?
6. - Non _____ . Certo che quest'anno _____ una fortuna...
7. - _____, disse Rabeschi, _____ che in matematica _____ una professoressa.

7. Completare col passato prossimo, il passato remoto e il trapassato prossimo

1. Il medico dottor Tullio Rabeschi, mentre scendeva dalla macchina davanti alla casa di un cliente, si _____ per osservare una stupenda ragazza, che stava avvicinandosi.
2. - Eppure io non l'_____ mai _____ prima, egli si _____ . Ma in quel mentre la ragazza, passando, lo _____ con un amichevole sorriso.

amico, che fino a ieri gli _____ _____ una bambina. E _____ per un turbamento indefinibile.

4. La ragazza, chissà come, si _____ rossa pure lei.
5. - Ma lo sai, lui _____, che non ti _____ _____ ? Ti _____ _____ una signorina, ormai! E la scuola? Che classe fai quest'anno?
6. - La seconda liceo, _____ .
7. - Accipicchia! E te la cavi? _____ Rabeschi, ricordando le preoccupazioni dell'amico per quella figlia un po' pigra e che non _____ mai voglia di studiare.
8. - Oh, sì, _____ lei, animata, quest'anno vado molto meglio.
9. - Ti _____ _____ a studiare finalmente!
10. Una professoressa, sì... Ma Lei, come _____ _____ a indovinarlo? _____ lei ridendo.

8. Completare con i pronomi

1. Il medico dottor Tullio Rabeschi, mentre scendeva dalla macchina davanti alla casa di un cliente, _____ fermò per osservare una stupenda ragazza che stava avvicinando____.
2. Da mesi non _____ capitava di vedere un fiore simile.
3. Quel viso, che conservava ancora i tratti puri dell'infanzia, ma aveva già un misterioso splendore, _____ ricordava confusamente qualche cosa.
4. - Eppure _____ non ____'ho mai vista prima, _____ _____ disse. Ma in quel mentre la ragazza, passando, _____ salutò con un amichevole sorriso.
5. - Sofia! _____ rispose, riconoscendo finalmente la figlia del suo vecchio amico, che fino a ieri _____ era parsa una bambina.
6. La ragazza, chissà come, _____ fece rossa, pure _____.
7. - Ma _____ sai, _____ disse, che non _____ avevo riconosciuta? _____ sei fatta una signorina, ormai.
8. - Accipicchia! E come _____ ____ cavi?
9. - _____ sei messa a studiare finalmente? (E intanto _____ _____ formava dentro una strana mescolanza di pensieri: "Che trasformazione impressionante!" Eh, sì, una bambina ancora, però in _____ c'era quella soave e insieme sfrontata piega delle labbra, quel collo liscio e pieno, quel suo camminare...)
10. - Una professoressa, sì, ... Ma ____, come ha fatto a indovinar____? - rispose _____ ridendo.

9. Completare con le preposizioni

1. Il medico dottor Tullio Rabeschi, mentre scendeva _____ macchina _____ _____ casa _____ un cliente, si fermò _____ osservare una stupenda ragazza, che stava avvicinandosi.
2. ____ mesi non gli capitava _____ vedere un fiore simile.

2. ____ mesi non gli capitava ____ vedere un fiore simile.
3. Ma ____ quel mentre la ragazza, passando, lo salutò ____ un amichevole sorriso.
4. - Sofia!, lui rispose, riconoscendo finalmente la figlia _____ suo vecchio amico, che fino ____ ieri gli era parsa una bambina. E arrossì _____ un turbamento indefinibile.
5. - Accipicchia! E te la cavi? - chiese Rabeschi ricordando le preoccupazioni _____ 'amico ____ quella figlia un po' pigra, che non aveva mai voglia ____ studiare.
6. - Ti sei messa ____ studiare, finalmente? (E intanto gli si formava dentro una strana mescolanza ____ pensieri: "Che trasformazione impressionante!" Eh, sì, una bambina ancora, però ____ lei c'era quella soave e insieme sfrontata piega _____ labbra, quel collo liscio e pieno, quel suo camminare...)
7. - Oh, no, disse Sofia, non proprio. Studiare proprio no, quest'anno poi meno ____ solito... Eppure...

10. Completare liberamente le frasi

1. Si fermò per osservare...
2. Da mesi non gli capitava di vedere...
3. Quel viso gli ricordava confusamente...
4. Quel viso aveva già un misterioso...
5. Quella figlia un po' pigra non aveva mai voglia di...
6. Quest'anno vado....
7. Ti sei messa a ...
8. E intanto gli si formava dentro una strana mescolanza di...
9. Una bambina ancora, però in lei c'era...
10. Scommetto che...

11. Fare le domande

1. Perché il dottor Rabeschi si fermò?   – Per osservare una stupenda ragazza.
2. _____   – Quel viso aveva già un misterioso
_____ ?   splendore.
3. _____ ?   – Lo salutò con un amichevole sorriso.
4. _____ ?   – Arrossì per un turbamento indefinibile.
5. _____ ?   – La seconda liceo.
6. _____ ?   – Quest'anno vado molto meglio.
7. _____ ?   – I professori sono sempre gli stessi.
8. _____ ?   – Perché quest'anno ho tanta fortuna.

9. _____
   _____ ?
10. _____ ?

– In tutte le materie, tranne che in matematica.
– Sì, una professoressa.

12. Per la composizione scritta

1. Parlate brevemente dell'organizzazione scolastica del vostro Paese.
2. Qual è l'atteggiamento dei giovani nei confronti del problema religioso nel vostro Paese?
3. La musica, la discoteca, l'abbigliamento, la tendenza a vivere in gruppo dei giovani, è una moda o un desiderio di comunicare?

SINTESI GRAMMATICALE

ARTICOLO DETERMINATIVO
Articolo indeterminativo
Articolo partitivo
Preposizioni articolate
Preposizione semplice "di"

ARTICOLO

L'ARTICOLO è una parte variabile del discorso, che accompagna il nome, precedendolo sempre e indicandone il genere e il numero.

L'articolo non è mai usato separatamente dal nome (non ha mai una funzione indipendente da esso).

In alcuni casi serve ad individuarne il significato, per esempio nei casi di nomi con doppio plurale o di nomi uguali che cambiano significato con il cambiamento di genere. Esempi: ***gli ossi/le ossa, la capitale/il capitale*** (vedi Unità 9).

Ogni parte del discorso può essere 'nominalizzata' premettendo ad essa l'articolo.
   il sì e il no; il perché di questa scelta; tra il dire e il fare

FORMA DELL'ARTICOLO

ARTICOLO	DETERMINATIVO		INDETERMINATIVO	
	MASCHILE	FEMMINILE	MASCHILE	FEMMINILE
SINGOLARE	**il lo l'**	**la l'**	**un uno**	**una un'**
PLURALE	**i gli**	**le**	**(dei, degli)**	**(delle)** [1]

	il - i - un - (di)

1. Si usano davanti a nomi maschili che iniziano per consonante, eccetto gli articoli di cui al punto 2.

il	*bambino* *giornale* *libro*	⇨	*i*	*bambini* *giornali* *libri*
un	*mese* *problema* *treno*		*(dei)*	*mesi* *problemi* *treni*

[1] Per il plurale indeterminativo si usano le forme del partitivo.

lo - gli - uno - (degli)

2. Si usano davanti a nomi maschili che iniziano per **s** seguita da consonante, **z, gn, ps, x, pn** [1].

lo	*studente* *sciocco* *scherzo* *zio* *zaino*		*gli*	*studenti* *sciocchi* *scherzi* *zii* *zaini*
uno	*gnocco* *psicologo* *xilofono* *xenofobo* *iato* *iettatore* *pneumologo*	⇨	*(degli)*	*gnocchi* *psicologi* *xilofoni* *xenofobi* *iati* *iettatori* *pneumologi*

l'

3. Gli articoli: **l'** (**lo** e **la** apostrofati) si usano solo davanti a parole che cominciano con vocale. Il segno dell'apostrofo indica che la vocale dell'articolo è caduta. Ormai è raro l'articolo apostrofato nella forma plurale.

l'amore   l'ombra
l'anima   l'umore
l'erpice   l'umiltà
l'erba   l'innamorato
l'orologio   l'innamorata

[1] Con "pn" troviamo ad esempio: *lo pneumatico, gli pneumatici* come forma corretta, ma anche *il/i pneumatico/i* nella lingua familiare. Costituiscono inoltre delle eccezioni: *gli dèi, per lo più (perlopiù)* e *per lo meno (perlomeno)*, che derivano da forme arcaiche.

L'articolo non si apostrofa mai davanti a nomi che iniziano con la semicon-
sonante i- (j-, ia-, ie-, io-, iu-).

lo	*Jonio* *iato* *iettatore* *ione* *iutificio*	⇨	*gli* *(degli)*	*ieri* *iati* *iettatori* *ioni* *iutifici*
uno				

la *una*	*iarda* *iena* *ionoterapia* *iuta*	⇨	*le* *(delle)*	*iarde* *iene* *ionoterapie* *iute*

Davanti ai nomi stranieri che cominciano con **w, y** l'uso è oscillante tra **il** e **lo**.
  l'whisky - il whisky
  un yacht - uno yacht - lo yacht - l'yacht
Con **h** in genere vale la regola della vocale.
  un hotel - l'hotel - gli hotel

---

un'/un

---

4. **Un'** si usa soltanto davanti a parole femminili che iniziano per vocale. Se la
   parola con vocale iniziale è maschile, si usa **un** senza apostrofo.

un'	*aula* *amica* *anima*	*un*	*albero* *uomo* *albergo*

USO DELL'ARTICOLO

ARTICOLO DETERMINATIVO E INDETERMINATIVO

L'**articolo indeterminativo** indica un dato "nuovo" o imprecisato nel discorso (non ancora nominato in quel contesto, oppure inatteso o non prevedibile).

L'**articolo determinativo** indica un dato "noto", quindi ben preciso (o già nominato in precedenza, o abituale e prevedibile).

> *Ieri per strada ho incontrato **un** ragazzo ..... **Il** ragazzo ad un certo punto si è rivolto a me e mi ha salutato*
>
> *C'era una volta **un** re che aveva **una** bellissima figlia. ... **La** figlia **del** re un giorno conobbe un giovane principe ...*
>
> *Al bar: "**Un** caffè, per favore!"* (si potrebbe ordinare una qualsiasi altra cosa, non necessariamente un caffè, che pertanto è un elemento "nuovo" nel discorso)
>
> *A casa: "È ora di preparare **il** caffè?"* (gli altri si aspettano il caffè, più o meno a quell'ora: elemento noto)
>
> *Ho comprato **un** cane* (avrei potuto comprare qualsiasi altro animale o cosa)
>
> *Ho portato **il** cane dal veterinario* (il mio interlocutore già sa o presuppone, che io abbia un cane)
>
> *Ho preso in affitto **una** casa al mare* (una casa qualsiasi).
>
> *Mio nonno mi ha lasciato in eredità **la** sua casa* (quella casa in particolare)

L'articolo **determinativo** può indicare una categoria, una classe (di persone, animali, cose) mentre l'**indeterminativo** può scegliere un membro, un elemento della categoria.

> ***L'**elefante è un animale molto longevo*
> *Ieri, allo zoo, ho visto **un** elefante appena nato*
> ***Il** libro è per me una gran compagnia*
> *Mi sono comprata **un** libro stamattina*

Quest'uso tuttavia è oscillante, in quanto si può assumere l'indeterminativo anche per indicare una classe.

> ***Il** cane è il miglior amico dell'uomo*

e

> ***Un** cane può essere un vero amico per il suo padrone*

> ***L'**uomo è un essere dotato di spiritualità*

e

> ***Un** uomo ha bisogno di ideali in cui credere*

L'ARTICOLO INDETERMINATIVO si usa inoltre:

con valore consecutivo
> Ho **una** fame **che** non ci vedo!
> Ho trovato la casa in **una** condizione **da** far pietà!
> Ho conosciuto **una** ragazza **che** era uno schianto!
> Ho **un** sonno **da** morire!

L'ARTICOLO DETERMINATIVO si usa inoltre:

1. con i nomi **astratti**
   > *La pazienza è la virtù dei forti* (proverbio)
   > *L'ozio è il padre dei vizi* (proverbio)
   > *Impara l'arte e mettila da parte* (proverbio)
   > *Amo l'arte in tutte le sue forme*
   > *Mi interessano molto la pittura e la musica*

2. con i nomi che indicano **materia**
   > *L'oro, l'argento, il petrolio, la carta, il burro, lo zucchero*

3. con i nomi che indicano **cose uniche** in natura
   > *Il sole, la luna, la terra*

4. con valore **distributivo**
   > *Vado in palestra il lunedì e il giovedì* (ogni giovedì, abitualmente)
   > *120 chilometri all'ora (l'ora)*
   > *30 mila lire al chilo (il chilo)*

5. con espressioni di **tempo**
   > *Nel 1998*
   > *L'anno prossimo*
   > *La settimana scorsa*

ASSENZA DELL' ARTICOLO

L'articolo può NON essere usato nei seguenti casi

1. In **proverbi, telegrammi, titoli di rubriche, intestazioni** ed **insegne**
   > *Buon vino fa buon sangue* (proverbio)
   > *Botte piccola fa buon vino* (proverbio)
   > *Arrivo previsto domani ore 18* (telegramma)
   > *Orario delle lezioni di Lingua e Letteratura Italiana*
   > *Entrata - uscita*
   > *Ristorante, Libreria*

2. Nelle **enumerazioni**.
   C'erano parenti, amici, colleghi...
   *Abbiamo mangiato pasta, risotto, insalata e dolc*e

3. In locuzioni verbali del tipo
   Sentire caldo / freddo
   Avere fame / sete
   Fare pietà / piacere / caso
   Avere bisogno / sonno
   Prender moglie
   Cambiare opinione / idea
   Provare, piacere / disgusto, ecc.

L'ARTICOLO PARTITIVO

FORMA

L'articolo partitivo è costituito dalle forme articolate della preposizione DI.

	Maschile		Femminile
Singolare	**del**	**dello**	**della**
Plurale	**dei**	**degli**	**delle**

USO

Al **singolare** significa: **una quantità indefinita, imprecisata** (ma piccola) di
qualcosa, e si può sostituire con "**un po' di**". Si usa con nomi che abbiano un
significato estensivo, **collettivo,** e che non indichino mai un oggetto singolo o
che contengano un concetto "indivisibile". [Non posso dire: *ho della bicicletta*]

> *Dell'acqua, del vino, della carne, dell'olio, della farina, del pane, della carta,
> della colla, della legna* ...[1]

---

[1] Questi nomi possono essere in un certo qual senso "quantificati" nelle espressioni: una bottiglia
di acqua, un chilo di carne, un pacco di pasta, un pezzo di pane.

Al **plurale** significa: **un numero indefinito, impreciso** (ma piccolo) di qualcosa, e si puo' sostituire con "**alcuni/qualche**".
Si usa con nomi che contengano un concetto "indivisibile".

Dei libri, degli studenti, delle ragazze, delle penne, delle biciclette
(alcuni libri/qualche libro... alcune ragazze/qualche ragazza, ecc.)

OSSERVAZIONI

a) Non vengono considerate eleganti quelle espressioni in cui l'articolo partitivo è preceduto da una preposizione. In questi casi si può sostituire il partitivo con: **un po' di, alcuni/qualche.**

Ho parlato con degli / alcuni studenti / qualche studente

b) Il partitivo singolare è raro con i nomi astratti. Non è bello dire: **ho della sete; ha dell'intelligenza; possiede del fascino;* ecc. In tali casi si preferisce dire: *ho un po' di sete; ha una certa intelligenza; possiede abbastanza fascino.* Con gli aggettivi sostantivati il partitivo è abbastanza comune: *c'è del buono; vedere del bello in tutto*, ecc.

c) È comune l'uso del partitivo davanti a nomi che indicano le parti del corpo. (Quest'uso sembra sfuggire ad una logica razionale, in quanto le parti del corpo non sono di numero indefinito!).

Ha dei begli occhi / delle belle gambe / dei bei capelli

LE PREPOSIZIONI ARTICOLATE

Sono formate dall'unione di una preposizione semplice con l'articolo determinativo.

	IL	LO (L')	LA (L')	I	GLI	LE
A	al	allo (all')	alla (all')	ai	agli	alle
DA	dal	dallo (dall')	dalla (dall')	dai	dagli	dalle
DI	del	dello (dell')	della (dell')	dei	degli	delle
IN	nel	nello (nell')	nella (nell')	nei	negli	nelle
SU	sul	sullo (sull')	sulla (sull')	sui	sugli	sulle

OSSERVAZIONE

È facoltativo: **con il = col**.
Non si articolano mai **tra, fra, per** (ormai rarissimo **per il = pel**).

CASI PARTICOLARI NELL'USO DELL'ARTICOLO

1. L'ARTICOLO CON NOMI GEOGRAFICI

L'articolo SI USA davanti ai nomi di	L'articolo NON SI USA davanti ai nomi di
CITTÀ + attributo/complemento *la Firenze del Rinascimento* *la nebbiosa Milano* *una Torino d'altri tempi*	VIA/STRADA/PIAZZA ecc. *abito/vado in via Manzoni/* *corso Mazzini/piazza Italia*
MONTI *il Cervino, il Monte Bianco, il Brennero*	CITTÀ [1] *abito/vado a Roma/Milano/Genova*
FIUMI *il Tevere, l'Arno, il Po*	PICCOLE ISOLE *abito/vado a Ischia/Pantelleria/Ponza*
LAGHI *il lago Maggiore, il Trasimeno,* *il Lago di Garda*	CONTINENTI/STATI/REGIONI/ GRANDI ISOLE: - con la preposizione IN (stato e moto a luogo), ad eccezione dei nomi maschili *vivere in Europa/Italia/Umbria* ma: *vivere nel Belgio/Veneto/Lazio/Negli* *Stati Uniti*
CONTINENTI, STATI, REGIONI, ISOLE GRANDI *L'Europa, l'Italia, la Lombardia, l'Elba* *La Sicilia*	- nei casi di complemento di specificazione *il re d'Inghilterra, i vini di Sicilia*, ecc. ma: *il Presidente degli Stati Uniti*

2. L'ARTICOLO davanti ai nomi di PARENTELA (preceduti dal possessivo)

a) Normalmente NON si ha l'articolo [2] davanti a possessivo + nome di parentela (al singolare)

   Mio padre, tuo fratello, suo cognato, nostro zio, ecc.

---

[1] Tranne pochissime, in cui ormai l'articolo fa corpo con il nome: La Spezia, L'Aquila, Il Cairo, L'Aia, La Mecca.

[2] Che normalmente si usa sempre davanti ai possessivi: *il mio libro, i tuoi stivali*, ecc..

b. SI HA invece l'articolo nei seguenti casi:

1. nomi di parentela al plurale
   I nostri genitori, i vostri nonni, i suoi cugini

2. nomi qualificati da un aggettivo o determinati da un complemento
   La mia cara zia, il mio cugino di Roma

3. nomi affettivi, composti, alterati[1]
   Il suo prozio, la sua bisnonna
   Il suo fratellino, la nostra cuginetta

4. davanti ai possessivi: **loro** e **proprio**
   Il loro nonno, la propria madre, il loro zio, ecc.

5. e inoltre i nomi: papà, babbo, mamma, figliolo/a
   Il mio papà / babbo, la nostra mamma, la sua figliola

3. L'ARTICOLO davanti ai NOMI PROPRI

1. Davanti ai **nomi di battesimo** o "prenomi" l'articolo normalmente non si usa (tranne che nella lingua familiare, particolarmente al Nord).
   Ho tefonato a Lorella; ho visto Fabio ieri

2. Davanti ai **cognomi di uomini** l'articolo normalmente non si usa, a meno che non si tratti di persone o personaggi già morti. Davanti ai **cognomi di donne** sì.
   Ho incontrato Rossi
   Ne ho parlato con la Massetti
   La Ginetti, nel suo articolo, scrive che ...

3. Davanti ai **titoli** si usa l'articolo (tranne che nei vocativi)[2].
   Il Signor Billi / la Signora Giuli /il Dottor Rossi /il Professor Righi /l'Avvocato Neri /l'Ingegner Pieri /l'Architetto Celli /il Conte Luchini
   ma: *Buongiorno, Signorina Tini! Buona sera, signor Bianchi!*
   Al **plurale**, l'articolo con il **cognome** indica la famiglia.
   Gli Ercolani (la famiglia Ercolani)

4. Davanti a **cognomi** di **personaggi illustri** e **famosi** l'uso è oscillante e sfugge alla norma: in genere non si usa l'articolo con i cognomi di personaggi viventi o moderni. Con i personaggi designati semplicemente con il nome "prenome" non si usa l'articolo.
   Dante, Michelangelo, Leonardo, Picasso, Calvino; ma: *il Manzoni, il Leopardi* (e pure *Manzoni, Leopardi*)

---

[1] L'uso di nonno/nonna è oscillante: (il/la) mio/a nonno/a.
[2] Non si usa l'articolo davanti ai titoli religiosi: *Don Luigi, Fra Cristoforo, Suor Teresa.*

L'articolo **indeterminativo** davanti al nome di un artista indica una sua **opera**.
> *A casa sua c' è un Bassano*
> *In questa galleria c'è un Raffaello*

5. Davanti ai **soprannomi** normalmente si usa l'articolo.
> *Lorenzo il Magnifico, Jack lo Squartatore*

PREPOSIZIONE SEMPLICE "DI"

1. Funzioni e valori

Specificazione	*Ho letto le poesie di Dante*
Denominazione	*La città di Firenze è ricca di monumenti*
Attributivo	*Quello stupido di Giuseppe non è venuto*
Partitivo	*Ho notato alcuni di voi sulla piazza*
Origine	*Mario è di famiglia benestante*
Mezzo	*Ha sporcato il vestito di grasso*
Materia	*È un tavolo di legno, non di plastica*
Paragone	*Lui è più bello di te*
Causa	*Qui si muore di noia, non di paura*
Limitazione	*Soffre spesso di reumatismi*
Modo	*Andava sempre di corsa*
Argomento	*Non voglio parlare di politica*
Tempo	*D'estate fa caldo. Ho un permesso di un mese*
	È una ragazza di vent'anni
Fine	*Ha la cintura di sicurezza*
Quantità	*È un cocomero di 3 kg. Quel muro di tre metri non si può superare*
Prezzo	*È un libro di valore, il suo prezzo è di circa due milioni*
Qualità	*È un ragazzo di grande intelligenza*
Abbondanza	*È una città piena di tesori d'arte*

2. Aggettivi + "di"

abbondante di	avido di	bisognoso di	capace di
certo di	colmo di	colpevole di	completo di
contento di	debole di	degno di	esperto di
desideroso di	felice di	geloso di	goloso di
invidioso di	lieto di	maggiore di	malato di

mancante di	migliore di	minore di	pazzo di
peggiore di	pieno di	povero di	privo di
responsabile di	ricco di	sano di	scarso di
sicuro di	sporco di	stanco di	tipico di
vuoto di	ecc.		

3. Verbi + "di" + infinito

accettare di	accorgersi di	acconsentire di	accontentarsi di
accusare di	affermare di	aggiungere di	ammettere di
apprendere di	aspettare di	assicurare di	augurare di
aver paura di	avvertire di	calcolare di	capitare di
cercare di	chiedere di	comandare di	comunicare di
concedere di	confermare di	confessare di	consentire di
consigliare di	contare di	credere di	decidere di
dichiarare di	dimenticare di	dimenticarsi di	dimostrare di
dire di	disperare di	dubitare di	evitare di
finire di	garantire di	giurare di	immaginare di
impedire di	imporre di	incaricare di	incaricarsi di
lamentarsi di	meditare di	meravigliarsi di	meritare di
minacciare di	negare di	ordinare di	ottenere di
parere di	pensare di	permettere di	precisare di
pregare di	preoccuparsi di	pretendere di	prevedere di
proclamare di	proibire di	promettere di	proporre di
raccomandare di	raccontare di	richiedere di	ricordare di
ricordarsi di	rifiutare di	riferire di	rischiare di
ritenere di	rivelare di	sapere di	scegliere di
scoprire di	sembrare di	sforzarsi di	smettere di
sognare di	sopportare di	sostenere di	sperare di
stabilire di	stupirsi di	suggerire di	supporre di
temere di	tentare di	terminare di	trascurare di
vantarsi di	vergognarsi di	ecc.	

4. Locuzioni

invece di	meglio di	peggio di	più di, prima di
dopo di	dietro di	dentro di	presso di
senza di	fuori di	sotto di	sopra di
verso di	a causa di	per mezzo di	a fianco di
in luogo di	al pari di	contro di	di là da
al di qua di	al di là di	di qua	di là

di su	di giù	di sopra	di sotto
di volta in volta	di gran lunga	di nascosto	di nuovo
di recente	di modo che	a favore di	nell'interesse di
al posto di	ecc.		

5. Fraseologia

- Bisogna rifare il disegno *di sana pianta*
- La mamma *non vede l'ora di* tornare a casa
- Ho udito cose da *rimanere di sasso / di stucco / di sale*
- Non *vede di buon occhio* il suo vicino di casa
- È un uomo che ha *la coda di paglia*
- È troppo sfacciato; ha veramente *una faccia di bronzo*
- Possiede una bicicletta *nuova di zecca*
- Qui *puzza di bruciato*
- Questo brodo non *sa di niente*

6. E inoltre

far cenno di sì	essere di gran lunga	essere di passaggio
essere d'accordo	andarci di mezzo	ritornare di moda
essere di moda	essere di classe	essere di qualità
essere d'impiccio	essere d'ostacolo	essere in una botte di ferro

7. Particolarità

In correlazione con "in", indicando l'origine di uno spostamento nel tempo e nello spazio.

di città in città	di porta in porta	di bene in meglio	di giorno in giorno
di anno in anno	ecc.		

8. Omissione di "di"

Nel linguaggio commerciale, pubblicitario, giornalistico.

Rivendita sali e tabacchi   *Giornale radio*   *Radio Montecarlo*, ecc.

ELEMENTI DI CIVILTÀ

Il mondo giovanile

ADOLESCENTI

in piena trasformazione fisica (come la studentessa del brano introduttivo) affollano quotidianamente gli Istituti medi e superiori ed i Licei della Penisola. Essi corrono dietro alle fantasticherie e ai sogni tipici della loro età, perdendo chissà quante spiegazioni di matematica e di scienze.

Loro, che saranno l'Italia del futuro, cosa chiedono alla vita? E come vivono il presente?

Nella rumorosità del

Ragazzi in "branco"

Vivere in branco

nell''allegria e nell'apparente facilità dei rapporti, l'adolescente di oggi (come quello di ogni epoca) sperimenta il disagio della ricerca di un'identità che si esprima in forme nuove e non con le modalità del mondo degli adulti, non sempre disposto a capire i cambiamenti.

A differenza del ragazzo degli anni '70, tutto immerso nella politica e nella partecipazione alla vita di partito, a differenza di quello degli anni '80, per cui erano importanti esibizione e "status symbols", lo studente italiano d'oggi è attratto da valori umanitari più aderenti alla realtà.

Si impegna nell'assistenza del prossimo e nel

Giovani impegnati nel volontariato

Volontariato

Si avvicina a comunità religiose.

Si interessa di ecologia, preoccupandosi fattivamente della salvaguardia dell'ambiente naturale.

Partecipa a manifestazioni, in cortei pubblici, contro la criminalità organizzata.

È evidente che i suoi interessi hanno bisogno di tempo per irrobustirsi e durare, ma sono pur sempre lodevoli il suo vero impegno e la sua buona volontà.

Proiettato com'è

Nel futuro

e nel sogno della realizzazione di sé, l'adolescente è scarsamente interessato allo studio del passato, anche recente: questo lamentano da più parti i professori, accorgendosi con meraviglia che i loro studenti hanno informazioni imprecise, confuse, sugli anni della fondazione e del consolidamento democratico della Repubblica.

Tutto ciò è indice, da parte dei giovani, di freddezza nei confronti della cultura ufficiale e di un logoramento del linguaggio storico politico, che viene ormai sentito come privo di contenuto.

Così, tra vistose lacune e senso di solidarietà, i ragazzi di oggi si dividono fra scuola, sport (sempre molto praticato e seguito), miti calcistici (con conseguenti rituali di tifo in stadi sempre troppo pericolosi), bisogno d'amore, di amicizia, di maestri.

Corteo studentesco

E ancora: vivono di musica, fanno pazzie per il cantante preferito, partecipano in massa ai concerti all'aperto e adorano chiudersi, il fine settimana, in discoteca.

La discoteca

Quest'ultima è il vero feticcio del mondo adolescenziale. Quelle più in voga sono affollatissime e in genere sono distanti molti chilometri da casa. Si fanno le ore piccole e si consumano energie.

L'abbigliamento

Un'immagine della manifestazione contro il razzismo svoltasi a Roma

non è mai casuale, anzi è studiato nei minimi dettagli ed è a metà strada tra l'uniforme ed il travestimento carnevalesco. La discoteca è insomma un territorio unicamente giovanile, da cui gli adulti sono esclusi. Là c'è lo spazio riservato alla loro fantasia e il luogo idoneo per comunicare tra di loro.

MORFOLOGIA

CONGIUNTIVO   **Locuzioni**
"Che" + congiuntivo   **Preposizione semplice "da"**
CIVILTÀ. *Restauro e conservazione delle opere d'arte*

– *Il ladruncolo* –

Generalmente la gente per bene crede che uno diventi ladro perché nasce con quell'*inclinazione*.   *predisposizione, istinto*
Non suppone che ci si possa arrivare da un'altra strada: per invidia, per esempio, per rabbia, per dispetto di qualcuno o per desiderio di qualche cosa.

Così la gente crede che l'infanzia di un ladro sia necessariamente quella del ragazzaccio di strada, di uno che non ha una famiglia che *gli badi o*, se ce   *si prenda cura di lui*
l'ha, deve essere per forza composta da disonesti, o da *degenerati*.   *perversi, viziosi*
Non nego che in molti casi sia proprio così, e che tanti incomincino dalla strada.

Ma diverso è il mio caso: è un fatto che quand'ero ragazzino, per le strade ci stavo ben poco.

Mi sarebbe piaciuto, certamente, ma sapevo che se mio padre mi avesse visto giocare sul marciapiede in compagnia di ragazzi da lui giudicati *teppisti*   *cattivi, non per bene*
me ne avrebbe date di santa ragione.   *mi avrebbe dato tante botte*

Mio padre (e lo stesso posso dire di mia madre, di mio zio e delle mie sorelle) era veramente una persona per bene. Sono sicuro che né da ragazzo, né da uomo, ha provato la *tentazione* di rubare. Invece,   *voglia, desiderio*
nel mio caso, la roba degli altri mi ha sempre fatto gola, nonostante avessi ricevuto tante raccomandazioni al contrario.

Penso che la tentazione vera e propria di rubare l'abbia provata soltanto io; e l'ho provata presto, intorno agli otto anni.

Mi ricordo bene quando avevo otto o nove anni! Quasi mi vedessi in uno specchio.

Anzi, comunque sia, la mia faccia di allora me la ricordo come se fosse *riflessa* in una vetrina.

Ero su per giù come gli altri bambini; ma non so perché venissi su *ambizioso* in un modo non so se sia il caso di dire *morboso*, certo eccessivo.

Non riesco a capire come la mia idea fissa fosse quella di passare, agli occhi dei miei compagni di scuola, per figlio di gente ricca, perché facessi di tutto per darne le prove e *mi tormentassi* all'idea che si scoprissero, poi, le mie *finzioni*, e così anche *mettessi in croce* mia madre perché i miei vestiti fossero sempre in ordine.

Ricordo come *mi arrangiassi* anche da me per ben figurare, come *lustrassi* le mie scarpe e cercassi di farle apparire nuove.

Non volevo, insomma, che i miei compagni si accorgessero della mia povertà.

Sebbene non fossi ricco, facevo credere di esserlo con ogni bugia: in classe mostravo un orologino d'oro di mia madre e fingevo che mi appartenesse. Ogni tanto lo tiravo fuori dal taschino perché tutti lo vedessero; sventolavo un biglietto da cinquanta mila lire, preso a mio padre, e dicevo ai compagni che toccassero come era fatto. Purché non lo strappassero.

rispecchiata

come se sempre congiuntivo imperfetto o trapassato

desideroso di affermarsi
patologico, anormale

interrogativa indiretta

soffrissi, mi affliggessi

falsità - tormentassi

mi sforzassi, mi impegnassi
lucidassi

interrogativa indiretta

dire = è come commando, ordine

(Adattato da: LIBERO BIGIARETTI, *La scuola dei ladri*)*

1. Scelta multipla

1. Normalmente la gente per bene crede che si diventi ladri
    a) per rabbia e dispetto
    b) per invidia e desiderio di qualcosa
    c) perché ladri si nasce

2. Ugualmente ritiene che l'infanzia di un ladro si svolga
    a) in una famiglia composta per forza da oneste persone
    b) in una famiglia sbandata e trascurata
    c) ben poco per strada

* Per notizie su Libero Bigiaretti, vedi la sezione *"Scrittori in vetrina"*, a pag. 337.

3. Invece il caso del protagonista è diverso perché
❏ non gli piaceva stare per la strada   ❏ aveva un padre che l'avrebbe punito a vederlo per la strada con cattive compagnie ❏ giocava sul marciapiedi con i teppisti

4. Suo padre
❏ era una persona onesta e per bene   ❏ aveva sentito il desiderio di rubare   ❏ a differenza degli altri familiari, era veramente per bene

5. Il protagonista invece
❏ né da ragazzo, né da uomo provò la tentazione di rubare   ❏ era stato sempre attratto dalla roba degli altri   ❏ riceveva raccomandazioni perché desiderasse le cose degli altri

6. La tentazione di rubare la provò
❏ per la prima volta a otto anni, davanti a una vetrina
❏ come gli altri bambini, intorno agli otto anni
❏ presto, e solo lui, verso gli otto anni

7. A quell'età il bambino cresceva
❏ con un'ambizione morbosa e eccessiva   ❏ in modo eccessivo ❏ diverso dagli altri bambini

8. Cercava con ogni mezzo di
❏ tormentare i compagni di scuola ❏ passare inosservato ❏ farsi credere figlio di gente ricca

9. Fingeva, ad esempio, di
❏ avere il taschino pieno di oggetti d'oro ❏ possedere un orologio d'oro
❏ avere sempre scarpe nuove

10. Oppure invitava i compagni a
❏ toccare una banconota sottratta al padre ❏ strappare una banconota sottratta al padre ❏ sventolare un biglietto da cinquanta mila lire

2. Questionario

1. Secondo l'opinione comune, perché si diventa ladri?
2. E come trascorre l'infanzia un ladro, sempre secondo la gente?
3. Com'è stata, invece, l'infanzia del protagonista?
4. Quando ha provato, per la prima volta, la tentazione di rubare?
5. Come descrive se stesso, a quell'età, il protagonista?
6. Come voleva essere considerato dai compagni di scuola?
7. In che modo curava il suo aspetto esteriore?

PER L'AUTOCORREZIONE E L'AUTOAPPRENDIMENTO

3. Completare con il presente congiuntivo

1. Generalmente la gente per bene crede che uno _____ ladro perché nasce con quell'inclinazione.
2. Non suppone che ci si _____ arrivare da un'altra strada.
3. Così la gente crede che l'infanzia di un ladro _____ necessariamente quella del ragazzaccio di strada, di uno che non ha famiglia che gli _____.
4. Non nego che in molti casi _____ proprio così, e che tanti _____ dalla strada.
5. Anzi, comunque _____, la mia faccia di allora me la ricordo come se fosse riflessa in una vetrina.
6. Ero su per giù come gli altri bambini; ma non so perché venissi su ambizioso in un modo non so se _____ il caso di dire morboso.

4. Completare con l'imperfetto congiuntivo

1. Mi ricordo bene quando avevo otto o nove anni! Quasi mi _____ in uno specchio.
2. Anzi, comunque sia, la mia faccia di allora me la ricordo come se _____ riflessa in una vetrina.
3. Ero su per giù come gli altri bambini; ma non so perché _____ su ambizioso in un modo, non so se sia il caso di dire morboso.
4. Non riesco a capire come la mia idea fissa _____ quella di passare, agli occhi dei miei compagni di scuola, per figlio di gente ricca.
5. Non riesco a capire perché _____ di tutto per darne le prove e mi _____ all'idea che si _____, poi, le mie finzioni, e così anche _____ in croce mia madre perché i miei vestiti _____ sempre in ordine.
6. Ricordo come mi _____ anche da me per ben figurare, come _____ le mie scarpe e _____ di farle apparire nuove.
7. Non volevo, insomma, che i miei compagni si _____ della mia povertà.
8. In classe mostravo un orologino d'oro di mia madre e fingevo che mi _____.
9. Ogni tanto lo tiravo fuori dal taschino perché tutti lo _____.
10. Sventolavo un biglietto da cinquanta mila lire, preso a mio padre, e dicevo ai compagni che _____ come era fatto. Purché non lo _____.

5. Completare con gli altri tempi del congiuntivo

1. Mi sarebbe piaciuto, certamente, ma sapevo che se mio padre mi _____
   _____ giocare sul marciapiede in compagnia di ragazzini da lui giudicati
   teppisti me ne avrebbe date di santa ragione.
2. Invece, nel mio caso, la roba degli altri mi ha sempre fatto gola, nonostante
   _____ _____ tante raccomandazioni al contrario.
3. Penso che la tentazione vera e propria di rubare l'_____ _____
   soltanto io.

6. Completare con i pronomi di forma tonica e atona

1. Così la gente crede anche che l'infanzia di un ladro sia necessariamente quella
   del ragazzaccio di strada, di uno che non ha famiglia che _____ badi.
2. _____ sarebbe piaciuto, certamente, ma sapevo che se mio padre _____ avesse
   visto giocare sul marciapiede in compagnia di ragazzi da _____ giudicati
   teppisti, _____ ____ avrebbe date di santa ragione.
3. Invece, nel mio caso, la roba degli altri _____ ha sempre fatto gola.
4. Penso che la tentazione vera e propria di rubare ___'abbia provata soltanto
   _____.
5. _____ ricordo bene quando avevo otto o nove anni! Quasi _____ vedessi in uno
   specchio.
6. Anzi, comunque sia, la mia faccia di allora, _____ _____ ricordo come se fosse
   riflessa in una vetrina.
7. Ricordo come _____ arrangiassi anche da _____ per ben figurare, come lustrassi
   le mie scarpe e cercassi di far____ apparire nuove.
8. In classe mostravo un orologino d'oro di mia madre e fingevo che _____
   appartenesse. Ogni tanto _____ tiravo fuori dal taschino perché tutti _____
   vedessero.

7. Completare con le particelle *CI* e *NE*

1. Non suppone che _____ si possa arrivare da un'altra strada.
2. Ma diverso è il mio caso: è un fatto che, quand'ero ragazzino, per le strade ____
   stavo ben poco.
3. Mi sarebbe piaciuto, certamente, ma sapevo che se mio padre mi avesse visto
   giocare sul marciapiede in compagnia di ragazzi da lui giudicati teppisti me
   ____ avrebbe date di santa ragione.

4. Non riesco a capire perché la mia idea fissa fosse quella di passare, agli occhi dei miei compagni di scuola, per figlio di gente ricca, perché facessi di tutto per dar___ le prove.

8. Completare con le preposizioni

1. Generalmente la gente *per* bene crede che uno diventi ladro perché nasce *con* quell'inclinazione.
2. Non suppone che ci si possa arrivare *da* un'altra strada: *per* invidia, *per* esempio, *per* rabbia, *per* dispetto *per* qualcuno o *per* desiderio *di* qualche cosa.
3. Così la gente crede anche che l'infanzia *di* un ladro sia necessariamente quella *del* ragazzaccio *di* strada, *di* uno che non ha una famiglia che gli badi o, se ce l'ha, deve essere *per* forza composta *da* disonesti, o *da* degenerati.
4. Non nego che *in* molti casi sia proprio così, e che tanti incomincino *dalla* strada.
5. Mio padre (e lo stesso posso dire *di* mia madre, *di* mio zio e *delle* mie sorelle) era veramente una persona *per* bene.
6. Sono sicuro che né *da* ragazzo, né *da* uomo, ha provato la tentazione *di* rubare.
7. Invece, *nel* mio caso, la roba *degli* altri mi ha sempre fatto gola.
8. Penso che la tentazione vera e propria *di* rubare l'abbia provata soltanto io; e l'ho provata presto, intorno *agli* otto anni.... Ero su *per* giù come gli altri bambini.
9. Non riesco *a* capire perché la mia idea fissa fosse quella *di* passare, *agli* occhi *dei* miei compagni *di* scuola, *per* figlio *di* gente ricca, perché facessi *di* tutto *per* darne le prove.
10. Sventolavo un biglietto *da* cinquanta mila lire, preso *a* mio padre, e dicevo *ai* compagni che toccassero come era fatto.

8. Completare liberamente le frasi

1. La gente per bene crede che ...
2. Non suppone che ...
3. Ma la gente non crede che ...

4. Non nego che in molti casi sia proprio ...

5. È un fatto che quand'ero ...

6. Mio padre era veramente una persona ...

7. La mia faccia di allora me la ricordo come ...

8. Non riesco a capire perché ...

9. Non volevo che i miei compagni si accorgessero ...

10. Sebbene non fossi ricco facevo credere ...

9. Fare le domande

1. Che cosa crede la gente per bene?	Che uno diventi ladro per inclinazione.
2. _____ _____?	Mio padre era veramente una persona per bene.
3. _____ _____?	La roba degli altri gli ha sempre fatto gola.
4. _____?	Intorno agli otto anni.
5. _____?	Ero come gli altri bambini.
6. _____?	Era di passare per figlio di gente ricca.
7. _____ _____?	Non volevo che i miei compagni si accorgessero della mia povertà.
8 _____ _____?	In classe mostravo un orologino d'oro di mia madre.

10. Per la produzione scritta

1. Provate ad esporre le vostre idee sul modo migliore di educare i figli.

2. Rapporto tra genitori e figli: analisi e osservazioni.

3. Genitori severi o genitori permissivi? Concetto di libertà nei giovani d'oggi.

SINTESI GRAMMATICALE

CONGIUNTIVO
Concordanza dei tempi del congiuntivo
"Che" + congiuntivo
Congiunzioni e locuzioni
Preposizione semplice "da"

Il congiuntivo ha **4 tempi:**

2 semplici:	**presente** -	**imperfetto**
2 composti:	**passato** -	**trapassato**
	(perfetto)	

PRESENTE

ESSERE	AVERE	PARLARE	SCRIVERE	PARTIRE
io sia	io abbia	io parli	io scriva	io parta
tu sia	tu abbia	tu parli	tu scriva	tu parta
lui/lei sia	lui/lei abbia	lui/lei parli	lui/lei scriva	lui/lei parta
noi siamo	noi abbiamo	noi parliamo	noi scriviamo	noi partiamo
voi siate	voi abbiate	voi parliate	voi scriviate	voi partiate
loro siano	loro abbiano	loro parlino	loro scrivano	loro partano

IMPERFETTO

ESSERE	AVERE	PARLARE	SCRIVERE	PARTIRE
io fossi	io avessi	io parlassi	io scrivessi	io partissi
tu fossi	tu avessi	tu parlassi	tu scrivessi	tu partissi
lui/lei fosse	lui/lei avesse	lui/lei parlasse	lui/lei scrivesse	lui/lei partisse
noi fossimo	noi avessimo	noi parlassimo	noi scrivessimo	noi partissimo
voi foste	voi aveste	voi parlaste	voi scriveste	voi partiste
loro fossero	loro avessero	loro parlassero	loro scrivessero	loro partissero

PASSATO (Perfetto). Si forma unendo il participio passato al presente congiuntivo degli ausiliari "essere" e "avere": *io sia partito, tu abbia fatto*, ecc.
TRAPASSATO. Si forma unendo il participio passato all'imperfetto congiuntivo degli ausiliari "essere" e "avere": *io fossi arrivato, tu avessi detto*, ecc.

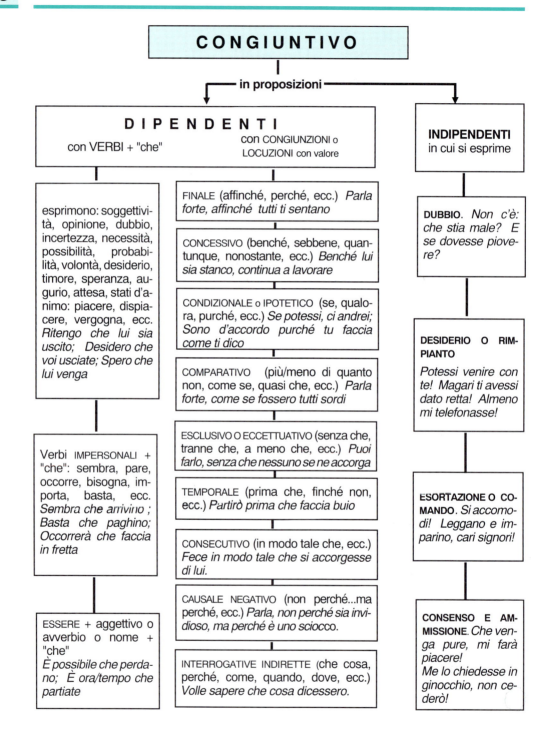

CONGIUNTIVO

in proposizioni

DIPENDENTI
con VERBI + "che"

esprimono: soggettività, opinione, dubbio, incertezza, necessità, possibilità, probabilità, volontà, desiderio, timore, speranza, augurio, attesa, stati d'animo: piacere, dispiacere, vergogna, ecc. *Ritengo che lui sia uscito; Desidero che voi usciate; Spero che lui venga*

Verbi IMPERSONALI + "che": sembra, pare, occorre, bisogna, importa, basta, ecc. *Sembra che arrivino ; Basta che paghino; Occorrerà che faccia in fretta*

ESSERE + aggettivo o avverbio o nome + "che" *È possibile che perdano; È ora/tempo che partiate*

con CONGIUNZIONI o LOCUZIONI con valore

FINALE (affinché, perché, ecc.) *Parla forte, affinché tutti ti sentano*

CONCESSIVO (benché, sebbene, quantunque, nonostante, ecc.) *Benché lui sia stanco, continua a lavorare*

CONDIZIONALE o IPOTETICO (se, qualora, purché, ecc.) *Se potessi, ci andrei; Sono d'accordo purché tu faccia come ti dico*

COMPARATIVO (più/meno di quanto non, come se, quasi che, ecc.) *Parla forte, come se fossero tutti sordi*

ESCLUSIVO O ECCETTUATIVO (senza che, tranne che, a meno che, ecc.) *Puoi farlo, senza che nessuno se ne accorga*

TEMPORALE (prima che, finché non, ecc.) *Partirò prima che faccia buio*

CONSECUTIVO (in modo tale che, ecc.) *Fece in modo tale che si accorgesse di lui.*

CAUSALE NEGATIVO (non perché...ma perché, ecc.) *Parla, non perché sia invidioso, ma perché è uno sciocco.*

INTERROGATIVE INDIRETTE (che cosa, perché, come, quando, dove, ecc.) *Volle sapere che cosa dicessero.*

INDIPENDENTI
in cui si esprime

DUBBIO. *Non c'è: che stia male? E se dovesse piovere?*

DESIDERIO O RIMPIANTO

Potessi venire con te! Magari ti avessi dato retta! Almeno mi telefonasse!

ESORTAZIONE O COMANDO. *Si accomodi! Leggano e imparino, cari signori!*

CONSENSO E AMMISSIONE. *Che venga pure, mi farà piacere! Me lo chiedesse in ginocchio, non cederò!*

CONGIUNTIVO NELLE DIPENDENTI

1. CONGIUNTIVO nelle DIPENDENTI RETTE DA VERBI + "CHE"

> (a) *Paolo è già partito*
> (b) *Io so che Paolo è già partito*
> (c) *Io penso che Paolo sia già partito*

– La frase (a) è indipendente ed esprime una realtà oggettiva: il parlante non interviene a modificare la realtà e quindi si ha l'INDICATIVO.

– La frase (b) è costituita da due proposizioni, la reggente (*io so*) e la dipendente introdotta dalla congiunzione *che* (*Paolo è già partito*). Il parlante non modifica la realtà, anzi la dichiara o la conferma oggettivamente e con sicurezza. Ecco quindi ancora l'INDICATIVO.

– La frase (c) è costituita anch'essa da due proposizioni, la reggente (*io penso*) e la dipendente introdotta dalla congiunzione *che* (*Paolo sia già partito*). Ma qui l'azione dipendente non è autonoma. Il parlante, con il verbo reggente "penso", interviene a modificare la realtà della frase dipendente con la sua soggettività (dubbio, incertezza), e così si ha il CONGIUNTIVO.

Caratteristica di questo modo verbale è dunque la sua **dipendenza da una proposizione reggente**, che contiene un elemento semantico che ruota intorno al concetto molto ampio e generico di **soggettività.**
Questo elemento semantico "soggettività" copre un'ampia gamma di significati: **opinione, dubbio, necessità, possibilità, sufficienza, volontà, deside- rio, timore, speranza, attesa, stati d'animo di piacere, dispiacere, dolore, vergogna ...**

Questi significati, da un punto di vista formale, sono espressi:

a. da una lunga serie di **verbi + che**

pensare	credere	ritenere	supporre	dubitare,
sospettare	immaginare	volere	temere	proibire
aspettare	attendere	ordinare	permettere	non veder l'ora
pretendere	obbligare	sperare	desiderare	vergognarsi
temere	avere paura	piacere	dispiacere	ecc.

Penso che sia opportuno agire immediatamente
Credevo che tu avessi capito tutto
Il direttore ordinò che tutti uscissero un'ora dopo
Non permetterò che si dica questo di me
Attenzione! Ho paura che qualcuno si faccia male
Temevo che qualcuno arrivasse in ritardo
Non vedo l'ora che arrivi l'estate

b. da **verbi impersonali** o di uso impersonale + **che**

sembrare	parere	occorrere	bastare	importare
convenire	accadere	succedere	capitare	ecc.

    Basta che tu me lo dica
    Occorrerebbe che tutti esprimessero la propria opinione
    Sembra che si siano trasferiti
    A volte accade che la gente reagisca in modo imprevedibile
    Conviene che tu esca ora

c. da locuzioni verbali impersonali formate da: verbo "**essere**" + **aggettivo/avver-
    bio** + **che** (esprimenti, **dubbio, possibilità, valutazione personale o sog-
    gettiva**)

è possibile	è probabile	è incerto	è bene	è meglio
è conveniente	è opportuno	è utile	è male	è peggio
è strano	è giusto	è difficile	è importante	ecc.

    È opportuno che tutti siano presenti fin dall'inizio
    È mai possibile che tu faccia sempre di testa tua?
    È bene che si cominci per tempo
    È difficile che loro partecipino
    È strano che non siano ancora qui

d. da locuzioni impersonali formate da: verbo "**essere**" + **nome** + **che**:

è ora	è tempo	è norma	è legge	è consuetudine
è abitudine	è tradizione	è un caso	è (una) vergogna	ecc.

    È ora che cominciate tutti a lavorare seriamente
    Era consuetudine che ciascuno portasse con sé un amico
    È tempo che Mario si decida a prender moglie

Il congiuntivo si ha anche IN DIPENDENZA DA UN CONDIZIONALE: in questo caso i
    tempi sono l'**imperfetto** ed il **trapassato**.
    Vorrei che tu glielo dicessi con gentilezza
    Avrei voluto che tu glielo avessi detto con gentilezza
    Desidererei che non partiste troppo tardi

OSSERVAZIONE

Si ha preferibilmente il congiuntivo, invece dell'indicativo, nei seguenti casi:

– In caso di inversione dei termini della frase
    È evidente che siete stanchi = *Che siate stanchi è evidente*
    Si vede bene che avete capito = *Che abbiate capito, si vede bene*
– Sostituendo la congiunzione "che" con "come", "quanto", "in che modo"
    So che è difficile risolvere questo problema = *So come / quanto sia difficile*
                                                risolvere questo problema

2. LA CONGIUNZIONE "CHE"

La congiunzione CHE rappresenta il legame tra la proposizione reggente e la
    dipendente dichiarativa al congiuntivo.
N.B. Talvolta *"che"* non è congiunzione, ma è un pronome relativo (il quale, la
    quale,...): in questo caso *"che"* sarà seguito dall'indicativo, dal congiuntivo o dal
    condizionale, a seconda del valore che assume di volta in volta.

    Si ha il CONGIUNTIVO nei seguenti casi:

a. CHE relativo, con valore finale, equivalente a: *affinché, perché,* ecc.
    Chiama il cameriere che (affinché) *ti porti il menù*
    Prega la mamma che venga di sopra!

b. CHE relativo, con valore consecutivo, equivalente a: *così che (cosicché), tale che,*
    fatto in modo tale che, ecc.
    L'ideale per la signora era una baby-sitter che (tale che) *si occupasse dei bambini*
        durante la sua assenza
    È vantaggioso per la ditta assumere nuovi collaboratori che offrano serie
        garanzie nel lavoro

c. CHE relativo, con valore condizionale, equivalente a *se, qualora,* ecc.
    Una grammatica che (se) *contenesse anche dei buoni esercizi, sarebbe utilissi-*
    ma
        per gli studenti
    Studenti che (qualora) *seguissero con reale interesse le lezioni sarebbero la gioia*
        di molti insegnanti

3. CONGIUNTIVO O INDICATIVO: UNA SCELTA DI STILE O DI SIGNIFICATO

In alcuni casi il congiuntivo si pone in alternativa con l'indicativo, e due sono i
    fattori che determinano la scelta:

– fattore **semantico** (il congiuntivo sottolinea il maggiore senso di soggettività, incertezza, dubbio, ecc. del parlante; l'indicativo sottolinea il significato oggettivo dell'affermazione del parlante)

– fattore **stilistico** (registro linguistico più o meno formale, senza una reale differenza di significato, tuttavia nel congiuntivo prevale un "forse" mentre nell'indicativo affiora un "certo").

Esempi di differenza semantica

Penso che hai ragione - Penso che tu abbia ragione

Tra le due frasi c'è una sottile differenza di significato: la prima indica una maggior sicurezza nell'affermazione, la seconda sottolinea il fatto che si tratta di un'opinione.

> *Si capisce che sono / siano soddisfatti*
> *È evidente che sono / siano preoccupati*

Nel primo caso (indicativo) si parla di una realtà di fatto; nel secondo (congiuntivo) si fa un commento in cui prevale la soggettività di chi parla.

Esempi di differenza stilistica

> *Che tu sia / sei in gamba, si sa*
> *È lo studente più bravo che mi sia / è capitato in questi ultimi tempi*
> *Era felice come uno che avesse / aveva fatto tredici al totocalcio*
> *Sono rari gli amici di cui ci si possa / può fidare*
> *È l'unica speranza che gli sia / è rimasta*
> *Mi ha chiesto se sapessi / sapevo di che si trattava / trattasse*
> *Sono contenta che tu venga / vieni presto*

4. IL CONGIUNTIVO NELLE ALTRE DIPENDENTI

Il congiuntivo, oltre che nelle "dichiarative" (dove è giustificato dalla presenza di verbi e locuzioni presenti nella reggente che esprimono "soggettivita'"), si trova anche in altre dipendenti. In tal caso esso è giustificato non da elementi semantici presenti nella reggente, ma dal particolare tipo di dipendenza in cui viene a trovarsi di volta in volta, in quanto collegato ad un particolare tipo di **congiunzioni** che lo introducono.

DIPENDENTI DA CONGIUNZIONI O LOCUZIONI CHE RICHIEDONO IL CONGIUNTIVO

1. FINALE - **perché, affinché, acciocché, di modo che,** ecc., esprimono il fine, lo scopo, la destinazione dell'azione. *indica un'intenzione che non si sa di sicuro*

   Ogni tanto tiravo fuori dal taschino l'orologio perché tutti lo vedessero
   Parlo ad alta voce affinché sentiate tutti bene
   Scriveva in inglese, affinché tutti potessero leggere i suoi articoli
   Lavorano tanto acciocché i loro figli non abbiano mai problemi economici
   Cucina con lo scopo che tutti siano soddisfatti

   Ho lavorato sodo perche tu possa mangiare

2. CONCESSIVA - **benché, sebbene, malgrado (che), quantunque, nonostante (che), per quanto**[1], ecc. dove si esprime qualcosa che contrasta e fa da ostacolo, ma che non impedisce lo svolgersi del fatto della reggente [2]. *- un motivo di opposizione -*

   La roba degli altri mi ha fatto sempre gola, nonostante avessi ricevuto tante raccomandazioni al contrario
   Sebbene non fossi ricco, facevo credere di esserlo con ogni bugia

   malgrado che sia tardi, esco lo stesso

3. RELATIVA CONCESSIVA - alcuni pronomi e aggettivi indefiniti (**chiunque, qualunque, qualsiasi,** ecc.), nonché avverbi o espressioni avverbiali di qualità o di luogo (**comunque, dovunque, ovunque,** ecc.) possono introdurre una proposizione relativa con valore concessivo.

   Per quanti lavori tu abbia iniziato, non sei riuscito a portarne a termine uno
   Qualunque cosa lui dica, non lo crederò
   Ti seguirò dovunque tu vada

   Dovunque vada, si lamenta dell'albergo

4. CONDIZIONALE - **se, qualora, purché, a patto che, a condizione che, nel caso che,** ecc. [3] dove si esprime la condizione, l'ipotesi cui è sottoposta la reggente [4]. *una possibilità ci vuole il congiuntivo*

   Sventolavo un biglietto da cinquantamila lire, preso a mio padre, e dicevo ai compagni che toccassero come era fatto, purché non lo strappassero
   Qualora tu abbia intenzione di uscire, dammi un colpo di telefono
   Te lo presterei volentieri, a condizione che non me lo sciupassi
   Se glielo chiedessi con garbo, non saprebbe dirti di no
   Se fossi in te, non ci andrei

   Io ti posso insegnare l'italiano purché tu mi insegni francese

   [1] Se la locuzione "per quanto" viene collegata a un sostantivo, il "quanto" diventa aggettivo che concorda con esso in genere e numero, conservando il suo valore concessivo.
   [2] La concessiva può anche essere introdotta comunemente dalla congiunzione *anche se* + indicativo. *Anche se non sei d'accordo, io ci vado lo stesso.*
   [3] La condizione non si esprime **mai** con il modo condizionale.
   [4] Vedere l'Unità 8: periodo ipotetico di II e III tipo.

ci vuole sempre l'imperfetto del congiuntivo

5. COMPARATIVA - **come se, quasi (che)**, ecc. [1] dove si esprime un paragone tra reggente e dipendente, in forma di ipotesi non reale.

Mi ricordo bene quando avevo otto anni! Quasi mi vedessi in uno specchio
Mi guarda con due occhi come se non avesse capito la domanda
Non mi salutava più, quasi gli avessi mancato di rispetto
Mi ascoltava con aria allibita, come se io avessi parlato un'altra lingua
Ci tratta come se fossimo dei ragazzini

6. ESCLUSIVA o ECCETTUATIVA - **senza che, che ... non, tranne che, eccetto che, a meno che**, ecc. dove si esprime l'esclusione di un fatto in riferimento al compimento dell'azione della reggente.

esclusiva è il più forte?

Non posso mai raccontare una barzelletta senza che mi venga da ridere per primo Mangerò il dolce a meno che anna non voglia mangiarlo
\Se ne è andato senza che lo avessimo salutato
Accetto tutto da te, tranne che tu sia falso Son uscita senza che miamadre mi abbia preparato il mio posto

7. TEMPORALE - **prima che, finché non, anziché**, ecc. dove si esprime un'azione temporale posteriore alla reggente.

Prima che qualcuno prendesse la parola, l'oratore si arrestò
Non si alzi, Signorina, finché io non abbia finito di parlare!
Prima che lui parta, dobbiamo organizzargli una bella festa d'addio
Starò qui finché non vengano loro
Dobbiamo finire anziché faccia buio

Devo tornare a casa prima che cominci a nevicare

8. CONSECUTIVA - **cosicché, in modo che, in modo tale che, al punto che, tale (agg.) ... che, tanto ... che, così ... che**, ecc. [2] dove si esprime la conseguenza di ciò che si afferma nella reggente.

L'oratore parlava forte in modo che tutti potessero sentirlo bene
Farò in modo tale che non se ne accorgano
Userò parole tali che lui possa capire
Non si fermò tanto lontano che la ragazza non lo vedesse
Non potevamo raccontargli niente che lui già non sapesse

Parlerò in modo che mi possano capire

9. CAUSALE NEGATIVA - **non perché..., ma perché (indicativo), non che, non è che**, ecc. dove si esprime una causa possibile che però viene negata [3].

Suo figlio, signora, va male a scuola non perché sia poco intelligente, ma perché non si impegna seriamente

Non ho detto che x/e i non sia bene in francese, ho detto che è bravo in italiano

[1] Con queste locuzioni si usano soltanto **l'imperfetto** e il **trapassato congiuntivo** (che indicano rispettivamente contemporaneità e anteriorità rispetto alla reggente).
[2] Più frequentemente, però, nella proposizione consecutiva si hanno l'indicativo e il condizionale. Il congiuntivo serve a indicare la conseguenza come una eventualità o potenzialità.
[3] Di solito la causa negata, al congiuntivo, viene seguita da una causa definitiva, all'indicativo.

Ti dico queste cose non perché voglia la tua compassione, ma per amore della
   verità
Non è che sia stanco, è solo che mi sono annoiato di star qui
Non che mi piaccia, ma lo devo sopportare per forza
No no, non è che mi sia offeso!

10. INTERROGATIVA INDIRETTA - **dove, quando, come, come mai, perché, se,
   che cosa, chi, quanto (agg.), quale (agg.), in che modo,** ecc., dove si
   esprime una domanda, un dubbio, una richiesta, una informazione, [1] dopo
   verbi o locuzioni verbali come "domandare, non sapere, non capire, non essere
   sicuri, voler sapere", ecc. (o sostantivi di significato analogo).

Non riesco a capire perché la mia idea fissa fosse quella di passare per figlio
   di gente ricca
Scusi, Signora, sa dirmi quale sia la direzione per il centro?
Non so se lei sia già partita oppure no
Le chiese perché fosse arrivata così in ritardo
Voleva sapere come mai non ci fossimo andati

spesso
indica
dubbio

→ Non so perché perché siano tristi.

FRASI INDIPENDENTI CON IL CONGIUNTIVO

Il congiuntivo si trova per lo più in proposizioni dipendenti.
Esistono tuttavia usi di congiuntivo in proposizioni indipendenti.
In questi casi, però, è facile risalire ad una reggente sottintesa.
Il congiuntivo indipendente esprime i seguenti **concetti:**

a)   DUBBIO, TIMORE (introdotto da: "che", "e se")

Carlo è distratto: che sia un po' stanco? (credo che ...)
Non risponde: che sia già uscito? (temo che ...)
Ieri non è venuta a lezione: che fosse malata, o che non avesse sentito
   la sveglia? (Non so se ... o ...)
"Ceniamo in giardino?" "E se dovesse piovere?" (Che faremmo?)
"Vado a ritirare il certificato?" "E se lo avesse già ritirato Pino?"
   (Che farei?)

[1] In queste proposizioni si alternano congiuntivo e indicativo, a seconda della sfumatura semantica
di «eventualità» e di «determinatezza» che si vuole dare.

b) DESIDERIO, AUGURIO, SPERANZA, RIMPIANTO (introdotto da: "almeno", "che", "magari", "(e) se")

> *Possiate trascorrere una bella vacanza!* (spero che ...)
> *Almeno potessero venire con te!* (mi picerebbe che ...)
> *Magari potessi andare a visitare l'Australia!* (mi piacerebbe ...)
> *Se ti avessimo dato ascolto quella volta!* (vorrei che ..)
> *Oh, se potessi venire con te!* (lo farei volentieri!)
> *Che sete! E se ci bevessimo una birra?*

c) ESORTAZIONE, fa parte dell'imperativo (vedere Unità 11)

> *Si accomodi!*
> *Vengano!*
> *Non pensiamoci più!*
> *Che mi aspetti!*
> *Che inizino!*

d) CONCESSIONE (introdotto da: "pure", "anche", "ammettiamo che")

> *"Giulia vorrebbe venire da te domani" "Che venga pure, mi farà piacere!"*
> *"La disturbo" "No, no! Entri pure!"*
> *Me lo chiedesse anche in ginocchio, non cederò!*
> *Ammettiamo che tu abbia ragione ...*

CONCORDANZA DEI TEMPI DEL CONGIUNTIVO

Il tempo di una dipendente varia in funzione di due fattori [1]:
    a) il tempo della reggente;
    b) il rapporto cronologico tra dipendente e reggente (cioè se l'azione della dipendente è anteriore, contemporanea o posteriore a quella della reggente).

---

[1] Si fornisce nella pagina seguente uno schema volutamente semplificato della concordanza dei tempi, con lo scopo di renderne più agevole e più pratico il meccanismo, nonché di guidare l'attenzione sulle strutture di più alta frequenza d'uso.

CONCORDANZE DEI TEMPI CON UNA FRASE OGGETTIVA AL CONGIUNTIVO

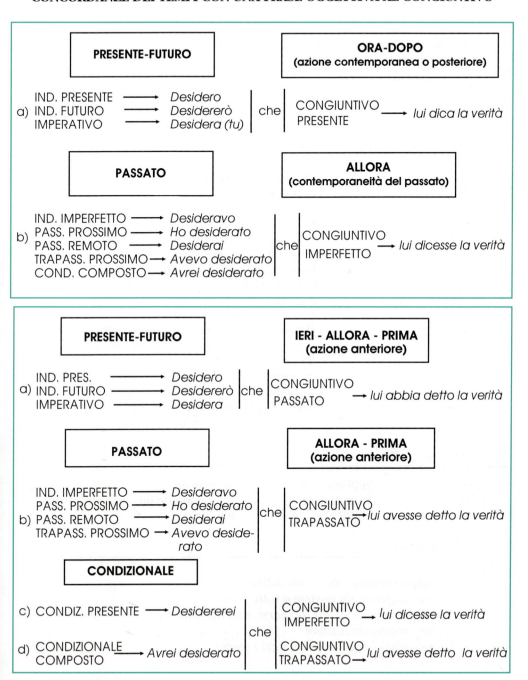

*non
fara
parte
dall'
esame
lunear
pros.*

PREPOSIZIONE SEMPLICE "DA"

1. Funzioni e valori

Punto d'inizio o di partenza, origine, moto da luogo, provenienza, separazione, allontanamento, distanza, distacco, scostamento, diversità e differenza.
> *È nato da nobile famiglia*
> *Viene da Milano*
> *È stato escluso da ogni scuola*

Moto a luogo (verso persone)	*Non posso venire né da te, né andare da Maria, né da altre persone*
Moto per luogo	*Sono scappati da una porta posteriore*
Stato in luogo (presso persone)	*Mi trovo da tuo fratello*
Tempo	*Non la vedo da alcuni giorni*
Agente	*Il regalo è stato mandato da mia sorella*
Causa	*Ho le mani rosse dal freddo*
Fine (scopo)	*In camera da letto c'è un abito da sera*
Mezzo (strumento)	*Non dalle parole, ma dai fatti ti valuto*
Qualità (valore)	*È un vestito non da poco*
Prezzo (stima)	*Per mangiare gli basta un panino da due mila lire, ma si compera cravatte da centomila lire in su*
Limitazione	*È cieco da un occhio*
Modo (maniera)	*Si comporta sempre da gentiluomo, anzi ti tratta da amico*
Predicativo	*È un insegnante bravo e sembra fare da padre a tutti o almeno da guida a molti*

2. Aggettivi + "da"

alieno da	differente da	diverso da	dissimile da
esente da	immune da	indipendente da	libero da
lontano da	reduce da	ecc..	

3. "da" + infinito

a) Per introdurre proposizioni consecutive.
> *È tanto ingenua da credere a tutti*
> *Si comporta in modo da rovinarsi, e certamente non è da imitare*
> *È una persona da aiutare*
> *Un tale sforzo è da farsi non tutti i giorni*

b) Per introdurre proposizioni finali.

Hai qualcosa da bere?
È meglio che tu prenda con te qualcosa da leggere

c) Le espressioni:

spazzolino da denti
ferro da stiro
sapone da barba, da bucato, da lavatrice
lacci da scarpe
sala d'attesa
ecc.

4. Locuzioni

a) *Prepositive*

da parte di
fuori da
fino da
di qua da
di là da
eccetto da
ecc.

b) *Avverbiali*

da lontano
da capo
da parte
da meno
da vicino
d'altronde
d'altra parte
d'altro canto
d'ora in poi
ecc..

5. Fraseologia

Farsi da parte
farsi da un lato
darsi da fare

far da sé (da solo)
fare orecchie da mercante
ecc.

avere nulla da dire (da fare)
non sapere da dove cominciare

NB - Tutti i verbi che indicano allontanamento, separazione, distacco, spostamento, fuga, liberazione, distanza, origine, provenienza, derivazione, punto di inizio e di partenza, differenza, possono essere accompagnati dalla preposizione "DA".

ELEMENTI DI CIVILTÀ

Restauro e conservazione delle opere d'arte

Il culto della bellezza, dell'apparire, del ben figurare, sono, come è noto, un tratto caratteristico della sensibilità italiana: non ne è immune, pertanto, il ladruncolo del brano di Bigiaretti, il quale si ingegna in tutti i modi per fare bella figura.

Basta girare infatti in qualche piccolo o grande centro delle nostre città per accorgersi dell'importanza dell'arte del ben figurare, della varietà, degli effetti esteriori, dell'eleganza delle linee architettoniche dei monumenti, delle piazze, dei palazzi.

L'Italia è un enorme contenitore di

Beni Culturali

(che sono poco meno del 50% di quelli esistenti nel mondo). I capolavori artistici comportano, però, seri problemi di manutenzione, di conservazione e di ripristino.

Le esequie di S. Francesco: prima del restauro e dopo il restauro

I primi interventi di restauro

operati sugli edifici risalgono al Seicento e miravano soprattutto a salvaguardare il valore e la funzionalità del culto in chiese e basiliche, sull'onda controriformistica di rilancio della tradizione liturgica.

Dalle scoperte e dagli scavi archeologici in epoca illuministica (Ercolano 1738; Pompei 1748) vennero impulsi ad occuparsi maggiormente del

Consolidamento dei monumenti

Gli stessi scavi poi saranno esaltati in epoca neoclassica-romantica, dove si teorizzerà la poetica del rudere come segno del divenire storico.

Le attuali tendenze del

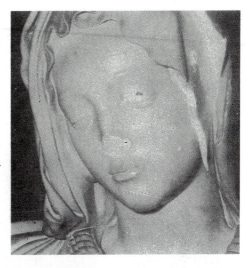

"Pietà di Michelangelo"
(prima del restauro)

"Pietà" di Michelangelo
(dopo il restauro)

Restauro architettonico

si muovono verso la considerazione non tanto del monumento in sé, quanto invece del tessuto urbano come centro del vivere sociale di cui è opportuno preservare la vitalità.

Si corre infatti il rischio che una città, come Venezia o Firenze, diventi uno sterile museo a cielo aperto, a disposizione del turismo di massa, senza che una vera vita vi scorra dentro.

Per quanto riguarda il settore pittorico, già nel Cinque-Seicento si riconobbe valore artistico ai "frammenti", per causa dell' impossibilità di integrare degnamente un'opera danneggiata. Gli interventi di

Restauro su dipinti e affreschi

dunque si moltiplicarono dietro le esigenze del florido mercato antiquario!

Si affermò, pertanto, anziché l'idea del ripristino integrale, l'abitudine alla

Restauro pittorico

Conservazione del frammento staccato

dall'ambiente originario, e questo diede l'avvio ad uno sconsiderato ed insano saccheggio delle opere d'arte.

Nell'Ottocento prese inoltre piede la pratica del distacco degli affreschi dalla loro sede, con effetti e risultati talora devastanti.

Nella scultura prevalse, invece, la consuetudine a

Madonna col bambino

(prima del restauro)   (dopo il restauro)

Ricostruire le mutilazioni di statue e oggetti

con materiali diversi dagli antichi. Fiorivano le collezioni di antichità, si vivacizzava un cospicuo mercato internazionale attorno ad opere di scultura antiche, e nonostante la riluttanza di alcuni a manometterle (ad esempio, Canova), le integrazioni arbitrarie furono diffusissime.

Le tendenze contemporanee

prevedono, secondo le circostanze, per il restauro pittorico e scultoreo il ripristino dell'aspetto originario dell'opera, oppure il rispetto delle aggiunte posteriori, sempre che siano di qualche valore.

Nel restauro integrativo, però, gli interventi devono comunque essere riconoscibili ad un esame da vicino.

Negli ultimi decenni si registra un crescendo di attenzione accordata alla valorizzazione del nostro patrimonio artistico. Così, a Firenze, Roma, Venezia sono sorte

Cupola trasparente e protettiva per il restauro della Fontana Maggiore a Perugia

Scuole di restauro

che hanno assunto subito rinomanza internazionale perché uniche nella trasmissione delle tecniche specifiche per le diverse arti.

Ma la conquista più importante è stata certamente il recupero di autentici gioielli architettonici e pittorici, restituiti a nuova vita.

Oltre ai contributi statali, spesso sono intervenute le aziende private e il capitale finanziario a sponsorizzare

Grandi opere di risanamento

di antichi capolavori. E alle iniziative di protezione del nostro patrimonio artistico non si è mobilitata solo la nostra Penisola, proprio perché la produzione artistica italiana travalica la stretta appartenenza nazionale e viene percepita come ricchezza di tutti.

Ecco quindi che si sono rese possibili presenze come quella di industrie giapponesi nel restauro degli affreschi michelangioleschi della

Cappella Sistina

"Il bello è bello" sembra essere l'insegnamento da trarre, e che tutti ne debbano godere.

(Liberamente da: Garzantina di Storia dell'arte)

MORFOLOGIA

CONDIZIONALE **Pronomi doppi**
 Semplice **Preposizione semplice "a"**
 Composto
CIVILTÀ. *Breve storia della lingua italiana*

–*Tra il dire e il fare...* –

"Vorrei una rivoltella" disse subito Michele ad alta voce, appoggiandosi al banco. Il più era fatto; gli venne una gran paura che l'armaiuolo comprendesse le sue intenzioni.

"Per Leo ci vorrebbe quella" egli pensò con ironia, guardando un'enorme pistola dal calcio pieghevole, una specie di mitragliatrice appesa al muro; si sentiva calmo nei pensieri, spontaneo nei gesti; abbassò gli occhi, scelse con decisione la più economica: "Questa" disse con voce chiara "e una carica."

"Andiamo da Leo" si ripeté.

Girò, *sbucò* in una strada più importante; l'avrebbe tutta *arrivò, si trovò* percorsa, avrebbe attraversato la piazza, si sarebbe trovato nella via di Leo; non c'era fretta; camminava adagio, come un *bighellone* qualsiasi, osservando la gente, le vetrine; la rivol- *vagabondo* tella pesava in fondo alla tasca. Si fermò davanti a un negozio, e pian piano, con le dita disfece l'involto e strinse l'impugnatura dell'arma; strano, freddo contatto; il grilletto; una lieve pressione e tutto sarebbe finito.

Strinse i denti, strinse il manico della rivoltella... ecco... ecco, gli pareva di vedere come sarebbe avvenuto tutto questo: avreb- be salito quella scala, sarebbe entrato in quel salotto; *avrebbe* *avrebbe aspettato* *atteso* con l'arma in mano; finalmente Leo: "Cosa c'è Michele?" avrebbe domandato.

"Ecco cosa c'è" egli avrebbe risposto, e subito avrebbe spara- to; la prima palla sarebbe bastato conficcarla nel corpo, in una parte qualsiasi; largo bersaglio: Leo sarebbe caduto ed egli avrebbe potuto mirare alla testa; si sarebbe curvato; Leo era là disteso sul pavimento; gli avrebbe appoggiato la canna della rivoltella esattamente nel mezzo della tempia.

Strana sensazione; la testa si sarebbe mossa, oppure gli occhi *stravolti* l'avrebbero guardato; allora avrebbe ancora sparato. *strabuzzati, stralu-* Dopo bisognava uscire da quella piccola stanza dove, sotto lo *nati* sguardo bianco delle finestre, vestito *irreprensibilmente*, l'uomo ucciso giaceva con le braccia aperte, sul pavimento, discendere la scala prima che qualche inquilino accorresse, sbucar nella strada.

correttamente, molto bene

Si staccò dalla vetrina di quel negozio, camminò avanti: e poi l'avrebbero processato; tutti i giornali avrebbero parlato di questo suo delitto; titoli enormi; lunghi *resoconti;* fotografie di lui, dell'ucciso, del "solerte" Commissario di Pubblica Sicurezza che l'aveva arrestato, della stanza dov'era successo il fatto, e non sarebbe neppure mancata una crocetta indicante il luogo dove era stato trovato il cadavere.

relazioni, racconti

Un freddo, mortale *disagio* gli gelò il sangue; "Ecco, ci siamo" pensò. La strada era veramente quella che cercava; nessuno si voltava per guardarlo, nessuno l'osservava. "Eppure vado ad uccidere un uomo" pensò; mise la mano in tasca, toccò la rivoltella; uccider Leo significava ucciderlo veramente, toglierlo dal numero dei vivi .

fastidio

(Adattato da: ALBERTO MORAVIA, *Gli Indifferenti*) *

1. Scelta multipla

1. Michele temeva che l'armaiuolo
   ❏ non capisse le sue parole ❏ capisse le sue intenzioni ❏ si rifiutasse di vendergli la rivoltella

2. Michele si sentiva
   ❏ calmo e tranquillo ❏ visibilmente agitato ❏ vivamente preoccupato

3. Michele decide di acquistare la rivoltella
   ❏ appesa al muro ❏ più economica ❏ con tamburo a ripetizione

4. Michele camminava per la strada
   ❏ in evidente stato di eccitazione ❏ indaffarato e frettoloso ❏ lentamente

5. Pensava dentro di sé che avrebbe
   ❏ sparato senza indugio ❏ atteso qualche istante ❏ prima spiegato a Leo le ragioni del suo gesto

*Per notizie su Alberto Moravia, vedi la sezione *"Scrittori in vetrina"*, a pag. 349.

6. Michele immagina di

  ❑ colpire prima la vittima in una parte qualsiasi del corpo ❑ ingaggiare con Leo una colluttazione prima di infliggergli il colpo mortale ❑ colpire Leo alla testa

7. Alla vista della rivoltella Leo

  ❑ non avrebbe avuto il tempo di reagire e sarebbe subito caduto a terra ❑ avrebbe reagito sparando a sua volta ❑ avrebbe gridato aiuto

8. La gravità del delitto

  ❑ non avrebbe avuto alcuna risonanza nell'opinione pubblica ❑ avrebbe destato grande scalpore sulla stampa ❑ sarebbe stata commentata anche in TV

9. Al pensiero dell'imminente delitto Michele

  ❑ resta freddo, impassibile ❑ è agghiacciato dal disagio ❑ finisce per rinunciarvi definitivamente

10. Per Michele, sparare a Leo voleva dire

  ❑ spaventarlo ❑ eliminarlo del tutto ❑ giocargli un brutto scherzo

2. Questionario

1. A chi si rivolge Michele per comprare una rivoltella?
2. Come si sentiva Michele al momento di scegliere l'arma?
3. Quale strada intende percorrere per arrivare alla casa di Leo?
4. In quale stanza Michele immagina che si svolgerà l'incontro con l'odiato avversario?
5. In quale parte del corpo pensa di colpirlo?
6. Come immagina la scena del delitto?
7. Che intende fare subito dopo aver sparato?
8. Che cosa avrebbero detto i giornali il giorno dopo il delitto?
9. Cosa prova Michele pensando al delitto che deve compiere?
10. Cosa pensa Michele quando tocca la pistola che ha in tasca?

PER L'AUTOCORREZIONE E L'AUTOAPPRENDIMENTO

3. Completare con i pronomi "soggetto" e "complemento"

1. "Vorrei una rivoltella" disse subito Michele ad alta voce, appoggiando____ al banco.
2. "Per Leo ___ vorrebbe quella" ____ pensò con ironia.
3. "Andiamo da Leo" ___ ripeté.
4. Girò, sbucò in una strada più importante; ____'avrebbe tutta percorsa.
5. Ecco... ecco... _____ pareva di vedere come sarebbe avvenuto tutto questo.
6. "Ecco cosa c'é" ____ avrebbe risposto, e subito avrebbe sparato.
7. La prima palla sarebbe bastato conficcar____ nel corpo.
8. Leo sarebbe caduto ed ____ avrebbe potuto mirare alla testa.
9. Lunghi resoconti; fotografie di _____, dell'ucciso, del "solerte" Commissario di Pubblica Sicurezza che ____'aveva arrestato.
10. Un freddo, mortale disagio ____ gelò il sangue.
11. Uccider Leo significava uccider____ veramente, toglier____ dal numero dei vivi.

4. Completare con il condizionale semplice o composto

1. "_____ una rivoltella" disse subito Michele ad alta voce.
2. "Per Leo ci _____ quella" egli pensò con ironia.
3. Girò, sbucò in una strada più importante; l'_____ _____ tutta, _____ _____ la piazza, si _____ _____ nella via di Leo.
4. Ecco... ecco... gli pareva di vedere come _____ _____ tutto questo.
5. _____ _____ quella scala, _____ _____ in quel salotto.
6. "Cosa c'è Michele?" _____ _____.
7. "Ecco cosa c'è" egli _____ _____, e subito _____ _____.
8. La prima palla _____ _____ conficcarla nel corpo, in una parte qualsiasi.
9. Leo _____ _____ ed egli _____ _____ mirare alla testa.

5. Completare con altre forme verbali

1. Il più era fatto; gli _____ una gran paura che l'armaiuolo _____ le sue intenzioni.
2. Si _____ calmo nei pensieri, spontaneo nei gesti; _____ gli occhi, _____ con decisione la più economica.
3. _____, _____ in una strada più importante.
4. Si _____ davanti a un negozio, e pian piano, con le dita _____ l'involto e _____ l'impugnatura dell'arma.
5. _____ i denti, _____ il manico della rivoltella.
6. Gli _____ di vedere.
7. Si _____ dalla vetrina di quel negozio, _____ avanti.
8. Un freddo, mortale disagio gli ____ il sangue.
9. "Ecco, ci _____ " _____. La strada _____ veramente quella che _____; nessuno si _____ per guardarlo, nessuno l'_____.
10. _____ la mano in tasca, _____ la rivoltella.

6. Completare con le preposizioni

1. "Vorrei una rivoltella" disse subito Michele _____ alta voce appoggiandosi _____ banco.
2. "Per Leo ci vorrebbe quella" egli pensò _____ ironia, guardando un'enorme pistola _____ calcio pieghevole, una specie ____ mitragliatrice appesa _____ muro.
3. Si sentiva calmo _____ pensieri, spontaneo _____ gesti; abbassò gli occhi, scelse _____ decisione la più economica: "Questa", disse _____ voce chiara.
4. "Andiamo _____ Leo" si ripeté.
5. Si fermò ____ ____ un negozio, e pian piano, _____ le dita, disfece l'involto e strinse l'impugnatura _____'arma.
6. Leo sarebbe caduto ed egli avrebbe potuto mirare _____ testa.
7. Leo era là, disteso _____ pavimento.
8. Gli avrebbe appoggiato la canna _____ rivoltella esattamente _____ ____ _____ tempia.
9. Dopo bisognava uscire _____ quella piccola stanza dove, _____ lo sguardo bianco _____ finestre... l'uomo ucciso giaceva _____ le braccia aperte, _____ pavimento.
10. Tutti i giornali avrebber parlato _____ questo suo delitto.

7. Completare liberamente le frasi

1. Vorrei una ...
2. Per me ci vorrebbe ...
3. Si fermò davanti a ...
4. Leo sarebbe caduto ed egli ...
5. Mi pareva di vedere come ...
6. La strada era veramente quella che ...
7. Bisognava discendere la scala prima che ...
8. Tutti i giornali avrebbero parlato di ...
9. Una crocetta indicava il luogo dove ...
10. Sulla strada nessuno si voltava per ...

8. Fare le domande

1. Che cosa dice Michele ad alta voce?
2. _____?
3. _____?
4. _____
   _____?
5. _____?
6. _____
   _____?
7. _____
   _____?
8. _____
   _____?
9. _____?

– Vorrei una rivoltella
– Per Leo ci vorrebbe quella.
– In una strada più importante.
– Camminava adagio, come un bighellone qualsiasi.
– Come sarebbe avvenuto il delitto.
– Dopo bisognava uscire dalla stanza senza guardarsi intorno.
– Tutti i giornali avrebbero parlato di lui.
– La strada era veramente quella che cercava.
– Toglierlo dal numero dei vivi.

9. Per la composizione scritta

1. Ricordo quella volta in cui non sono riuscito a controllarmi e le conseguenze non furono piacevoli.
2. Perché e in quali situazioni è necessario l'autocontrollo?
3. La gente spesso bisticcia e si accapiglia, anche per motivi futili. Perché? Analisi e riflessioni sui comportamenti umani.

SINTESI GRAMMATICALE

CONDIZIONALE semplice e composto
Pronomi atoni doppi
Preposizione semplice "a"

CONDIZIONALE

FORMA

CONDIZIONALE [1]			
SEMPLICE		COMPOSTO	
cante - prende - apri -	- **rei** - **resti** - **rebbe** - **remmo** - **reste** - **rebbero**	avrei avresti avrebbe avremmo avreste avrebbero	*cantato* *preso* *aperto*
		sarei saresti sarebbe	*partito / a*
		saremmo sareste sarebbero	*partiti / e*

USO DEL CONDIZIONALE

Il condizionale può trovarsi in proposizioni sia indipendenti che dipendenti [2].

---

[1] Il condizionale semplice è detto anche *presente*; il condizionale composto è detto anche *passato*.
[2] Per il condizionale nella reggente + il congiuntivo nella dipendente, si veda l'Unità 6, pag. 133.

CONDIZIONALE SEMPLICE

Esprime le seguenti funzioni:

1 - Azione condizionata da un'ipotesi (indicata dal "se") espressa o sottintesa, azione possibile nel presente o nel futuro.
> *Mi piacerebbe essere come gli altri (se potessi)*
> *Farei di tutto per aiutarti (se avessi soldi)*
> *Andrebbe volentieri anche a piedi fino a Roma, se solo potesse guadagnare qualcosa.*

2 - Desiderio, rimprovero benevolo.
> *Quanto desidererebbero ritornare a Napoli!*
> *Un giorno rimpiangereste di certo questa occasione perduta*
> *Dovresti studiare di più!*
> *Dovreste tornare prima la sera!*

3 - Per notizie non confermate, per il "sentito dire", più comunemente usato nello stile giornalistico (con il significato di: *si dice / sembra che* + presente congiuntivo).
> *Il sindacato potrebbe (sembra che possa) firmare l'accordo con il ministro già oggi*
> *L'arresto dell'assassino, secondo la polizia, sarebbe imminente*
> *I giudici rifiuterebbero qualsiasi clemenza*

4 - Idea di eventualità, possibilità, probabilità.
> *Forse in un'altra città la vita mi sarebbe più facile*
> *A letto riposeremmo meglio*

5 - Richiesta cortese, domanda, preghiera.
> *Verresti (invece di "vieni") al cinema con me?*
> *Vorrei (invece di "voglio") un caffè freddo!*
> *Mi presterebbe la Sua penna, per favore?*
> *Mi dareste una mano a spostare la macchina?*
> *Mi passerebbe l'acqua, per favore?*
> *Ci dareste un passaggio fino alla stazione?*

6 - Incertezza, dubbio.
> *Che cosa potremmo fare?*
> *Mia madre potrebbe cambiare di carattere?*
> *Leo sarebbe in grado di abbandonare il suo egoismo?*

CONDIZIONALE COMPOSTO

Esprime le seguenti funzioni:

1. Azione condizionata da un'ipotesi (indicata dal "se"), azione impossibile, che non
    si è verificata nel passato o sappiamo che non si verificherà nel futuro.
    Sarebbe rimasto a letto, se avesse potuto
    Avrebbero guadagnato tempo, se avessero preso le scorciatoie
    Ce l'avreste fatta, qualora foste stati in due
    Sarei venuto volentieri da te ieri, ma purtroppo ero già impegnato

2. Rimpianto, rimprovero benevolo [1].
    Avremmo voluto fare più in fretta
    Avresti dovuto studiare di più!

3. Per notizie non confermate, per il "sentito dire", più comunemente usato nello
    stile giornalistico (con il significato di: *si dice / sembra che* + tempi del passato al
    congiuntivo).
    La polizia avrebbe arrestato (cioè: si dice che abbia arrestato) un pericoloso
       assassino appartenente ad un clan mafioso
    Secondo gli esperti, la lira avrebbe recuperato due punti sulle altre valute
    I parlamentari nella giornata di ieri avrebbero lavorato più di dodici ore

4. Azione futura rispetto a un tempo passato (il cosiddetto **"futuro nel passato"**).
    Gli pareva di vedere che cosa sarebbe avvenuto: avrebbe salito quella scala,
       sarebbe entrato in quel salotto...
    Tutti immaginavano come ti saresti comportato: non avresti osato parlare
    Pensava che i parenti non lo avrebbero capito

CONDIZIONALE NELLE DIPENDENTI

Il condizionale si può trovare nelle seguenti dipendenti:

1. OGGETTIVE (dopo una enunciativa)
    Penso che sarebbe meglio andare a casa
    Credo che avremmo fatto meglio andare al cinema

---

[1] Oltre che dal condizionale composto, il rimpianto è espresso anche dal condizionale semplice +
infinito passato:
Come vorrei essere stato in vacanza con te!
Vorrei aver fatto di più per te!

2. INTERROGATIVE INDIRETTE

> *Gli studenti si chiedono che cosa potrebbero fare*
> *Il bambino non sapeva quando il padre sarebbe arrivato*
> *L'architetto voleva verificare se il calcolo sarebbe stato* (futuro rispetto al verbo reggente passato) *esatto*

3. CAUSALI

> *Non sono del tutto d'accordo con lui, perché gli avvenimenti si sarebbero svolti*
>   *in tutt'altro modo*
> *Mi dispiace tanto, perché avrei da darvi una brutta notizia*

4. CONSECUTIVE

> *Ero così stanco che mi sarei buttato per terra a dormire*
> *È talmente opportunista che rinnegherebbe persino sua madre*

5. AVVERSATIVE

> *Ora sei qui da me, ma dovresti essere altrove*
> *Ti trovavi a Brescia; però saresti dovuto essere a Milano*

6. COMPARATIVE

> *Era più bello di quanto si sarebbe potuto immaginare*
> *Non è come dovrebbe essere*

7. RELATIVE

> *Secondo lui, c'è un solo giornale che diffonderebbe notizie false: quello del partito*
>   *avverso*
> *Sono state indicate molte persone che avrebbero avuto a che fare con i traditori*

8. INCIDENTALI

> *La vita, direi l'esistenza, è fatta anche di tante delusioni*
> *L'onestà, avrebbe osato sostenere l'imputato, è una parola tutta da interpretare*

PRONOMI ATONI DOPPI

I pronomi atoni *mi, ti, si, gli, ci, vi, si* possono comparire in coppia con **lo, la, li, le, ne**. In questo caso li precedono.
La **-i** cambia in **-e** (cioè: **me, te, se, ce, ve, se**).
Gli diventa **glie** e forma una sola parola con **lo/la/li/le/ne** (**glielo, gliela, glieli, gliele, gliene**).
In prima posizione si ha sempre il pronome complemento indiretto: **me/te/se** ecc.

In seconda posizione si ha il complemento oggetto **lo/la/li/le** o di specificazione **ne**.

me lo	me la	me li	me le	me ne
te lo	te la	te li	te le	te ne
se lo	se la	se li	se le	se ne
glielo	gliela	glieli	gliele	gliene
ce lo	ce la	ce li	ce le	ce ne
ve lo	ve la	ve li	ve le	ve ne
se lo	se la	se li	se le	se ne

a) Sono posti prima del verbo reggente (posizione proclitica) con tutti i modi finiti [1]; invece con i modi indefiniti (infinito, participio e gerundio), sono posti dopo il verbo e ad esso conglobati (posizione enclitica) [2].

   Il libro me lo prestava sempre
   Le lettere se le tiene gelosamente per sé
   La nausea gli saliva, se la sentiva fino in gola
   I soldi ve li porterà domani
   Ce ne fossero dei quattrini!

   Ma: *darmelo, tenersela, portarveli, essercene. tenutesele, avendoveli portati, portandoveli*

b) Anche con l'imperativo presente la coppia di pronomi si usa in posizione enclitica.

   Tenetevelo, andiamocene, smettiamola, riconsegnaglielo

Nella forma negativa dell'imperativo (persone: *tu, noi, voi*) la coppia di pronomi può essere posta sia prima che dopo il verbo.

   Non andartene! - Non te ne andare!
   Non mangiamocele subito! - Non ce le mangiamo subito!
   Non ripeteteglielo più! - Non glielo ripetete più!

Nella forma di cortesia (*Lei, Loro*) la coppia dei pronomi è sempre posta prima del verbo.

   Ce lo racconti per filo e per segno!
   Glielo diano finalmente questo benedetto diploma!

---

[1] Ad eccezione dell'imperativo (vedi unità 11).
[2] L'infinito in unione con gli enclitici perde la *-e* finale. I verbi che terminano in *-rre* ("porre" e composti: "tradurre", "sedurre", ecc.) perdono *-re* finale. *Non può tradurlo subito. Devi farcela!*

PREPOSIZIONE SEMPLICE "A"

1. Funzioni e valori

Termine (o oggetto indiretto)	*Ho regalato un libro a Mario*
Moto a luogo	*Vado a Roma / a casa*
Stato in luogo	*Luigi è a Milano / a casa*
Tempo determinato	*A metà giugno smetto di lavorare*
(occasione/età)	*Ad ogni compleanno fa un viaggio.*
	Scrisse il suo primo romanzo a cinquant'anni
Modo (o maniera)	*È uno che impara tutto a memoria*
Mezzo (o strumento)	*Disegna molto a matita*
Misura (distanza, prezzo)	*Calcola tutto a metro o a peso.*
	La mia casa si trova a dieci chilometri da qui
	Questi libri sono venduti a diecimila lire l'uno
Pena	*È stato condannato a dieci anni di carcere*
Fine (o scopo)	*È preparato ad ogni sorpresa. Fa la guardia a tutela del patrimonio.*
Qualità	*Qui non c'è il telefono a gettoni*
Limitazione, paragone	*A mio giudizio, Mario non si sente inferiore a nessuno*
Causa	*È scivolato a causa del gelo*
Vantaggio (svantaggio)	*Parla a sua difesa, ma è dannoso a tutti*
Predicativo	*È stato scelto a capo dell'istituzione*
Distributivo	*Li vedevo passare a due a due*

2. Aggettivi + "a"

Adatto a	grato a	incline a	identico a
(atto a)	idoneo a,	inferiore a	necessario a
affine a	indifferente a	nocivo a	noto a
analogo a	presente a	pronto a	propenso a
attento a	relativo a	sconosciuto a	sensibile a
buono a	simile a	superiore a	uguale a

caro a	utile a	vicino a	gradito a
conforme a	fedele a	favorevole a	estraneo a
contrario a	disposto a	diretto a	dannoso a (ecc.)

3. Verbi + a + infinito

Abituare a	adattare a	affrettarsi a	aiutare/aiutarsi a
abituarsi a	adattarsi a	andare a	badare a
cominciare a	condannare a	continuare a	contribuire a
convincere a	costringere a	credere a	esitare a
far presto a	fermarsi a	imparare a	convincersi a
indurre a	iniziare a	insegnare a	insistere a
limitarsi a	mettersi a	mirare a	obbligare a
provare a	provvedere a	rassegnarsi a	ricominciare a
rinunciare a	riprendere a	riuscire a	sbagliare a
seguitare a	servire a	essere utile a	sfidare a
venire a	ecc.		

4. Verbi + "a"

Accedere a	affidare a	annunciare a	appartenere a
assegnare a	assicurare a	assistere a	augurare a
chiedere a	comandare a	comunicare a	concedere a
consegnare a	consentire a	consigliare a	dare a
dedicare a	descrivere a	destinare a	dichiarare a
dimostrare a	dire a	dispiacere a	distribuire a
domandare a	donare a	esprimere a	fare a
fornire a	garantire a	giovare a	giurare a
illustrare a	impedire a	imporre a	indicare a
interessare a	inviare a	iscrivere a	mancare a
mandare a	mentire a	mostrare a	negare a
obbedire a	ubbidire a	occorrere a	offrire a
ordinare a	pagare a	parlare a	partecipare a
pensare a	permettere a	piacere a	portare a
presentare a	prestare a	proibire a	promettere a
provvedere a	raccomandare a	raccontare a	regalare a
rendere a	restituire a	ridare a	resistere a

rispondere a	rivelare a	rivolgere a	rivolgersi a
scrivere a	sembrare a	sfuggire a	somigliare a
sparare a	spettare a	spiegare a	stare a
succedere a	suggerire a	telefonare a	ecc.

5. Fraseologia

A dire il vero	a dir molto (poco)	solo/soltanto a pensarci
a farla breve	a guardar bene	mangiare a più non posso
essere a buon punto	più a dirlo che a farlo	a lume di naso
venire a galla	mettersi a tavola	andare a spasso
essere a pranzo, a cena	stare a cuore	stare a galla
a tambur battente	a spada tratta	a ragion veduta
a vista d'occhio	parlare a vanvera	a tempo perso
rispondere a bruciapelo	andare a zonzo	comandare a bacchetta
parlare a mezza bocca	mettere la testa a posto	pagare mille lire a testa
fare ad arte	prendere a credito	ecc.

6. Locuzioni prepositive

Di fronte a	a dispetto di	a favore di	a causa di
a somiglianza di	a prezzo di	di fianco a	in mezzo a
in merito a	riguardo a	in odio a	in faccia a
vicino a	fino a	attorno a	intorno a
davanti a	di dietro a	oltre a	accanto a
ecc.			

7. Locuzioni avverbiali

A stento	a caso	a tentoni	a precipizio
a poco a poco	corpo a corpo	faccia a faccia	goccia a goccia
a mano a mano	porta a porta	a fatica	ecc.

ELEMENTI DI CIVILTÀ

Breve storia della lingua italiana

Tra il dire e il fare... c'è di mezzo il mare.

Ovvero, dalla teoria alla pratica il passo è ben più lungo di quanto si creda.

Un esempio? Basti pensare alla difficoltà con cui l'italiano (lingua dell'intera Penisola) si è imposto nell'uso quotidiano dei parlanti come codice di tutti.

E in quanto tempo!

È nota infatti l'estesa presenza dei

Dialetti in Italia

Per la maggior parte della popolazione, di fianco alla lingua nazionale, l'uso del dialetto è particolarmente vivo; i più se ne servono per comunicare con i familiari, con i colleghi di lavoro e per dar voce ai sentimenti più spontanei.

Il dialetto è una parlata di ambito locale diversa dalla lingua comune.

Da recenti studi risulta che fra alcuni

Dialetti italiani e l'italiano

c'è tanta disuguaglianza linguistica quanta ne corre tra lingue romanze diverse.

Ma perché in Italia si parlano tanti differenti dialetti?

Occorre rifarci alle lingue parlate dai diversi popoli che abitavano la Penisola nel IV secolo a.C. e che rappresentano il sostrato su cui si innesterà il latino dell'etnia dominante.

Alessandro Manzoni

Le varietà di latino che si sono formate nelle diverse regioni dell'Italia antica costituiscono il

Latino volgare

che è all'origine dei dialetti moderni. Infatti dalla caduta dell'Impero Romano d'Occidente (476 d.C.) fino all'unificazione nazionale (1861), tutte le vicissitudini storiche e politiche d'Italia hanno accresciuto le divisioni esistenti tra l'una e l'altra regione, consentendo alle varietà di latino di prendere forma in modo relativamente autonomo le une rispetto alle altre.

Così, quando l'Italia si unificò in un solo Stato, per il 98% della popolazione l'italiano era una lingua straniera.

Firenze, Santa Maria del Fiore. Dante (affresco)

Si è soliti raggruppare i dialetti italiani in: settentrionali, centro-meridionali e meridionali. Dei

Dialetti settentrionali

fanno parte i galloitalici (piemontesi, liguri, lombardi, emiliani), i dialetti veneti e giuliani (Veneto e Venezia Giulia) ed i dialetti emiliano-marchigiani della riviera adriatica. Nei

Dialetti centro-meridionali

sono compresi quelli toscani e quelli marchigiano-umbro-romaneschi. I

Dialetti meridionali

sono costituiti da quelli abruzzesi, campani, pugliesi, lucani, salentini (parlati in provincia di Lecce), calabresi e siciliani.

La loro compattezza nella società italiana, il loro essere lingue vive ha portato alla fioritura di esempi letterari straordinari:

Nel teatro

da quello veneziano di Goldoni a quello napoletano di Eduardo De Filippo, a quello milanese di Dario Fo.

In poesia

da quella milanese di Carlo Porta a quella in siciliano di Ignazio Buttitta, a quella romanesca di Belli e Trilussa, fino a quella napoletana di Salvatore Di Giacomo.

Nel cinema

grandi registi come Visconti, De Sica, Fellini hanno utilizzato spesso e volentieri diversi dialetti, cogliendone le inesauribili possibilità espressive, così come le hanno colte comici ed attori quali il genovese Gilberto Govi, i romani Petrolini, Alberto Sordi, Anna Magnani e Aldo Fabrizi, i fratelli napoletani De Filippo e Totò.

Ritratti di Dante

L'Italia è un crogiuolo di lingue, insomma. Infatti, accanto alle parlate locali, esistono delle comunità la cui lingua non è l'Italiano.

Si tratta di

Isole alloglotte

cioè di gruppi etnici di antico insediamento nella Penisola che continuano a parlare il proprio idioma di origine.

L'*area tedescofona* è situata in Alto Adige, detto anche Tirolo meridionale, e coincide praticamente con la provincia di Bolzano (l'area geografica è stata inclusa entro i confini italiani dopo la Prima Guerra Mondiale).

Altri nuclei tedescofoni esistono nelle province di Trento, Belluno, Verona e Vicenza.

Vi sono poi le comunità *albanesi*, insediate in Italia tra '400 e '500 in seguito alle invasioni turche in Albania, disseminate in vari comuni abruzzesi, in Basilicata, in provincia di Cosenza, Catanzaro, Foggia.

Nuclei *grecofoni* sopravvivono nel Salento e nella Calabria ionica.

Nelle province di Trieste, Gorizia ed Udine sono presenti comunità *slovene*, ovviamente slavofone.

Incunabolo: particolare di una pagina di «Lancillotto del Lago»

In Val d'Aosta, ma anche in provincia di Torino, esistono comunità la cui lingua è detta *franco-provenzale*. Sempre nella provincia di Torino ed in quella di Cuneo troviamo parlate occitaniche affini a quelle della Francia meridionale.

In epoca normanna una colonia valdese, in fuga dal Piemonte a causa di persecuzioni religiose, si stabilì in provincia di Cosenza: da qui la sopravvivenza di un nucleo a Guardia Piemontese, la cui lingua è ancora ricca di elementi provenzali.

Una colonia *catalana* è presente in Sardegna, ad Alghero. Si parla, invece, *ladino* nelle province di Bolzano e di Trento.

A cavallo tra dialetto e lingua troviamo infine le parlate *sarde* e quelle *friulane* che, pur essendo lingue neo-latine, si distinguono per autonomia e particolarità.

> **MORFOLOGIA**
>
> **PERIODO IPOTETICO**   **Preposizione semplice "in"**
> **Concordanza dei modi e dei tempi**
>   **CIVILTÀ.** *Posizione strategica dell'Italia*

– *Discussioni al bar* –

- Ci sono dei momenti ... dei momenti che vorrei avere un *pulsante* ... e che dall'altra parte ci fosse una bomba atomica grande come la luna ... E poi premere ... per far saltare tutto l'universo, diceva uno dei presenti. *bottone, tasto*

- E adesso, domandò il barista con un sorriso, sarebbe uno di quei momenti?

- Se avessi quel pulsante, allora sarebbe il momento giusto, rispose l'interrogato.

Una voce alle sue spalle, timida e sottile, chiamò:

- Signore, signore, se vuole, può farlo ... Ecco!

Chi aveva parlato era un vecchietto un po' *trasandato* seduto ad un tavolo, che teneva sulle ginocchia una grossa borsa. *disordinato, trascurato*

Aprì la borsa, ne trasse un arnese verniciato in grigio su cui *spiccava* un qualcosa che sembrava un tasto del telegrafo. Dall'*ordigno* partiva un filo collegato ad una cassettina simile ad una radio, contenuta appunto nella borsa. *appariva distintamente* / *strano congegno*

- Ecco..., spiegò il vecchietto calmo, se crede, Lei può premere...

- Premere? Perché?

- Ma scusi, ... se non sbaglio, qualche secondo fa, Lei ha detto che Le piacerebbe avere un pulsante e che se dall'altra parte ci fosse stata una bomba atomica ... Lei avrebbe premuto volentieri ... Non ha detto forse così?

- Può darsi, può darsi...!

- Ebbene, ecco il pulsante! Se Lei desidera, non ha che da premere...

- Ma io... io..., disse l'altro *imbarazzato*, io non La conosco... *confuso*

Allora, un uomo senza denti, che si era avvicinato al tavolo, disse:

- Se lui non si fida, lo faccio io...

- No, lui no, rispose il vecchietto, autoritario. Solo questo signore può ... perché è stato lui a richiederlo per primo ...Coraggio! Se schiaccerà, soddisferà il suo desiderio.

- Ma ... ma ..., balbettò l'uomo indicato dal vecchietto, molto imbarazzato, che scherzi son questi? ... Mi lasci in pace ... Io sono un uomo che lavora tutto il giorno ... Non ho voglia di scherzare.

Il vecchietto allora ripose con un sorriso *beffardo* l'apparecchio nella borsa, e tutti i presenti capirono che, a volte, le parole non accompagnano le azioni; e persino nelle cose più *banali* e nelle occasioni più semplici, addirittura scherzose, viene meno il coraggio, se siamo convinti che è in pericolo la nostra vita.

Non sappiamo nemmeno giocare.

Se sapessimo giocare di più, saremmo più felici.

E forse, se in passato avessimo imparato a scherzare, non ci saremmo ritrovati poi senza umorismo.

ironico, canzonatorio

insignificanti

(Adattato da: DINO BUZZATI, *Siamo spiacenti di...*)*

1. Scelta multipla

1. Uno dei clienti del bar afferma che, in certi momenti, vorrebbe
☑pigiare un tasto collegato a una bomba atomica per far esplodere tutto l'universo ☐ far esplodere la luna ☐ premere un pulsante collegato al mondo intero

2. Il barista gli
☐ dice che è possibile farlo ☐ dice che è impossibile farlo ☑ domanda sorridente se è uno di quei momenti per farlo

3. Il vecchietto
☐ tiene sulle ginocchia un arnese su cui spicca un pulsante ☐ estrae dalla borsa un apparecchio con un pulsante ☐ è seduto ed ha una grossa borsa sopra il tavolo

* Per notizie su Dino Buzzati, vedi la sezione *"Scrittori in vetrina"*, a pag. 341.

4. Dall'ordigno

☐ parte un filo ☐ pende una cassettina simile a una radio
☐ parte un filo unito a una cassettina simile ad una radio

5. Il vecchietto

☐ invita il cliente del bar a premere il bottone ☐ ordina al cliente del
bar di premere il pulsante ☐ vorrebbe premere, al posto dell'altro,
il pulsante

6. Il cliente

☐ non dà peso alla proposta ☐ non vuole rispondere alla proposta
☐ è imbarazzato di fronte alla proposta

7. Allora, al suo posto, si offre di compiere l'azione

☐ il vicino di tavolo ☐ un uomo senza denti che si era avvicinato
☐ uno sdentato seduto al tavolo vicino

8. Ma il vecchietto rifiuta perché può farlo solo chi

☐ l'ha chiesto per primo ☐ ha coraggio ☐ sa approfittare della situazion

9. Quando il vecchietto ripone l'apparecchio nella borsa

☐ i presenti capiscono che alle parole sempre seguono i fatti
☐ il barista sorride beffardamente ☐ il cliente capisce che, a volte, le
parole non accompagnano i fatti

10. Spesso, infatti, se la nostra vita è in pericolo

☐ troviamo il coraggio di scherzare ☐ troviamo la maniera di essere feli
☐ perdiamo il coraggio e il senso dell'umorismo

2. Questionario

1. Che cosa dice uno dei clienti del bar? *prima frase*
2. Cosa replica una voce alle sue spalle? *è possibile di farlo*
3. Di chi è quella voce? *Il vecchietto*
4. Che cosa tiene sulle ginocchia il vecchietto? *Tiene una grossa borsa*
5. Quali parole rivolge il vecchietto al cliente che aveva parlato all'inizio?
6. Cosa propone un uomo senza denti? *Se lui non'fida, lo faccio io*
7. Perché il vecchietto risponde di no allo sdentato? *perché lui non è l'uomo che*
8. Qual è la reazione del cliente all'offerta del vecchietto? *ha parlato di farlo.*
9. Quale lezione imparano tutti quelli che sono presenti nel bar? *Parole non sono*
10. Quali sono le situazioni in cui si perde il coraggio? *uguale di azioni*

*Quando uno è confrontato
con un'idea.*

PER L'AUTOCORREZIONE E L'AUTOAPPRENDIMENTO

3. Completare con le forme verbali

1. Se avessi quel pulsante, allora _____ il momento giusto.
2. Signore, signore, se vuole, _____ farlo ... Ecco!
3. Ecco..., spiegò il vecchietto calmo, se crede, Lei _____ premere.
4. Ma scusi, se non sbaglio, qualche secondo fa, Lei ha detto che Le sarebbe piaciuto avere un pulsante e che se dall'altra parte ci fosse stata una bomba atomica ... Lei _____ _____ volentieri.
5. Ebbene, ecco il pulsante! Se Lei desidera, non _____ che da premere.
6. Se lui non si fida, lo _____ io.
7. Coraggio! Se schiaccerà, _____ il suo desiderio.
8. ... persino nelle cose più banali ... _____ meno il coraggio, se siamo convinti che è in pericolo la nostra vita.
9. Se sapessimo giocare di più, _____ più felici.
10. E forse, se in passato avessimo imparato a scherzare, non ci _____ _____ poi senza umorismo.

4. Completare con le forme verbali

1. Se _____ quel pulsante, allora sarebbe il momento giusto, rispose l'interrogato.
2. Signore, signore, se _____, può farlo ... Ecco!
3. Ecco ..., spiegò il vecchietto calmo, se _____, Lei può premere.
4. Se dall'altra parte ci _____ _____ una bomba atomica ... Lei avrebbe premuto volentieri... Non ha detto forse così?
5. Ebbene, ecco il pulsante! Se Lei _____, non ha che da premere...
6. Se lui non si _____, lo faccio io...
7. Coraggio! Se _____, soddisferà il suo desiderio.
8. ... persino nelle cose più banali ... viene meno il coraggio, se _____ convinti che è in pericolo la nostra vita.
9. Se _____ giocare di più, saremmo più felici.
10. E forse, se in passato _____ _____ a scherzare, non ci saremmo ritrovati poi senza umorismo.

5. Completare con il passato remoto

1. E adesso, _____ il barista con un sorriso, sarebbe uno di quei momenti?
2. Se avessi quel pulsante, allora sarebbe il momento giusto, _____ l'interrogato.
3. Una voce alle sue spalle, timida e sottile, _____ - Signore, signore, se vuole, può farlo ... Ecco!
4. _____ la borsa, ne _____ un arnese verniciato in grigio su cui spiccava un qualcosa che sembrava un tasto del telegrafo.
5. Ecco... _____ il vecchietto calmo, se crede, Lei può premere...
6. Ma io ... io ..., _____ l'altro imbarazzato, io non La conosco...
7. Allora, un uomo senza denti, che si era avvicinato al tavolo, _____: - Se lui non si fida, lo faccio io...
8. No, lui no, _____ il vecchietto, autoritario.
9. Ma ... ma , _____ l'uomo indicato dal vecchietto, molto imbarazzato.
10. Il vecchietto allora _____ con un sorriso beffardo l'apparecchio nella borsa, e tutti i presenti _____ che, a volte, le parole non accompagnano le azioni.

6. Completare con i tempi passati

1. Ci sono dei momenti ... dei momenti che vorrei avere un pulsante ... e che dall'altra parte ci fosse una bomba atomica grande come la luna... E poi premere... per far saltare tutto l'universo, _____ uno dei presenti.
2. Chi _____ _____ _____ un vecchietto un po' trasandato seduto ad un tavolo, che _____ sulle ginocchia una grossa borsa.
3. _____ la borsa, ne _____ un arnese verniciato in grigio su cui _____ un qualcosa che _____ un tasto del telegrafo.
4. Dall'ordigno _____ un filo collegato a una cassettina simile ad una radio, contenuta appunto nella borsa.
5. Ma, scusi ... se non sbaglio, qualche secondo fa, Lei ____ _____ che Le piacerebbe avere un pulsante e che se dall'altra parte ci _____ _____ una bomba atomica ... Lei _____ _____ volentieri... Non ___ _____ forse così?
6. Allora, un uomo senza denti, che si _____ _____ al tavolo, disse.
7. Solo questo signore può ... perché _____ _____ lui a richiederlo per primo...

7. Completare con le preposizioni

1. ... E poi premere ... *per* far saltare tutto l'universo, diceva uno *dei* presenti.
2. E adesso, domandò il barista *con* un sorriso, sarebbe uno *di* quei momenti?
3. Una voce *alle* sue spalle, timida e sottile, chiamò.
4. Chi aveva parlato era un vecchietto un po' trasandato, seduto *ad* un tavolo, che teneva *sulle* ginocchia una grossa borsa.
5. Aprì la borsa, ne trasse un arnese verniciato *in* grigio *su* cui spiccava un qualcosa che sembrava un filo *del* telegrafo.
6. *Dall*'ordigno partiva un filo collegato *ad* una cassettina simile *ad* una radio, contenuta appunto *nella* borsa.
7. Solo questo signore può ... perché è stato lui *a* richiederlo *per* primo...
8. Ma ... ma..., balbettò l'uomo indicato *dal* vecchietto, molto imbarazzato.
9. Il vecchietto allora ripose *con* un sorriso beffardo l'apparecchio *nella* borsa.
10. Se sapessimo giocare *di* più, saremmo più felici.

8. Completare liberamente le frasi

1. Ci sono dei momenti in cui ...
2. Se avessi quel pulsante ...
3. Se vuole, Lei ...
4. Era un vecchietto che teneva sulle ginocchia ...
5. Lei ha detto che Le piacerebbe avere ...
6. Se Lei desidera, non ha che da ...
7. Io sono un uomo che ...
8. Non ho voglia di ...
9. Tutti i presenti capirono che ...
10. Se sapessimo giocare di più ...

9. Fare le domande

1. Perché il cliente del bar voleva una bomba?

2. _____?

3. _____?

4. _____?

5. _____
   _____?

6. _____
   _____?

7. _____?

8. _____?

9. _____
   _____?

10. _____
    _____?

– Per far saltare tutto l'universo.

– Una voce timida e sottile.
– Era un vecchietto.
– Era seduto a un tavolo.
– Teneva sulle ginocchia una grossa borsa.
– Ne trasse un arnese verniciato in grigio.
– Sembrava un tasto del telegrafo.
– L'uomo era senza denti.
– Il vecchietto ripose l'apparecchio nella borsa.
– Capirono che le parole non accompagnano le azioni.

10. Per la composizione scritta

1. Tra il dire e il fare ...

2. Spesso i grandi propositi cadono nel ridicolo di fronte alla paura.

3. È facile dire: "Vorrei ..., potrei ..., farei ..." ma poi, in pratica, nella vita di tutti i giorni le cose procedono diversamente.

SINTESI GRAMMATICALE

PERIODO IPOTETICO
Concordanza dei modi e dei tempi
Preposizione semplice "in"

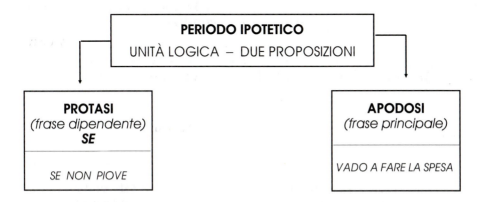

La PROTASI esprime l' IPOTESI o la CONDIZIONE *(se non piove)*
L'APODOSI esprime la CONSEGUENZA *(vado a fare la spesa)*

L'ORDINE dei due membri non è fisso
     Se gli telefoni (frase dipendente), *gli fai piacere* (frase principale)
     Gli fai piacere (frase principale), *se gli telefoni* (frase dipendente)

La congiunzione che introduce la protasi è normalmente SE.
Si possono avere anche altre congiunzioni e locuzioni, in un registro di lingua più
     formale: **qualora, laddove, ammesso che, purché, nell'ipotesi che/in cui,**
     nel caso che/in cui, a condizione che, a patto che, nell'eventualità che,
     ecc.; che reggono tutte il congiuntivo.

     Lo faremmo volentieri, nel caso in cui voi ci offriste una reale collaborazione
     Supposto che non avessimo avuto alcun contrattempo, avremmo senz'altro
       rispettato l'impegno
     Laddove fossero loro a richiederlo, non avremmo nulla da obiettare
     Qualora ci avessero avvertito in tempo, avremmo certamente partecipato
       anche noi

IL PERIODO IPOTETICO È DI TRE TIPI

I -	**REALTÀ**	- L'ipotesi è data come **reale**. Si usa il modo **indicativo** o imperativo (nell'apodosi)
II -	**POSSIBILITÀ**	- L'ipotesi è data come **possibile**. Si usano il **congiuntivo** (protasi) e il **condizionale** o imperativo (apodosi)
III -	**IMPOSSIBILITÀ**	- L'ipotesi è data come **impossibile**. Si usano il **congiuntivo** (protasi) e il **condizionale** (apodosi)

PERIODO IPOTETICO DI 1º TIPO O DELLA REALTÀ

I tempi usati sono

PROTASI - condizione (frase dipendente)		APODOSI - conseguenza (frase principale)
SE	indicativo presente indicativo futuro indicativo passato prossimo indicativo futuro anteriore	indicativo presente indicativo futuro imperativo

L'ipotesi è presentata come REALE. I tempi del modo indicativo si possono combinare in vario modo.

PRESENTE - PRESENTE
> *Se studi di più, questo esame lo superi di sicuro!*
> *Se esci subito, fai ancora in tempo*
> *Se mi presti la macchina, ti faccio il pieno*
> *Se me lo spieghi bene, riesco a capirlo*

FUTURO - FUTURO (l'ipotesi è collocata nel futuro; il futuro ha per lo più un valore di "previsione")
> *Se mi farai questo favore, te ne sarò grata per tutta la vita*
> *Se mi darai istruzioni precise, le seguirò alla lettera*

Se in un domani lui mi chiederà di aiutarlo, non saprò dirgli di no
Se verrai a trovarci, ci farai tutti felici

PRESENTE - FUTURO (supposizione presente, conseguenza futura)
 Se glielo chiedi, ti aiuterà certamente
 Se restiamo tutti uniti, ce la faremo a superare le difficoltà
 Se iniziamo subito, riusciremo a finire in tempo

PASSATO PROSSIMO - PRESENTE/FUTURO/PASSATO PROSSIMO (dell'ipotesi, collocata nel passato, è marcata l'anteriorità)
 Se non hai capito, te lo rispiego
 Se hai fatto il tuo dovere, sarai ricompensato
 Se non lo hai potuto finire, lo finirò io
 Se gli hai detto la verità, lo ha sicuramente apprezzato

FUTURO ANTERIORE - FUTURO (dell'ipotesi, collocata nel futuro, è marcata l'anteriorità)
 Se avrete finito per le otto, andremo al cinema
 Se saremo riusciti nel nostro compito, avremo un lauto compenso

PRESENTE/FUTURO/PASSATO PROSSIMO/FUTURO ANTERIORE - IMPERATIVO

L'imperativo dell'apodosi si può combinare con ogni tempo

 Se non puoi venire, telefonami!
 Se vincerai alla lotteria, non dirlo a nessuno!
 Se hai fatto ore di straordinario, fattele pagare!
 Se avrete trovato il posto, comunicatecelo!

PERIODO IPOTETICO DI 2° TIPO O DELLA POSSIBILITÀ

I tempi usati sono

PROTASI - condizione (frase dipendente)		APODOSI - conseguenza (frase principale)
SE	congiuntivo imperfetto	condizionale semplice imperativo

L'ipotesi, espressa dalla protasi

1. è una condizione che non si sa se verrà confermata, ma tuttavia è auspicabile (possibile)

2. è una condizione sperabile, presentata come eventuale [1]

> *Se tu gli confidassi questo segreto, ti capirebbe senz'altro*
> *Se glielo chiedessi con la forma dovuta, non saprebbe dirti di no*
> *Se lo andaste a trovare, gli fareste un immenso piacere*
> *Se non dovesse essere promosso, sarebbe un grande dispiacere per i suoi*
> *Se lei dovesse licenziarsi, ci metterebbe nei guai*
>
> *Se dovesse tornarle la febbre, prenda 20 di queste gocce!*
> *Se non ti dovesse rispondere, riprova a telefonare nel pomeriggio*
> *Se avessi bisogno di me, chiamami in qualsiasi momento*
> *Se le servisse un prestito, non faccia complimenti*
>
> *Se fossi in te, partirei domani*
> *Se fossi io il direttore, cambierei tutto!*
> *Se fossi il padrone del mondo, abolirei tutte le guerre*
> *Se avessi i soldi, mi comprerei una Jaguar!*
> *Se solo potessi, smetterei di lavorare*

PERIODO IPOTETICO DI 3° TIPO O DELLA IMPOSSIBILITÀ

I tempi usati sono

PROTASI - condizione (frase dipendente)		APODOSI - conseguenza (frase principale)
SE	congiuntivo trapassato	condizionale composto
	congiuntivo imperfetto	condizionale semplice
	indicativo imperfetto (lingua parlata)	indicativo imperfetto (lingua parlata)

[1] Secondo il contesto, potrebbe appartenere anche al 3° tipo: Es.: *Se non fossi malato, verrei con te. Se avessi abbastanza denaro, comprerei una casa. Se fossi Dante, scriverei una nuova Divina Commedia* (ipotesi assurda)

1. L'ipotesi e la conseguenza sono collocate nel passato, e le condizioni della protasi non sono più realizzabili o sono assurde (impossibili).

   Se glielo avessi chiesto, ti avrebbe senz'altro aiutato
   (ma tu non glielo hai chiesto, così non ti ha aiutato)
   Se solo ne avessi avuto il tempo, ci sarei venuto!
   (ma non ce l'ho avuto, così non ci sono venuto)
   Se non avessi trovato questo taxi, avrei perso il treno
   (ma l'ho trovato, così non l'ho perso)

   In un registro linguistico colloquiale (LINGUA PARLATA), si usa **l'indicativo imperfetto** (sia nella protasi che nell'apodosi)

   Se lo sapevo, non ci venivo!
   Se me lo dicevi, ti ci accompagnavo!
   Se era una persona perbene, non si comportava in quel modo!
   Se glielo chiedevi, te la dava lui una mano!

2. L'ipotesi, collocata nel passato, è stata irrealizzabile e la conseguenza è quella che si ripercuote nel presente.

   Se a suo tempo avessi studiato di più, ora ti sentiresti un po' più tranquillo
   Se non avessimo sprecato tanti soldi, ora ci troveremmo molto meglio
   Se tu non l'avessi trattata così male, ora non saresti solo

3. L'ipotesi è una condizione irreale, valida nel passato come nel presente, e ha dato luogo a quella conseguenza nel passato.

   Se fosse una persona seria, non si sarebbe comportato così con te
   Se davvero fosse ricco, non si sarebbe comprato una macchina di seconda mano
   Se fossimo soddisfatti, non avremmo scioperato

OSSERVAZIONI

1. La condizione (protasi) può essere espressa da un verbo al **gerundio**, al **participio** o all'**infinito**.

   Continuando con questo ritmo, non sarà possibile finire il lavoro (se continuiamo...)
   Volendo, si potrebbe anche fare (se vogliamo/se si vuole/se si volesse...)
   Ci rivedremo l'anno prossimo, a Dio piacendo (se piace a Dio...)
   Superato l'esame, tutto diventerà più facile (se supererò/se supererai...)
   A dar retta a lui, non ci sarebbero difficoltà (se dessimo retta/se si desse...)
   A sentir lui, ha sempre ragione

2. A volte il periodo ipotetico si presenta come ellittico, cioè privo o della condizione o della conseguenza (che però possono essere facilmente ricostruite in base al contesto).

Ah, se avessi tanti soldi!... (farei tante cose)
Quasi quasi prenderei un gelato... (se tu me l'offrissi)
Se ti decidessi finalmente a lavorare... (sarebbe proprio ora)
Se me l'avessi detto... (ne avrei tenuto conto)

3. A volte la condizione può essere espressa soltanto da un complemento.

In situazioni diverse (se si fossero verificate situazioni diverse) *la cosa si sarebbe risolta con facilità*
Tu, al mio posto (se fossi stato in me), *cosa avresti fatto?*

PREPOSIZIONE SEMPLICE "IN"

1. Funzioni e valori

"IN" dà sempre l'idea generale di collocazione interna o di inserimento, entrata, ingresso, nel tempo e nello spazio. Indica, cioè, qualcosa che sta dentro o entra dentro.

Stato in luogo	*Qui in Italia.* (Si ha sempre "in" non articolato con i nomi di nazione al singolare e di continente). *Studio in biblioteca e non a casa*
Moto a luogo	*Per entrare in casa mi servono due chiavi come per entrare in segreteria*
Moto per luogo	*Ha viaggiato in tutto il mondo*
Tempo determinato	*Ritornerò in estate e sbrigherò tutto in un mese* *Non è un lavoro che si può fare in poche ore*
Modo/maniera	*Desiderano starsene in pace, in pantofole, e non vogliono comportarsi in altro modo*
Limitazione	*È sempre stato bravo in matematica e si è laureato in ingegneria*
Materia	*Si tratta di una scultura in marmo*
Fine/scopo	*La signora ha ricevuto in dono un mazzo di rose* *Ha preso in affitto una camera*
Mezzo	*Preferisco andare in treno che in macchina*

2. Locuzioni avverbiali

In fin dei conti	in sostanza	in fondo,	in ogni modo
in conclusione	in definitiva	in (buona) parte	in genere
in effetti	in realtà	in particolare	in apparenza
in caso di	in breve	in fretta	in media
in coscienza	in compenso	in men che non si dica	in pubblico
in privato	in un battibaleno	in totale	in una volta
di tanto in tanto	di quando in quando	in seguito	di punto in bianco
ecc.			

3. Locuzioni prepositive

In cima a	in base a	in riferimento a	in relazione a
in seguito a	in quanto a	in mezzo a	in ragione di
in compagnia di	in virtù di	in cambio di	in conseguenza di
in armonia con	in collaborazione con	in meno di	in previsione di
in difesa di	in occasione di	ecc.	

4. Locuzioni congiuntive

In quanto (a)	in modo che	in procinto di	in atto di
in attesa di	ecc.		

5. Fraseologia

Mettere in atto	essere/stare in attesa	essere in arrivo
lasciare in bianco	passare una notte in bianco	sposarsi in bianco
andare di bene in meglio	essere in corso (di stampa)	trovarsi in cattive acque
mettere in chiaro	lasciare/piantare in asso	mettere in castigo
essere in conformità	essere in congedo	partire in quarta
essere in permesso	essere in vacanza	passare in cavalleria

prendere in considerazione

essere in crisi

salvarsi in corner

trovarsi in disaccordo

mettere in ordine

essere in vena

essere in partenza

essere povero in
canna

essere in lotta

essere in sciopero

essere in bolletta

saltare di palo in
frasca

avere l'acquolina in
bocca

avere in programma

stare/essere in ansia

entrare in vigore

essere in stato
interessante

essere in anticipo

essere in bilico

essere in concomitanza

avere voce in capitolo

essere in contatto

essere in cura

starsene in disparte

tirare i remi in barca

mettere in funzione

prendere in giro

taci! Acqua in bocca!

essere in gamba

essere in forse

prendere in parola

essere in passivo

affogare in un bicchier
d'acqua

essere in alto mare

fare/costruire castelli
in aria

assumere in pianta
stabile

mettere in piazza

farsi in quattro

essere in ritardo

essere in orario

essere in equilibrio

chiudersi in una
torre d'avorio

prendere in contropiede

essere/trovarsi/mettere
in difficoltà

lasciare in deposito

essere in grado

stare/mettere
in guardia

tenere in poco

in gran conto

essere in pericolo

non stare né in cielo
né in terra

allevare una serpe
in seno

essere in possesso

mettere in salvo

centrare in pieno

starsene con le mani
in mano

essere in panne

tenere il piede in due
staffe

essere/andare in giro

essere in contrasto

ecc.

ELEMENTI DI CIVILTÀ

Posizione strategica dell'Italia

Non è sicuramente un caso che in questo suo racconto lo scrittore Dino Buzzati abbia scelto come tema

La bomba atomica:

in piena guerra fredda (anni Settanta), nel reciproco fronteggiarsi armato dei due grandi schieramenti, Nato e Paesi del Patto di Varsavia, nella totale assenza di dialogo diplomatico tra i blocchi, la vera protagonista della scena internazionale era purtroppo la bomba più micidiale di allora.

La paura,

il senso d'allarme collettivo, il dibattito fra gli intellettuali sul destino del pianeta erano al centro dei pensieri di tutti.

L'Italia, ultimo avamposto delle Forze Atlantiche nel Mediterraneo, dilaniata internamente dal terrorismo di destra e di sinistra, si avviava verso una fase buia della propria storia.

La natalità decresceva sensibilmente, sintomo di una sfiducia e di una insicurezza di portata sia nazionale che mondiale.

Al centro di quello che i Latini chiamavano "Mare nostrum" (il Mediterraneo), l'Italia nell'ultimo cinquantennio ha avuto

La presenza dell'Italia negli organismi internazionali

Un ruolo strategico

che le ha permesso di svolgere un compito rilevante negli equilibri internazionali, ben al di là di quanto si potesse attendere da un Paese fanalino di coda dell' Europa, uscito sconfitto dalla Seconda Guerra Mondiale e non molto ricco.

Invece, la nostra Penisola si è trovata nel cuore geografico che divideva gli interessi dell'Est da quelli dell'Ovest, mettendo in risalto le disparità del Nord e del Sud; anzi ha vissuto essa stessa, nel proprio territorio, le contraddizioni e le divergenze, politiche e caratteriali, tra gli schieramenti ideologici e tra le varie tipologie umane.

Come ha avuto per lungo tempo al suo interno, accanto ad una maggioranza governativa ancorata al

Esercitazione della Marina Italiana nel Mediterraneo

Patto Atlantico,

un'opposizione rappresentata dal Partito Comunista più forte d'Occidente, così continua ad avere un Nord industrializzato tipicamente europeo, accanto ad un Sud mediterraneo, agricolo e un po' chiuso.

Dopo il crollo del Muro di Berlino, la rivoluzione "pacifica" dell' '89 e lo smantellamento in atto, da parte delle due Superpotenze, degli arsenali nucleari, l'Italia può ancora giocare un ruolo ragguardevole nel panorama mondiale, in quanto si trova ad essere uno straordinario campo d'osservazione su come possano convivere ed integrarsi culture tanto diverse.

Protesa verso

L'Europa Comunitaria,

vede, infatti, affacciarsi ai confini orientali profughi ex-comunisti in cerca di un Eldorado in Occidente.

L' Italia: punto di equilibrio tra Europa e Nord-Africa e tra Est ed Ovest

Alle porte del Duemila,

l'Italia non può del resto dimenticare che è attraverso il benessere diffuso capillarmente che si rafforzano le strutture pluralistiche di una democrazia.

Pertanto, solo grazie ad una mano tesa (non caritatevole, ma d'aiuto) allo scambio ed allo sviluppo, si potrà consolidare un vero equilibrio al di qua e al di là del Mediterraneo. Spetterà ancora a lei, finestra dell'Occidente, gettare

Un ponte

che avvicini le diversità, che avvicini Europa, Asia ed Africa, il mondo islamico a quello cristiano, riconfermandosi, in definitiva, quel crocevia di incontri culturali e di tendenze umanitarie che è sempre stata.

MORFOLOGIA

NOME	**Alterato, astratto, collettivo**
Genere del nome	**Plurale del nome composto**
Formazione del femminile	**Preposizione semplice "con"**
Formazione del plurale	

CIVILTÀ. *L'Italia del Turismo*

— Il dono d'oltreoceano —

Giovanni aveva lasciato il suo paese, nel Sud dell'Italia, molti anni fa. Era *scappato,* come molti altri suoi compaesani, per causa della *siccità* che aveva rovinato i raccolti e ridotto alla fame tutta la sua regione.   *fuggito* / *mancanza d'acqua*

Prima di *rassegnarsi ad espatriare,* Giovanni aveva provato a chiedere aiuto al suo amico Alberto, che lavorava come portalettere in una cittadina del Nord. Avrebbe anche lui voluto girare di casa in casa con un borsone pieno di posta da distribuire. Era certamente meno faticoso che lavorare i campi, e poi erano così belli tutti quei francobolli colorati!   *dichiararsi disposto ad emigrare*

Ma il suo amico, quel *guastafeste,* non aveva voluto aiutarlo. Diceva che Giovanni era uno *scansa- fatiche,* e che non era adatto ad un lavoro di responsabilità come quello.   *persona importuna* / *pigro, fannullone*

Dopo molt*i battibecchi* con l'amico, Giovanni aveva infine deciso di andare in giro per il mondo in cerca di fortuna.   *discussioni, bisticci*

Era partito con un fagotto di vestiti, un *parapioggia* e tanta buona volontà. Aveva fatto mille mestieri, fino a quando non aveva avuto un colpo di fortuna: nel folto della foresta brasiliana aveva scoperto una piccola miniera d'oro abbandonata. Sotto strati e strati di terra c'era ancora un ricco *filone* del prezioso minerale.   *ombrello* / *vena principale (miniera)*

Si era così *stabilito* in quel Paese, e nel giro di qualche anno era riuscito a mettere insieme una fortuna.   *era andato ad abitare*

Ora girava con un macchinone americano lungo cinque metri. Le sue casseforti erano piene zeppe d'oro, argento e pietre preziose e tutti lo trattavano con grande rispetto.

Anche l'amico Alberto, saputo che Giovanni era diventato un gran riccone, gli scriveva lettere affettuosissime, nelle quali lo pregava di venirlo a trovare in Italia, ospite nella sua casa.

Dopo molte *esitazioni,* Giovanni decise di accettare. Il suo animo non era malvagio e non serbava rancore.   *dubbi, incertezze*

Ma aveva una gran voglia di fare all'amico un bello scherzetto.

Arrivato in Italia, Giovanni si presentò a casa di Alberto con un'infinità di bagagli, che a stento entravano nel piccolo soggiorno dell'appartamento dell'amico.

Tra i bagagli c'era uno strano pacco a forma di cilindro pieno di *forellini* circolari...   *piccoli buchi*

Giovanni l'appoggiò con cura sopra un tavolino e annunciò con aria solenne ad Alberto che quello era un dono per lui: qualcosa di tipico del Brasile, che gli avrebbe fatto certamente una grande impressione.

Alberto guardò con espressione di curiosità il pacco misterioso, cercando di immaginarne il contenuto: sapeva che il Brasile era famoso in tutto il mondo non solo per il caffè e la samba, ma anche per i suoi *giacimenti* d'oro, argento, pietre preziose...   *strati nel terreno (minerali)*

Si avvicinò con gli occhi brillanti di desiderio e cominciò a sollevare i molti strati di carta da pacchi della confezione.

Quando l'ultimo strato di carta cadde a terra, Alberto restò senza parole. Gli apparve una grossa gabbia di metallo, di quelle per gli uccelli. All'interno della gabbia, aggrappato ad un *trespolo* di legno, un pappagallino dal piumaggio colorato si dondolava pigramente.   *sostegno, supporto*

Il pappagallo guardò Alberto con gli occhietti socchiusi e sembrava salutarlo con un *beffardo:* "Chi fa da sé, fa per tre!".   *ironico, canzonatorio*

1. Scelta multipla

1. Giovanni aveva lasciato il suo paese situato nell'Italia
   ❑ Meridionale ❑ Centrale ❑ Settentrionale

2. Se ne era andato per causa della
   ❑ mancanza d'acqua ❑ disoccupazione ❑ mafia

3. L'amico lavorava come
   ❑ fattorino in banca ❑ postino ❑ cameriere d'albergo

4. L'amico diceva che Giovanni era
   ❑ un guastafeste ❑ uno che non amava il lavoro ❑ un buono a nulla

5. Giovanni aveva deciso di lasciare l'Italia in cerca di
   ❑ gloria ❑ fortuna ❑ un posto fisso

6. Nel giro di qualche anno era riuscito a mettere insieme
   ❑ il pranzo con la cena ❑ tanta ricchezza ❑ un po' di denaro

7. Giovanni aveva una gran voglia di
   ❑ vendicarsi dell'amico ❑ prendere un po' in giro l'amico ❑ fare un
   regalo all'amico

8. Alberto guardò il pacco misterioso con
   ❑ qualche sospetto ❑ occhi pieni di curiosità ❑ ansia e timore

9. Sapeva che il Brasile era famoso nel mondo
   ❑ non solo per il caffè ❑ solo per il caffè ❑ più per i giacimenti d'oro
   che per il caffè

10. Il pappagallo guardò Alberto e sembrava salutarlo con
    ❑ "Chi tardi arriva male alloggia" ❑ "Chi prima non pensa dopo sospira"
    ❑ "Chi fa da sé, fa per tre"

2. Questionario

1. Perché Giovanni aveva lasciato il suo paese?
2. Prima di partire per l'estero, a chi aveva chiesto aiuto e perché?
3. Perché l'amico non aveva voluto aiutarlo?
4. Che cosa portava con sé alla partenza?
5. Quale fu il colpo di fortuna per Giovanni?
6. Come viveva Giovanni dopo il colpo di fortuna?
7. Perché l'atteggiamento di Alberto nei confronti di Giovanni muta radicalmente?
8. Quale scherzo organizza Giovanni?
9. Che cosa si aspetta Alberto di fronte a tanti bagagli?
10. Che cosa sembra dire il pappagallo?

PER L'AUTOCORREZIONE E L'AUTOAPPRENDIMENTO

3. Completare con il nome comune

1. Giovanni aveva lasciato il suo _____, situato nel Sud d'Italia, molti _____ fa.
2. Era scappato come molti altri suoi _____ .
3. La siccità aveva rovinato i _____ e ridotto alla fame tutta la sua _____.
4. Alberto lavorava come portalettere in una _____ del Nord.
5. Giovanni aveva deciso di lasciare l'Italia e andare in _____ per il _____ in cerca di fortuna.
6. Aveva fatto mille _____ .
7. Nel _____ della _____ brasiliana aveva scoperto una piccola _____ d'oro abbandonata.
8. Sotto _____ e _____ di _____ c'era ancora un ricco filone del prezioso _____ .

9. Lo pregava di venirlo a trovare in Italia, _____ nella sua _____ .
10. I bagagli a stento entravano nel piccolo _____ dell'_____ dell'_____ .

4. Completare con il nome composto

1. L'amico Alberto lavorava come _____ in una cittadina del Nord.
2. E poi erano così belli tutti quei _____ colorati!
3. Ma il suo amico, quel _____ , non aveva voluto aiutarlo.
4. Diceva che Giovanni era uno _____ .
5. Dopo molti _____ con l'amico, Giovanni aveva deciso di andare in giro per il mondo.
6. Era partito con un fagotto di vestiti, un _____ e tanta buona volontà.
7. Le sue _____ erano piene zeppe d'oro, argento, pietre preziose.

5. Completare con il nome alterato

1. Alberto lavorava come portalettere in una _____ del Nord.
2. Avrebbe voluto anche lui girare di casa in casa con un _____ pieno di posta.
3. Ora girava con un _____ americano lungo cinque metri.
4. Anche l'amico Alberto, saputo che Giovanni era diventato un gran _____ , gli scriveva lettere.
5. Aveva una gran voglia di fare all'amico un bello _____ .
6. Tra i bagagli c'era uno strano pacco a forma di cilindro pieno di _____ circolari.
7. Giovanni l'appoggiò con cura sopra un _____ .
8. Un _____ dal piumaggio colorato si dondolava pigramente.
9. Il pappagallo guardò Alberto con gli _____ socchiusi.

6. Completare con il nome astratto

1. La siccità aveva rovinato i raccolti e ridotto alla _____ tutta la regione.
2. Diceva che Giovanni non era adatto ad un lavoro di _____ come quello.
3. Giovanni aveva deciso di andare in giro per il mondo in cerca di _____ .

4. Era partito con un fagotto di vestiti, un parapioggia e tanta buona _____.
5. Tutti lo trattavano con grande _____.
6. Dopo molte _____ Giovanni decise di accettare.
7. Il suo _____ non era malvagio e non serbava _____, ma aveva una gran _____ di fare un bello scherzetto all'amico.
8. Giovanni si presentò a casa di Alberto con un'_____ di bagagli.
9. Giovanni l'appoggiò con _____ sopra un tavolino e annunciò con _____ solenne.
10. Quel dono gli avrebbe fatto certamente una grande _____.

7. Completare con le preposizioni

1. Giovanni aveva lasciato il suo paese situato _____ Sud _____ ' Italia.
2. Era scappato, come molti altri suoi compaesani, ____ causa _____ siccità.
3. Prima ____ rassegnarsi ____ espatriare, Giovanni aveva provato ____ chiedere aiuto _____ suo amico Alberto.
4. Avrebbe anche lui voluto girare ____ casa ____ casa ____ un borsone pieno ____ posta ____ distribuire.
5. Dopo molti battibecchi _____ l'amico, Giovanni aveva infine deciso _____ andare ___ giro _____ il mondo _____ cerca _____ fortuna.
6. _____ folto _____ foresta brasiliana aveva scoperto una piccola miniera ____'oro abbandonata.
7. Si era così stabilito ____ quel Paese, e _____ giro _____ qualche anno era riuscito _____ mettere insieme una fortuna.
8. Alberto gli scriveva lettere affettuosissime, _____ quali lo pregava _____ venirlo ____ trovare _____ Italia, ospite _____ sua casa.
9. Arrivato ____ Italia, Giovanni si presentò ____ casa ____ Alberto _____ un'infinità _____ bagagli, che ____ stento entravano _____ piccolo soggiorno _____'appartamento _____'amico.
10. _____ i bagagli c'era uno strano pacco _____ forma ____ cilindro pieno _____ forellini circolari.
11. Giovanni l'appoggiò _____ cura sopra un tavolino e annunciò ____ aria solenne ____ Alberto che quello era un dono ____ lui: qualcosa _____ tipico ____ Brasile.
12. Si avvicinò _____ gli occhi brillanti _____ desiderio e cominciò _____ sollevare i molti strati _____ carta _____ pacchi _____ confezione.
13. Quando l'ultimo strato _____ carta cadde _____ terra, Alberto restò senza parole.
14. Gli apparve una grossa gabbia _____ metallo, _____ quelle _____ gli uccelli.

15. _____'interno _____ gabbia, aggrappato ____ un trespolo _____ legno, un pappagallino _____ piumaggio colorato si dondolava pigramente.

8. Completare liberamente le frasi

1. Era scappato come molti suoi compaesani per ...
2. Prima di rassegnarsi a ...
3. Aveva provato a chiedere aiuto a ...
4. Ma il suo amico, quel guastafeste, non aveva voluto ...
5. Diceva che Giovanni era ...
6. Diceva che Giovanni non era adatto a ...
7. Nel folto della foresta brasiliana aveva scoperto ...
8. Nel giro di qualche anno era riuscito a ...
9. Gli scriveva lettere affettuosissime nelle quali lo pregava di ...
10. Dopo molte esitazioni Giovanni decise di ...

9. Fare le domande

1. Dov'era il suo paese?   Nel Sud d'Italia.
2. _____?   Per causa della siccità.
3. _____?   Aveva chiesto aiuto al suo amico.
4. _____?   Lavorava come portalettere.
5. _____?   Un filone d'oro.
6. _____?   Con un macchinone americano.
7. _____?   Cinque metri.
8. _____?   C'era oro, argento e pietre preziose.
9. _____?   Con grande rispetto.
10. _____?   "Chi fa da sé, fa per tre".

10. Per la composizione scritta

1. Conosci o hai sentito parlare di qualche personaggio italiano famoso del passato o contemporaneo? Parlane.

2. Prima di venire a contatto con l'Italia quale idea ne avevi?

3. Quando hai incominciato ad interessarti alle cose italiane e perché?

SINTESI GRAMMATICALE

NOME
Genere e numero del nome
Formazione del femminile
Formazione del plurale
Alterato, astratto, collettivo
Plurale del nome composto
Preposizione semplice "con"

GENERE DEL NOME

Tutti i nomi, in relazione al GENERE, sono o **maschili** o **femminili**.
Nella maggior parte dei casi non vi sono ragioni logiche per cui alcuni nomi siano
   maschili e altri femminili.

Normalmente sono femminili i nomi che designano esseri di sesso femminile
   la mamma, la professoressa, la gatta
e viceversa
   il papà, il professore, il gatto

A volte, però, genere naturale e genere grammaticale non coincidono
   la guardia, la spia (maschile)
   il soprano (femminile)
In questi casi l'accordo con l'aggettivo viene fatto sulla base del genere grammaticale, e non naturale
   *una guardi**a** coscienzios**a***
   *un brav**o** soprano*

Per quanto riguarda i nomi indicanti cose (oggetti o concetti astratti), mancando in
   italiano il genere neutro, la scelta tra maschile e femminile è determinata
   solamente dall'uso o dalla tradizione grammaticale e non da un presunto
   concetto di mascolinità o femminilità nel loro significato.
Gli elementi che possono aiutare a capire il genere di un nome, tuttavia, sono due:
   la **terminazione** e il **significato**.

La TERMINAZIONE di un sostantivo può indicarci che i nomi in

-o sono quasi tutti maschili: *il marito, il terrazzo, il tavolo, lo spettacolo,* ecc.;
   e ci sono parole femminili in **-o** quali: *la mano, la foto, la radio, l'auto,* ecc.

-A sono generalmente femminili: *la stanza, la finestra, la donna, la sera, la lucertola*, ecc.

non mancano, però, maschili: *il papa, il problema, l'autista, il diploma, il profeta, il telegramma, il dramma, il sistema*, ecc.

-E possono essere maschili: *l'animale, lo spettatore, il sole, l'ombrellone, il mare, l'amore*, ecc.

o femminili: *la collezione, la luce, l'emozione, la pace, l'attenzione, la madre*, ecc.

-I, **-U** possono essere femminili: *l'ipotesi, la crisi, la gru, l'oasi, la virtù*, ecc.

ve ne sono tuttavia anche di maschili: *il brindisi, il tabù*, ecc.

I sostantivi terminanti **in consonante** sono in generale maschili: *lo sport, il bar, il film, l'autobus, il tram*, ecc.

Il SIGNIFICATO di un sostantivo può indicarci che:

1. Sono di solito MASCHILI
   - i nomi di persone o animali che si riferiscono a maschi: *uomo, attore, ragazzo, gatto, leone*, ecc.
   - i nomi degli alberi: *il melo, il pero, il ciliegio, l'ulivo*, ecc. Alcuni, però, sono femminili: *la quercia, la vite, la palma*, ecc.
   - i nomi dei fiumi, laghi, mari, monti: *il Cervino, il Tevere, il Po, il Garda, il Trasimeno, il Tirreno, il Mediterraneo, l'Atlantico*, ecc. Pochi sono femminili: *le Alpi, la Senna, la Dora, le Dolomiti*, ecc.
   - i nomi dei punti cardinali: *il Nord, l'Ovest, il Settentrione, l'Oriente*, ecc.
   - i nomi dei mesi e dei giorni della settimana: *aprile, maggio, dicembre, il lunedì, il sabato*, ecc.; eccezione: *la domenica*.
   - i nomi dei metalli e degli elementi chimici: *il bronzo, l'oro, l'argento, l'ozono, il carbonio, il calcio*, ecc.
   - i nomi delle dita: *il pollice, l'indice, il medio, l'anulare, il mignolo, l'alluce* (perché tutti fanno riferimento a *dito*)
   - I nomi dei club sportivi, quando contengono il nome della città: *il Torino, il Milan, il Genoa, il Palermo*, ecc.; eccezione: *la Roma*.

2. Sono di solito FEMMINILI
   - i nomi di persone o di animali che si riferiscono a femmine: *la donna, l'attrice, la ragazza, la gatta, la pecora, la lucertola*, ecc.
   - i nomi dei frutti: *la pera, la mela, l'oliva, l'arancia, la ciliegia*, ecc.; ma sono molti anche i maschili: *il cedro, il mandarino, il limone, il fico, il mango, il dattero*, ecc.
   - i nomi di città, regioni, nazioni, continenti, isole: *Milano, Firenze, Pisa, Liguria, Sicilia, Spagna, Inghilterra, Australia, Europa*, ecc.

Sono numerose le eccezioni
- regioni italiane: *il Piemonte, il Lazio, l'Abruzzo, il Molise, il Trentino-Alto Adige, il Veneto, il Friuli*, ecc.; regioni estere: *il Brandeburgo, il Baden-Wurtenberg*, ecc.; nazioni: *il Giappone, il Belgio, il Venezuela, il Camerun, il Brasile, il Perù*, ecc.; isole: *il Madagascar*, ecc.; città: *il Cairo*, ecc.
- i nomi di scienze e di discipline scolastiche: *la filosofia, la matematica, la chimica, la storia*, ecc.; ma: *il diritto*, ecc.

3. PASSAGGIO **dal maschile al femminile** e **dal femminile al maschile.**

Il cambio delle terminazioni nel passaggio dal maschile al femminile (e viceversa), avviene in diversi modi:

- con la **sostituzione del termine**

MASCHILE	⇨	FEMMINILE
l'uomo		*la donna*
il marito		*la moglie*
il genero		*la nuora*
il fratello	⇨	*la sorella*
il maschio		*la femmina*
il frate		*la suora*
il babbo / papà		*la mamma*
il padre		*la madre*

- con la **sostituzione dell'articolo i nomi in:** -ISTA / -CIDA / -IATRA

il farmacista		*la farmacista*
il giornalista		*la giornalista*
lo specialista		*la specialista*
il pianista	⇨	*la pianista*
il suicida		*la suicida*
il matricida		*la matricida*
il pediatra		*la pediatra*
lo psichiatra		*la psichiatra*

- con la **sostituzione dell'articolo i nomi in** -E / -A

l'erede (lo)		*l'erede (la)*
il preside		*la preside*
il nipote	⇨	*la nipote*
il consorte		*la consorte*
il pilota		*la pilota*

– con la **sostituzione dell'articolo i nomi in** -NTE

il cantante l'aspirante (lo) il deficiente il negoziante il nonvedente	⇨	la cantante l'aspirante (la) la deficiente la negoziante la nonvedente

– con il passaggio da -O ad -A

il nonno il maestro lo zio	⇨	la nonna la maestra la zia

– con il passaggio da -E ad -A

il signore il cameriere il portiere l'infermiere (lo)	⇨	la signora la cameriera la portiera l'infermiera (la)

– con il passaggio da -E ad -ESSA

il professore lo studente l'elefante il leone il conte	⇨	la professoressa la studentessa l'elefantessa la leonessa la contessa

– con il passaggio da -A ad -ESSA

il poeta il profeta	⇨	la poetessa la profetessa

– con il passaggio da -TORE a -TRICE

l'attore il direttore il pittore il lettore lo spettatore	⇨	l'attrice la direttrice la pittrice la lettrice la spettatrice

– con il passaggio da **-TORE** a **-TORA**

il pastore *il tintore*	⇨	*la pastora* *la tintora* (popolare)

– con il passaggio da **-TORE** ad **-ESSA**

il dottore *il fattore*	⇨	*la dottoressa* *la fattoressa*

1. Vi sono nomi di cosa che, a seconda del loro genere (maschile o femminile), hanno un significato diverso, indicato dalla terminazione.

il buco	(foro)	*la buca*	(fossa)
il regolo	(righello)	*la regola*	(norma)
il modo	(maniera)	*la moda*	(costume/foggia)
il pianto	(lacrime)	*la pianta*	(albero)
il baleno	(lampo)	*la balena*	(cetaceo)
il panno	(stoffa/tessuto)	*la panna*	(crema di latte)
il foglio	(di carta)	*la foglia*	(di pianta)
il briciolo	(un poco)	*la briciola*	(di pane)
il porto	(di mare)	*la porta*	(di casa)
il legno	(il materiale)	*la legna*	(da ardere)
il pezzo	(parte di qualcosa)	*la pezza*	(pezzo di stoffa)
il covo	(tana, anche figurato)	*la cova*	(il covare, il nido)
il cero	(candela)	*la cera*	(delle api, faccia)

2. Vi sono altri nomi di cosa che hanno la stessa terminazione (ma articolo diverso). Anche in questo caso si tratta di nomi dal significato diverso.

il fine	(scopo)	*la fine*	(termine)
il radio	(elemento chimico, nome di un osso)	*la radio*	(apparecchio radiofonico)
il fronte	(settore di operazioni belliche)	*la fronte*	(parte superiore del viso)
il capitale	(patrimonio)	*la capitale*	(città principale di uno Stato)
il fonte	(in chiesa: vasca battesimale)	*la fonte*	(sorgente, origine)
il tèma	(argomento da trattare)	*la téma*	(voce poetica: timore)

NUMERO DEL NOME

In relazione al **numero** i sostantivi sono **singolari** o **plurali**.

Anche la variazione del numero, come quella del genere, è indicata dalla **terminazione**.

In base alla terminazione del singolare, il plurale si forma secondo i seguenti criteri:

Sostantivi in **-O** (quasi tutti *maschili*)

SINGOLARE	⇨	**PLURALE**

– passaggio da **-O** ad **-I**

	⇨	
il terrazzo		*i terrazzi*
il punto		*i punti*
il ramo		*i rami*
il disegno		*i disegni*
il filo		*i fili*
il vetro		*i vetri*
il ragazzo		*i ragazzi*

– passaggio da **-IO** ad **-I** [1]

	⇨	
il foglio		*i fogli*
l'orologio		*gli orologi*
l'occhio		*gli occhi*
lo studio		*gli studi*
il desiderio		*i desideri*

– passaggio da **-ÌO** ad **-II** [2]

	⇨	
l'addio		*gli addii*
lo zio		*gli zii*
il ronzio		*i ronzii*
il pendio		*i pendii*
il leggio		*i leggii*

---

[1] Senza accento tonico sulla -i- di -io.
[2] Con accento tonico sulla prima -i-.

– passaggio da **-CO** e **-GO** a **-CHI** e **-GHI** [1]

il banco *il tedesco* *il lago* *l'albergo* *il luogo*	⇨	*i banchi* *i tedeschi* *i laghi* *gli alberghi* *i luoghi*

– passaggio da **-CO** e **-GO** a **-CI** e **-GI** [2]

l'eretico *il medico* *il manico* *il biologo* *l'asparago*	⇨	*gli eretici* *i medici* *i manici* *i biologi* *gli asparagi*

Fanno eccezione:

– Terminazione in **-CO** e **-GO**

  amico-amici, greco-greci, carico-carichi, valico-valichi, dialogo-dialoghi, obbligo-obblighi, ecc.
– Maschili con plurale femminile in **-A**

  il paio - le paia, l'uovo - le uova, il miglio - le miglia, il centinaio - le centinaia, il migliaio - le migliaia, ecc.
– Altre eccezioni

  l'uomo - gli uomini, il tempio - i templi, il dio - gli dèi, l'eco (m. e f.) - gli echi, ecc.
  il bue - i buoi, la mano - le mani, ecc.

2. Nomi in **-A** (in prevalenza *femminili*)

– passaggio da -A ad -E

la stanza *la casa* *la sera* *la pianta* *la figlia*	⇨	*le stanze* *le case* *le sere* *le piante* *le figlie*

[1] Con accento sulla penultima sillaba.
[2] Con accento sulla terz'ultima sillaba.

– passaggio da **-CA** a **-CHE**

l'amica	⇨	*le amiche*
la greca		*le greche*
la banca		*le banche*

– passaggio da **-GA** a **-GHE**

la strega	⇨	*le streghe*
la spiga		*le spighe*
la bottega		*le botteghe*

– passaggio da **-CIA** e **-GIA** a **-CIE** e **-GIE** [1]

la farmacia	⇨	*le farmacie*
la bugia		*le bugie*
la magia		*le magie*

– passaggio da **-CIA** e **-GIA** a **-CIE** e **-GIE** [2]

l'acacia	⇨	*le acacie*
la ciliegia		*le ciliegie*
la camicia		*le camicie*

– passaggio da **-CIA** e **-GIA** a **-CE** e **-GE** [3]

la provincia	⇨	*le province*
la doccia		*le docce*
la frangia		*le frange*

[1] Con accento tonico sulla **i.**

[2] Senza accento tonico sull'ultima -*i*. Quando *c, g* sono precedute da vocale, nel plurale conservano la *i*.

[3] Senza accento tonico sull'ultima -*i*. Quando -*c*, -*g* sono precedute da consonante, nel plurale perdono la *i*.

SINGOLARE	⇨	**PLURALE**

— (sostantivi maschili) passaggio da **-A** ad **-I**

	⇨	
il poeta		*i poeti*
il poema		*i poemi*
il sistema		*i sistemi*
il telegramma		*i telegrammi*
il programma		*i programmi*
il tema		*i temi*
il dramma		*i drammi*

— (sostantivi maschili) passaggio da **-CA** e **-GA** a **-CHI** e **-GHI**

	⇨	
il duca		*i duchi*
il collega		*i colleghi*
lo stratega		*gli strateghi*

Fanno eccezione

— Femminili in **-a** con plurale in **-i** *l'ala - le ali, l'arma - le armi*
— Maschili in **-a** con plurale invariato *il cinema, il vaglia, il sosia, il boia, il gorilla, il messia,* ecc.
— Solo plurali femminili *le esequie, le viscere, le nozze, le intemperie, le calende, le ferie,* ecc.

SINGOLARE	⇨	**PLURALE**

— passaggio da **-E** ad **-I**

	⇨	
il professore		*i professori*
lo studente		*gli studenti*
il dente		*i denti*
il fiore		*i fiori*
la madre		*le madri*
la stazione		*le stazioni*
la regione		*le regioni*

3. Nomi in **-E**, maschili e femminili.

SINGOLARE	⇨	PLURALE

– passaggio da **-IE** ad **-IE** (invariati)

	⇨	
la specie *la serie* *la carie*		*le specie* *le serie* *le carie*

Fanno eccezione

– Femminili in **-IE** con plurali in **-I**
  la moglie - le mogli, la superficie - le superfici (raro superficie)
  l'effigie -le effigi, ecc.
– Solo singolari maschili
  il riso, il latte, il pepe, il fiele, ecc.
– Solo singolari femminili
  la fame, la sete, la senape, la prole, ecc.
– Quasi esclusivamente al plurale maschile
  i calzoni, gli occhiali, gli annali, ecc.
– Quasi esclusivamente al plurale femminile
  le forbici, le narici, le fauci, ecc.

4. Nomi con terminazione in **-I, -U**, in vocale accentata e in consonante, rimangono INVARIATI.

SINGOLARE	⇨	PLURALE
la crisi *la sintesi* *la parentesi* *il brindisi* *la gru* *la virtù* *la città* *il caffè* *il bar* *il film* *il gas*	⇨	*le crisi* *le sintesi* *le parentesi* *i brindisi* *le gru* *le virtù* *le città* *i caffè* *i bar* *i film* *i gas,* ecc.

Altri nomi con plurale INVARIATO

– I nomi abbreviati: *l'auto - le auto, la moto - le moto, la foto - le foto, la bici - le bici, il cablo - i cablo,* ecc.
– Alcuni nomi composti, per lo più quelli con verbo + nome singolare femminile: *il parapioggia - i parapioggia, il portacenere - i portacenere,* o quelli già al plurale come *il paraurti - i paraurti.*

NOMI CON DOPPIO PLURALE [1]

Vi sono alcuni nomi in **-o** che hanno due plurali: quello normale in **-i** e un altro in **-a**. Tra i due plurali c'è una differenza di significato.

braccio	*i bracci* (di una croce, di una poltrona, di un carcere, ecc.) *le braccia* (del corpo umano)
ciglio	*i cigli* (di un fosso, di una strada) *le ciglia* (degli occhi)
corno	*i corni* (strumenti musicali) *le corna* (degli animali)
dito	*i diti* (considerati distintamente l'uno dall'altro, es. *i diti pollici*) *le dita* (considerate nel loro insieme)
filo	*i fili* (dell'erba, della luce) *le fila* (dell'ordito, di una congiura/complotto)
fondamento	*i fondamenti* (di una scienza) *le fondamenta* (di una costruzione)
fuso	*i fusi* (rocchetti per filare; in senso geografico: *i fusi orari*) *le fusa* (in frasi come: *il gatto fa le fusa*)
gesto	*i gesti* (movimenti) *le gesta* (imprese)
ginocchio	*i ginocchi* *le ginocchia* (senza differenza di significato)

[1] Sono detti anche: sovrabbondanti.

grido	*i gridi* (degli animali) *le grida* (dell'uomo)
labbro	*i labbri* (di una ferita, di un vaso) *le labbra* (della bocca)
lenzuolo	*i lenzuoli* (presi uno per uno e in senso generale) *le lenzuola* (considerate a paia, cioè quelle del letto)
membro	*i membri* (della famiglia, di un' associazione) *le membra* (del corpo umano, nel loro complesso)
muro	*i muri* (di una casa) *le mura* (di una città)
osso	*gli ossi* (di animali) *le ossa* (dell'uomo o l'ossatura nel suo insieme)
urlo	*gli urli* (di animali) *le urla* (dell'uomo) [1]

NOME ALTERATO

È formato da una parola con l'aggiunta di **suffissi,** i quali ne variano il significato fondamentale.
I **nomi alterati**, in relazione all'idea di *piccolo, grazioso, grande, cattivo*, posseggono suffissi caratteristici.

1. Per l'idea di piccolo: **-ino/a, -cino/a, -ic(c)ino/a, -olino/a**:
    librino, libriccino, gattino, pesciolino, pensioncina, casina, donnino (*diventa "grammaticalmente" maschile: *un donnino*), ecc.

2. Per l'idea di carino o grazioso: **-etto/a, -ello/a, -icello/a, -uccio/a,** ecc.:
    casetta, navicella, cavalluccio, campicello, libretto, ecc.

---

[1] Tra questi possiamo scrivere anche la parola *frutto*. *Il frutto* è il prodotto della terra, quello che le piante possono produrre. *Mangia questo frutto, è una banana.* Anche in senso figurato. *Il frutto delle nostre fatiche.* Plurale: *i frutti. La frutta* è l'insieme dei frutti commestibili di varie piante. *Mangia la frutta, perché ti fa bene.* Plurale: le *frutta*/le *frutte* (solo letterario).

3. Per l'idea di grande: **- one, -ona**: *librone, portone, donnone*[1], *ragazzone, casona, omone,* ecc.

4. Per l'idea di brutto, cattivo e di poco conto *(in senso dispregiativo):* **- accio/a, -astro/a, -onzolo, -iciattolo/a, -ucolo/a:**
   ragazzaccio, libraccio, donnaccia, poetastro, poetucolo, mediconzolo, fiumiciattolo, verdastro, sorellastra, omaccio, donnucola, febbriciattola, ecc.

NOME COLLETTIVO

Si dice **nome collettivo** un nome che indica un gruppo di esseri animati o cose della stessa specie.

la gente	*la polizia*	*il gregge* (di pecore o di capre)
la folla	*l'esercito*	*la mandria* (di bovini)
la moltitudine	*la decina*	*lo sciame* (di api)
il gruppo	*il centinaio*	*lo stormo* (di uccelli)
l'insieme	*la serie*	ecc.

Nel caso di nomi collettivi l'aggettivo e il verbo concordano con il numero "grammaticale" e non con quello "logico".

Si dice: la gente racconta e **non**:   *la gente raccontano

Si dice: la polizia armata e **non**:   *la polizia armati

NOME COMPOSTO - FORMAZIONE DEL PLURALE

È formato da DUE O PIÙ ELEMENTI DIVERSI: *ferrovia, capoluogo*.
Per la formazione del plurale dei nomi composti si devono tener presenti i seguenti criteri:

---

[1] Diventa "grammaticalmente" maschile: *un donnone*.

1. **nome + nome.** Il plurale si forma come se fossero nomi semplici, cambia solo la terminazione:

l'arcobaleno	⇨	*gli arcobaleni*
la ferrovia		*le ferrovie*
il cavolfiore		*i cavolfiori*, ecc.

Quelli composti con la parola **capo**, però, non seguono questa norma. Si preferisce mettere al plurale la parola "capo" nei seguenti casi (= capo di):

il capogruppo	⇨	*i capigruppo*
il capoclasse		*i capiclasse*
il capobanda		*i capibanda*, ecc.

Spesso, però, si mette al plurale il secondo elemento (come un blocco unico)

il capogiro		*i capogiri*
il capotecnico		*i capotecnici*
il capolavoro	⇨	*i capolavori*
il capoluogo		*i capoluoghi*
il capoverso		*i capoversi*
il capocomico		*i capocomici*, ecc.

2. **nome + aggettivo.** Si mettono al plurale entrambi gli elementi

la cassaforte	⇨	*le casseforti*
il pellerossa		*i pellirosse*
il caposaldo		*i capisaldi*, ecc.

Ma:

il palcoscenico	⇨	*i palcoscenici*
il pianoforte		*i pianoforti*, ecc.

3. **aggettivo + nome.** Si mette al plurale solo il secondo elemento

il francobollo	⇨	*i francobolli*
il bassorilievo		*i bassorilievi*, ecc.

4. **preposizione+nome.** Modificano normalmente la desinenza.

il contrabbando *la soprattassa* *il sottufficiale*	⇨	*i contrabbandi* *le soprattasse* *i sottufficiali*, ecc.

Oppure rimangono invariati

il doposcuola *il fuoribordo* *il sottoscala*	⇨	*i doposcuola* *i fuoribordo* *i sottoscala*, ecc.

5. **verbo + sostantivo plurale**. Rimane invariato

il cavatappi *l'apriscatole* *il guastafeste* *il portalettere*	⇨	*i cavatappi* *gli apriscatole* *i guastafeste* *i portalettere*, ecc.

6. **verbo + sostantivo maschile singolare**. Si mette al plurale solo il 2° elemento

il portafoglio *il passaporto* *il battibecco*	⇨	*i portafogli* *i passaporti* *i battibecchi*, ecc.

7. **verbo + sostantivo femminile singolare**. Rimane invariato

il portacenere *il cavalcavia* *il parapioggia* *il bucaneve*	⇨	*i portacenere* *i cavalcavia* *i parapioggia* *i bucaneve*, ecc.

8. **verbo + verbo**. Rimane invariato

il dormiveglia *il saliscendi* *il parapiglia*	⇨	*i dormiveglia* *i saliscendi* *i parapiglia*, ecc.

N.B. La parola **pomodoro** al plurale ha tre possibilità: *pomidoro, pomidori,* ***pomodori*** (quest'ultima comunemente usata).

PREPOSIZIONE SEMPLICE "CON"

1. Funzioni e valori

La preposizione CON indica nel suo significato fondamentale un rapporto di "**unione**" e di "**aggiunta**".

Compagnia/unione	*Non viaggio con te e con i tuoi amici, perché partono sempre con troppe valigie*
Mezzo/strumento	*Sono andato a Milano con la macchina*
Modo/maniera	*Ha sempre lavorato con impegno e con serietà*
Qualità	*Avevamo incontrato un signore con i capelli bianchi che vendeva quaderni con la copertina di plastica*
Circostanza	*È abituato a guidare con la pioggia*
Causa	*Con questa neve non si può uscire*
Limitazione	*Come andiamo con la storia?*
Relazione/paragone	*Il professore parla volentieri con tutti mettendo a confronto il presente con il passato*
Concessivo	*Con tanti soldi, vuole sempre risparmiare*
Conclusivo	*Con questo augurio ti saluto*

N.B. CON + verbo all'infinito ha valore di gerundio: *Con lo sbagliare* (sbagliando) *s'impara. Ha finito con il dire* (dicendo) *tutta la verità.*

2. Fraseologia

Essere con l'acqua alla gola
prendere due piccioni con una fava
stare con le mani in mano
prendere (qualcuno) con le buone
guardare con la coda dell'occhio
viaggiare con il cavallo di San Francesco
rimanere con un pugno di mosche
Non tutte le ciambelle escono con il buco

fare (una cosa) con i piedi
toccare il cielo con un dito
nascere con la camicia
rimanere con un palmo di naso
parlare con il cuore in mano
andare con i piedi di piombo
prendersela (lottare) con i mulini a vento.
ecc.

ELEMENTI DI CIVILTÀ

L'Italia del turismo

Con un fagotto pieno di vestiti, il buon Giovanni va incontro all'avventura.

Non sappiamo con quali mezzi di trasporto abbia raggiunto il Brasile: forse prima con treni polverosi e affollati, poi su piroscafi stipati e, infine, anche a piedi per lunghi tratti di strada .

Il ritorno invece è stato completamente diverso: in aereo, comodamente, con un eccellente servizio di ristorante a bordo, probabilmente su un Jumbo Alitalia.

Ormai residente all'estero, Giovanni rientra in Italia da turista e non è escluso che approfitterà dell'occasione per girare la Penisola in lungo e in largo.

Che cosa gli metterà a disposizione il Bel Paese?

Il turismo

è una delle voci più significative dell'economia italiana. Si è sviluppato notevolmente a partire dagli anni '60, epoca in cui aveva ancora caratteristiche essenzialmente elitarie (in montagna: Courmayer e Cortina d'Ampezzo; al mare: Forte dei Marmi, Viareggio, Portofino e Le Cinque Terre). La riviera romagnola, con Rimini, Riccione, Cattolica, fu la prima ad attrezzarsi per accogliere, con il suo calore proverbiale, le forti ondate di turisti.

Con l'andar degli anni, il migliorato tenore di vita, la crescita di livello culturale della popolazione, l'aumento

Vacanze all'aria pura

di tempo libero, hanno modificato la fisionomia delle vacanze degli Italiani. Si sono diversificate le aree di destinazione, è diminuita la permanenza media nei luoghi prescelti ed è cresciuta la domanda di servizi.

A beneficiare di tali mutamenti sono state soprattutto le città d'arte insieme alle località del Meridione.

Più di un terzo dei vacanzieri è costituito da

Per un turismo culturale

Stranieri

(il 35% negli ultimi anni), i quali possono scegliere la sistemazione più confortevole in una rosa di cinque milioni di posti letto. Tale patrimonio ricettivo, non solo alberghiero, ma anche agrituristico, è senza dubbio uno dei più cospicui a livello mondiale.

Come si può arrivare a destinazione? La struttura fondamentale dei

Trasporti italiani

è quella su strada (il 90% delle persone e delle merci). Alla ferrovia restano soltanto le briciole.

Così mentre l'automobilista ha assistito al potenziamento della rete stradale (350.000 Km) e autostradale (6.500 Km) grazie all'apertura di nuovi tratti all'aggiunta della terza corsia di sorpasso, alla creazione di tangenziali, bretelle, svincoli, atti ad alleggerire e velocizzare il traffico soprattutto nell'Autostrada del Sole, chi viaggia in treno continua ad avere a disposizione una rete ferroviaria sostanzialmente immutata nel tempo (circa 16.000 Km).

Per quanto riguarda i trasporti internazionali, occorre ricordare il settore marittimo, in cui è in atto una profonda trasformazione in virtù di una maggiore efficienza delle operazioni portuali, grazie alla privatizzazione dei servizi.

I principali porti commerciali sono Genova e Livorno (che primeggia nel traffico dei 'container'), mentre fra quelli industriali spiccano Taranto, Venezia, Trieste e Augusta.

Roma. "Caput mundi"

Il trasporto aereo,

a differenza di quello via mare in ristrutturazione, è già una bella realtà. È cresciuto, infatti, sia il movimento complessivo dei passeggeri sia il traffico delle merci. Sono soprattutto gli aeroporti romani e quelli milanesi a concentrare la maggior parte degli arrivi e delle partenze, anche se l'intera Penisola si è ormai dotata di moderne strutture aeroportuali.

Perciò il nostro Giovanni del brano introduttivo non ha che da scegliere: può viaggiare da un capo all'altro del Paese come vuole, quando vuole, per tutto il tempo che vuole, nel massimo della sicurezza e della comodità...

MONREALE: la "più bella chiesa del mondo", il Duomo.

TRAPANI: la salina dello Stagnone dai mille colori.

...ruderi del castello normanno.

...antichi pupi

Quale regione italiana visitare? A voi l'imbarazzo della scelta!

– L'amica della mamma –

Mi viene in mente la Rosaura.

Capitava in casa pochissime volte all'anno.   *veniva, arrivava*

La mamma la invitava per non so quali feste annuali.

- Come se venisse la Madonna, diceva la mamma. Immagina che venga da noi una *fata* bellissima.   *donna favolosa*

- Una *demente*, commentava mio padre, una po-   *pazza, matta*
vera demente, più stupida di tutte.

La mamma, invece, come le faceva festa! Ripuliva la casa, metteva sul letto la coperta gialla e azzurra, i fiori rossi sulla tavola, il dolce. E andavamo ad aspettarla sulla strada.

- Eccola!

Cercavo con gli occhi qualche signora dallo *scialle*   *grande sciarpa per proteggere*
rosa, elegante.   *le spalle*

- No, non quella, questa!

Entrava e chiedeva subito di far qualcosa: rammendare le calze più rotte, stirare la biancheria più
stropicciata, lucidare le scarpe più sporche.   *sgualcita, spiegazzata*

Io stavo a guardarla. La mamma mi aveva confidato in segreto che lei, la Rosaura, aveva combattuto moltissimo con il demonio e aveva vinto benissimo tutte le battaglie più dure.

- E il diavolo come hai fatto a vincerlo?

- Oh, amico mio, rideva, il diavolo è facile, basta aver molta paura. Io ne ho più di te!

- Paura?

- Sì, e impallidiva, la paura di far del male, caro mio!

Mio padre quel giorno *tratteneva* tutte le bestem-   *evitava di dire*
mie, cercava di essere gentile, più gentile del solito.

E lei sorrideva. Era un sorriso sereno, benedicente, mentre le sue mani accarezzavano il tovagliolo bianchissimo.

Quando eravamo a tavola, il dolce non lo mangiava tutto.

Soltanto un pezzetto. L'altro la mamma glielo *incartava* per la colazione dell'indomani.   *avvolgeva nella carta*

- Sono golosa, diceva, sono golosa golosa. Mangerei tutti i dolci che vedo.

- E vino, perché non ne beve? Chiedeva mio padre.

- Perché sono una ubriacona. Un giorno, da giovane (si credeva vecchia), ne ho bevuto un bicchiere che mi ha dato alla testa: sono diventata tutta rossa. L'acqua la giudico migliore.

- È scema, commentava mio padre.

- E Lei sa stare in cucina? Le chiese una volta il babbo.

- Oh sì, e mi piace parecchio. È molto bello accendere il fuoco, scegliere le verdure, sgranare i piselli. L'importante è di non fare andare a male niente.

- Mamma, cosa t'ha detto ancora?

- Mi ha detto che è meraviglioso raccogliersi intorno a una stessa tavola, sotto una sola lampada, magari dalla luce verde o verdolina come la natura. Che la tavola sia rotonda, senza che alcuno sia primo o sia ultimo. Che bisogna saper gustare tutto: l'amaro della *cicoria* come il dolce della *lattuga*.   *radicchio - insalata*

(Adattato da: FABIO TOMBARI, *Tutti in famiglia*)*

* Per notizie su Fabio Tombari, vedi la sezione *"Scrittori in vetrina"*, a pag. 355.

1. Scelta multipla

1. Per le feste annuali
   ❏ la mamma invocava la Madonna   ❏ capitava, in casa, di parlare della Madonna ❏ la mamma invitava la Rosaura

2. Il babbo considerava Rosaura una
   ❏ povera stupida ❏ bellissima Madonna ❏ donna povera

3. Per la mamma
   ❏ era un'ospite particolarmente gradita e le faceva festa ❏ era una demente ❏ rappresentava un'occasione per fare grandi pulizie in casa

4. Quando Rosaura arrivava
   ❏ indossava uno scialle giallo ❏ chiedeva immediatamente di fare qualcosa di utile in casa ❏ rammendava le sue calze più rotte e stirava la sua biancheria stropicciata

5. Era una donna
   ❏ molto battagliera e combattiva ❏ che aveva combattuto contro il demonio ❏ che si era confidata in segreto con la mamma

6. La paura di cui parla Rosaura è
   ❏ facile da vincere ❏ quella di subire del male ❏ quella di far del male

7. Dato che era molto golosa
   ❏ mangiava tutto il dolce a tavola ❏ incartava il dolce che avanzava in tavola per la colazione dell'indomani ❏ si controllava nel mangiare il dolce. Ne mangiava solo un pezzetto

8. Vino
   ❏ non ne beveva ❏ ne beveva un bicchiere, e le dava alla testa ❏ ne beveva, ma giudicava migliore l'acqua

9. Rosaura
   ❏ apprezzava il fatto che in casa sua non andava mai a male niente ❏ amava il senso di unione che regnava intorno ad una stessa tavola ❏ apprezzava, in quella casa, soprattutto l'illuminazione

10. Proclamava che a tavola, così come nella vita, si deve esser capaci di
    ❏ saper tollerare tutto ❏ gustare il dolce della cicoria ❏ gustare il dolce della lattuga

2. Questionario

1. Quando capitava in casa Rosaura?
2. Dove andavano ad aspettarla?
3. Che cosa chiedeva quando entrava?
4. Con chi aveva combattuto?
5. Come era il padre quel giorno?
6. Come era il sorriso di Rosaura?
7. A tavola, quanto dolce mangiava?
8. Perché non beveva vino?
9. Che cosa amava fare in cucina Rosaura?
10. Come doveva essere la tavola?

PER L'AUTOCORREZIONE E L'AUTOAPPRENDIMENTO

3. Completare con l'aggettivo qualificativo

1. La mamma la invitava per non so quali feste_____
2. Una demente. Commentava mio padre. Una _____ demente, più stupida di tutte.
3. Cercavo con gli occhi qualche signora dallo scialle _____.
4. Mio padre quel giorno tratteneva tutte le bestemmie, cercava di essere _____, più _____ del solito.
5. Sono _____, diceva, sono golosa golosa.
6. Un giorno, da giovane (si credeva _____), ne ho bevuto un bicchiere che mi ha dato alla testa.
7. Mi ha detto che è _____ raccogliersi intorno a una stessa tavola, sotto una _____ lampada, magari dalla luce _____ o _____ come la natura.
8. Che la tavola sia _____, senza che alcuno sia _____ o sia _____.

4. Completare con le desinenze dell'aggettivo

1. La mamma la invitava per non so quali feste annual__.
2. Immagina che venga da noi una fata bellissim__.

3. Una povera dement___, più stupid___ di tutte.
4. Ripuliva la casa, metteva sul letto la coperta giall___ e azzurr___, i fiori ross___ sulla tavola, il dolce.
5. Cercavo con gli occhi qualche signora dallo scialle ros___, elegant___.
6. Rammendare le calze più rott___, stirare la biancheria più stropicciat___, lucidare le scarpe più sporch___.
7. Era un sorriso seren___, benedicent___.

5. Completare con gli aggettivi di colore

1. Ripuliva la casa, metteva sul letto la coperta _____ e _____.
2. La mamma metteva i fiori _____ sulla tavola.
3. Cercavo con gli occhi qualche signora dallo scialle _____, elegante.
4. Le sue mani accarezzavano un tovagliolo _____.
5. Sono diventata tutta _____.
6. Mi ha detto che è meraviglioso raccogliersi intorno a una stessa tavola, sotto una sola lampada, magari dalla luce _____ o _____ come la natura.

6. Completare con i comparativi

1. Una povera demente, _____ _____ di tutte.
2. Entrava e chiedeva subito di far qualcosa: lucidare le scarpe _____ _____.
3. Basta avere molta paura. Io ne ho avuta _____ di te!
4. Mio padre cercava di essere _____ _____ del solito.
5. L'acqua la giudico _____.

7. Completare con i superlativi

1. Capitava in casa _____ volte all'anno.
2. Immagina che venga da noi una fata _____.
3. La Rosaura aveva combattuto _____ con il demonio e aveva vinto _____ tutte le battaglie _____ _____.
4. Le sue mani accarezzavano il tovagliolo _____;
5. "Sono golosa, diceva, sono _____ _____".
6. "E vino, perché non ne beve"? Chiedeva mio padre.
   "Perché sono una ubriacona". Un giorno ne ho bevuto un bicchiere che mi ha dato alla testa: sono diventata _____ _____".
7. "Oh sì, e mi piace, parecchio. È _____ _____ accendere il fuoco".

8. Completare con gli aggettivi e con i pronomi

1. La mamma la invitava per non so _____ feste annuali.
2. "Una demente", commentava _____ padre.
3. Cercavo con gli occhi _____ signora dallo scialle rosa, elegante. "No, non _____, _____"!
4. "Oh, amico _____, rideva, il diavolo è facile, basta aver _____ paura".
5. "Sì, e impallidiva, la paura di far del male, caro _____"!
6. _____ padre _____ giorno tratteneva _____ le bestemmie.
7. Era un sorriso sereno, benedicente, mentre le _____ mani accarezzavano il tovagliolo bianchissimo.
8. Quando eravamo a tavola il dolce non lo mangiava _____.
   L'_____ la mamma glielo incartava.
9. Mangerei _____ i dolci che vedo.
10. Mi ha detto che è meraviglioso raccogliersi intorno a una tavola, sotto una _____ lampada. Che la tavola sia rotonda, senza che _____ sia _____ o sia _____.

9. Completare con le preposizioni

1. Mi viene ____ mente la Rosaura.
2. La mamma la invitava _____ non so quali feste annuali.
3. Immagina che venga _____ noi una fata bellissima.
4. La mamma, invece, come le faceva festa! Ripuliva la casa, metteva _____ letto la coperta gialla e azzurra, i fiori rossi _____ tavola, il dolce. E andavamo _____ aspettarla _____ strada.
5. Cercavo _____ gli occhi qualche signora _____ scialle rosa, elegante.
6. La mamma mi aveva confidato _____ segreto che lei, la Rosaura, aveva combattuto moltissimo _____ il demonio.
7. Quando eravamo ____ tavola, il dolce non lo mangiava tutto. L'altro la mamma glielo incartava _____ la colazione dell'indomani.
8. L'importante è _____ non fare andare _____ male niente.
9. Mi ha detto che è meraviglioso raccogliersi_____ _____ una stessa tavola, _____ una sola lampada, magari _____ luce verde o verdolina come la natura
10. Bisogna saper gustare tutto: l'amaro _____ cicoria come il dolce _____ lattuga.

10. Completare liberamente le frasi

1. La mamma la invitava per ...
2. Immagina che venga da noi ...

3. Ripuliva la casa, metteva sul letto la coperta gialla e azzurra ...
4. Cercavo con gli occhi qualche signora dallo ...
5. "E il diavolo come hai fatto ..."
6. Quando eravamo a tavola, il dolce ...
7. L'altro la mamma glielo incartava per ...
8. Un giorno, da giovane, ne ho bevuto un bicchiere che ...
9. L'importante è di ...
10. Bisogna saper gustare tutto: l'amaro ...

11. Fare le domande

1. Chi ti viene in mente?   – Mi viene in mente la Rosaura
2. _____   – Capitava in casa pochissime volte
   _____ ?   all'anno.
3. _____   – Ripuliva la casa, metteva sul letto
   _____ ?   la coperta gialla.
4. _____ ?   – Cercavo con gli occhi qualche signora.
5. _____   – La mamma mi aveva confidato un
   _____ ?   segreto.
6. _____   – Mio padre tratteneva tutte le
   _____ ?   bestemmie
7. _____   – Quando eravamo a tavola, il dolce
   _____ ?   non lo mangiava tutto.
8. _____   – Un giorno, da giovane, ne ho bevuto
   _____ ?   un bicchiere
9. _____   – L'importante è di non fare andare
   _____ ?   a male niente
10. _____   – Mi ha detto che è meraviglioso
    _____   raccogliersi intorno a una stessa
    _____ ?   tavola

12. Per la composizione scritta

1. Un amico o un'amica annuncia all'improvviso il suo arrivo a casa tua. Immagina l'ansia e i preparativi.
2. Quali sono le principali faccende domestiche?
3. Racconta qualche sogno o qualche esperienza extrasensoriale.

SINTESI GRAMMATICALE

AGGETTIVO
Formazione dell'aggettivo
Formazione del genere e del numero
Accordo dell'aggettivo
Posizione dell'aggettivo
Gradi dell'aggettivo
Preposizione semplice "su"

FORMAZIONE DELL'AGGETTIVO

La maggior parte degli AGGETTIVI deriva da **nomi** o da **verbi**, mediante l'aggiunta di suffissi.

I SUFFISSI più comuni che si aggiungono a VERBI per formare aggettivi, sono:

1. - **abile** [1] (I coniugazione) amare → *amabile*, mangiare → *mangiabile*, cantare → *cantabile*, ecc.

   - **ibile** (II -III coniugazione) prevedere → *prevedibile*, aprire → *apribile*, ecc.

   - **evole** maneggiare → *maneggevole*, mutare → *mutevole, ecc.*

2. I suffissi più comuni che si aggiungono a NOMI (o ne alterano la fine) per formare aggettivi sono:

   - **oso** [2] fumo → *fumoso*, pelo → *peloso*, studio → *studioso*, noia → *noioso*, ecc.

   - **istico** [3] artista → *artistico*, turista → *turistico*, ecc.

   - **ale** posta → *postale*, centro → *centrale*, forma → *formale*, ecc.

   - **ano** paese → *paesano*, mondo → *mondano*, ecc.

   - **ico** (di derivazione dal greco antico) automa → *automatic*o, democrazia → *democratic*o, politica → *politico*, ecc.

   - **are** sole → *solare*, luna → *lunare*, ala → *alare*, singolo → *singolare*, ecc.

---

[1] I suffissi **-abile** e **-ibile** danno l'idea di possibilità, opportunità: *mangiabile* = che si può mangiare; *apribile* = che si può aprire.

[2] Il suffisso **-oso** dà l'idea di: **ricco di, che genera qualcosa:** *peloso* = ricco di peli; *noioso* = che genera noia.

[3] Il suffisso **-istico** deriva dai nomi in **-ista**.

I suffissi più comuni per formare **aggettivi geografici** *sono:*

- **itano/etano** Palermo → *palermitano,* Napoli → *napoletano,* ecc.

- **ese** Ungheria → *ungherese,* Bari → *barese,* ecc.

- **ino** Parigi → *parigino,* Firenze → *fiorentino,* ecc.

- **ano** Ascoli → *ascolano,* Roma → *romano,* ecc.

FORMAZIONE DEL GENERE E DEL NUMERO

L'aggettivo ha la funzione di **modificare** nel suo significato o di **qualificare il nome** (o un'altra parte del discorso), a cui si riferisce e da cui dipende grammaticalmente.
Etimologicamente la parola **aggettivo** deriva dal verbo latino ADICERE (*aggiungere*); esso, cioè, aggiunge qualcosa al nome. E precisamente aggiunge una *determinazione* o una *qualità*.

– Una **determinazione** nel caso degli *aggettivi determinativi o indicativi* (dimostrativi, possessivi, numerali, indefiniti, interrogativi ed esclamativi).
  questo libro, *tre* cagnolini, il *mio* orologio, ecc.

– Una **qualità** nel caso degli *aggettivi qualificativi*.
  un *bel* libro, un cagnolino *simpatico*, un orologio *preciso*, ecc.

L'aggettivo può essere **unito al nome**

– in modo diretto:
  un interessante documentario, un film bellissimo, una persona simpaticissima, un viaggio indimenticabile, ecc.,
  in questo caso si parla di **funzione attributiva**

– per mezzo di un verbo nominale:
  questo documentario mi sembra interessante, quel film è bellissimo, ecc.,
  in questo caso si parla di **funzione predicativa**[1]

---

[1] In funzione predicativa si possono trovare gli aggettivi qualificativi, ma **non tutti** gli aggettivi determinativi (vedi Unità 13).

L'aggettivo può essere VARIABILE o INVARIABILE.

AGGETTIVI VARIABILI
– La maggior parte degli aggettivi sono **variabili nel genere** (maschile/femminile) e **nel numero** (singolare/plurale).

	singolare	**plurale**
maschile	*ross-**o***	*ross-**i***
femminile	*ross-**a***	*ross-**e***

– Alcuni **variano** sol**o nel numero** (singolare/plurale), ma restano invariati nel genere (cioè hanno la stessa desinenza per maschile e femminile).

	singolare	**plurale**
maschile	*elegant-**e***	*elegant-**i***
femminile		

– Altri, una piccola parte, **variano** nel genere soltanto al **plurale.**

	singolare	**plurale**
maschile	*entusiast-**a***	*entusiast-**i***
femminile		*entusiast-**e***

AGGETTIVI INVARIABILI. Sono tuttavia in numero limitato

– Alcuni aggettivi di **colore**, che, in origine, erano **sostantivi:** blu, rosa, indaco, viola, amaranto, arancio, lilla, ecc.
   Pantaloni rosa, guanti blu, cielo viola, ecc.

Anche gli aggettivi di colore, variabili, diventano invariabili se **accoppiati con altro aggettivo o nome:** grigio perla, rosso ciliegia, rosso scarlatto, verde pisello, verde bottiglia, azzurro pallido, giallo limone, ecc.

Una giacca bianco ghiaccio, una gonna rosso scuro, una cravatta verde pisello

– Alcuni aggettivi formati da **preposizione + avverbio:** perbene, dabbene, dappoco, ammodo, ecc.

Una persona perbene, un uomo dappoco

– Alcuni aggettivi formati da: **anti + nome:** antiruggine, antirughe, antinebbia, antimafia, antieroe, anticarro, ecc.

Fari antinebbia, commissione antimafia

– L'aggettivo: **pari** e composti: pari, dispari, impari.

Una lotta impari, un numero dispari
Non c'è la pari opportunità

– Aggettivi di **origine straniera:** beat, jazz, snob, chic, bordeaux, ecc.

La musica jazz, una donna chic, un signore snob

AGGETTIVO SOSTANTIVATO

Qualsiasi aggettivo può essere sostantivato, cioè **usato come nome**.

– Spesso questa sostantivazione serve a rendere più scorrevole l'espressione.

Ha cinque figli, tre sposati e due scapoli (invece di: tre figli sposati e due scapoli)
Aveva le mani impegnate: nella sinistra teneva dei fogli, nella destra penna e matita

– Vi sono aggettivi sostantivati che ormai si usano solo come nomi.

Il giornale, il mobile, la capitale, ecc.

– L'aggettivo sostantivato al maschile singolare ha un significato *astratto*.

Il bello, il buono, il giusto, il pubblico, il privato...

Molto frequenti sono le locuzioni verbali:

il bello / il brutto / lo strano / l'assurdo / il difficile **è che ...**
il bello / il brutto / lo strano / l'assurdo / il difficile **è + infinito**
Il bello è che ti sto a sentire!
Lo strano per me è non aver sentito niente.

– Con il plurale (maschile o femminile) ci si riferisce per lo più a categorie di persone.

   I ricchi e i poveri, le bionde e le brune, gli sfrattati, i disoccupati, i verdi, ecc.

Il possessivo, al plurale, indica la famiglia o i soli genitori: i miei, i tuoi , i suoi (familiari, parenti, genitori).

   I suoi sono al mare

– Per quanto concerne i nomi di popoli, con il maschile plurale ci si riferisce alla popolazione.

   Gli Inglesi, i Tedeschi, ecc.

Invece con il maschile singolare ci si riferisce alla lingua o ad un individuo di una nazione.

   Lui parla l'inglese e il tedesco
   Un inglese è diverso da un francese, ecc.

ACCORDO

L'aggettivo concorda nel numero e nel genere con il nome dal quale dipende grammaticalmente, sia in funzione attributiva che in funzione predicativa.

   Una bella ragazza
   Questa ragazza è bella

Quando l'aggettivo **si riferisce a più nomi,** si deve distinguere se li segue o se li precede.

– Se li **segue**, normalmente si ha che:
   - se tutti i nomi sono femminili, l'aggettivo è **femminile plurale**
   - negli altri casi è **maschile plurale**

1. *la borsa e la sciarpa nuove*	(femminile + femminile)
2. *la borsa e il cappello nuovi*	(femminile + maschile)
3. *il cappello e la borsa nuovi* [1]	(maschile + femminile)
4. *il cappello e il cappotto nuovi*	(maschile + maschile)

– Se l'aggettivo **precede nomi al plurale**, normalmente concorda con il più vicino.
   Ottimi vini e bibite
   Squisite paste e dolci

---

[1] Tuttavia, per motivi stilistici, è preferibile porre il nome maschile accanto all'aggettivo, come nella frase n. 2.

– Quando l'aggettivo è usato come **predicato**, la concordanza è al plurale. Plurale femminile, se tutti i nomi sono femminili, plurale maschile negli altri casi.

    La giacca e la borsa sono nuove   (femminile + femminile)
    La giacca e il cappotto sono nuovi   (femminile + maschile)
    Il cappotto e il cappello sono nuovi   (maschile + maschile)

POSIZIONE DELL'AGGETTIVO

– L'aggettivo qualificativo è posto normalmente subito dopo il nome cui si riferisce.
    Un tipo simpatico, gli occhi neri, la voce bella, ecc.

Quando precede il nome, acquista stilisticamente un maggiore risalto che viene riversato sul nome stesso, oppure è come se formasse con il nome un blocco unico, tale da far acquistare al nome un particolare significato.
    Un simpatico tipo, i neri occhi, la bella voce, ecc.
Cfr.: *"Gli occhi neri della ragazza erano irrequieti"*, con *"I neri occhi della ragazza erano irrequieti*.

L'aggettivo può anche costituire un inciso, tra due virgole.
    l'uomo, sfinito, smise di lavorare, ecc.

– Gli aggettivi di relazione (cioè quelli che sono strettamente collegati nel loro significato al nome da cui essi derivano: nazionale, turistico, cardiaco, solare, musicale, ecc.) invece **seguono il nome.**
    Una corsa automobilistica
    Un programma televisivo

Lo stesso dicasi degli aggettivi di colore.
    Ho comprato una sciarpa verde e bianca

Precedono di solito il nome gli aggettivi possessivi.
    Il mio libro, i nostri ragazzi, la tua borsa, ecc.

– Vi sono alcuni aggettivi che cambiano di significato a seconda che siano collocati prima o dopo il nome:
    - quando sono posposti *(un uomo buono)* acquistano un significato più concreto, reale;
    - quando sono anteposti *(un buon uomo)* formano con il nome un sintagma particolare che ha un suo specifico significato, a volte metaforico.

buono	*È* un uomo ***buono*** (di cuore generoso)
	È un ***buon*** uomo (semplice, alla mano)
grande	*È un uomo **grande*** (alto, grosso, robusto)
	*È un **grand'**uomo* (superiore sotto ogni profilo)
alto	*È un funzionario **alto*** (di alta statura)
	*È un **alto** funzionario* (di alto rango)
bravo	*È un **brav'**uomo* (onesto e sincero)
	*È un uomo **bravo*** (capace e abile)
semplice	*Mi fece una richiesta **semplice*** (facile, non complicata)
	*Mi fece una **semplice** richiesta* (soltanto una)
vecchio	*Abita in una costruzione **vecchia*** (malandata)
	*Abita in una **vecchia** costruzione* (antica, di tanti anni)

– Oltre a questi è bene segnalare: **certo, diverso, qualunque, qualsiasi** che, posti prima del nome, hanno valore di indefinito, posti dopo il nome, hanno valore di aggettivo qualificativo.

certo	*Si ispira a **certi** principi* (alcuni principi, qualche principio)
	*Si ispira a principi **certi*** (saldi, sicuri)
diverso	*Ha invitato **diversi** amici* (molti, parecchi)
	*Ha invitato amici **diversi*** (differenti)
qualunque	*Accetto **qualunque/qualsiasi** osservazione* (ogni osservazione)
	*Accetto una osservazione **qualunque/qualsiasi*** (una, come che sia)

– L'aggettivo va collocato sempre dopo il nome se è un superlativo formato da "molto", "assai", "grandemente", "tanto", ecc., oppure se introduce una subordinata (anche ellittica).

Una piazza molto grande (e non: **una molto grande piazza*)
Una macchina straordinariamente bella e veloce
Un ingegnere abile e geniale nel suo lavoro
Un uomo incapace di prendere qualsiasi decisione

– A volte, spostando un aggettivo da prima a dopo il nome, si può avere un cambiamento di significato (in senso restrittivo).

1. *I vecchi palazzi di quella strada sono stati demoliti* (cioè sono stati demoliti tutti i palazzi di molti anni esistenti in quella strada)

2. *I palazzi vecchi di quella strada sono stati demoliti* (cioè solo alcuni dei palazzi della strada che erano vecchi e malandati).

La giovane cugina di Luisa (si sottolinea l'aspetto giovanile)
La cugina giovane di Luisa (questa, tra le cugine di Luisa, è quella giovane).

La collocazione dell'aggettivo davanti al nome fa sì che **aggettivo** e **nome** costituiscano, per così dire, un **binomio inscindibile** nel significato particolare o nel risalto semantico che propongono; mentre la collocazione dell'aggettivo dopo il nome sottolinea semplicemente la qualificazione distintiva del nome. Insomma la posizione più comune, più "neutra", è quella dopo il nome.
Invece la posizione prima del nome di solito indica o una valutazione soggettiva o una particolarità stilistica, oppure intensifica una qualità del nome.

OSSERVAZIONE
Alcuni aggettivi, posti prima del nome, presentano varianti di ordine fonetico (possono perdere l'accento tonico) e morfologico. In certo qual senso si comportano, per lo più come "il" o "un" davanti al nome.

bello:	*un bel film*	-	*dei bei film*
	un bello spettacolo	-	*dei begli spettacoli*
	un bell'orologio	-	*dei begli orologi*
buono:	*un buon ragazzo*	-	*dei buoni ragazzi*
	un buono spettacolo	-	*dei buoni spettacoli*
	un buon albergo	-	*dei buoni alberghi*
grande:	*un gran / grande rischio*	-	*dei grandi rischi*
	un grande spirito	-	*dei grandi spiriti*
	un grand'entusiamo	-	*dei grandi entusiasmi*
santo:	*san Francesco, santo Stefano, sant'Antonio, sant'Agnese, santa Lucia*		

GRADI DELL'AGGETTIVO

La qualità posseduta dall'aggettivo qualificativo può essere espressa in TRE GRADI diversi:

GRADO POSITIVO		elegante		
GRADO COMPARATIVO	maggioranza	**più** elegante **di/che**		
	minoranza	**meno** elegante **di/che**		
	uguaglianza	**altrettanto** **tanto** **così**	elegante	**quanto** **come**
GRADO SUPERLATIVO	relativo	**il più** elegante **di/tra/fra**		
	assoluto	elegant**issimo**		
		molto **tanto** **veramente** **assai**		elegante

Nel COMPARATIVO DI MAGGIORANZA E DI MINORANZA l'aggettivo è preceduto dagli avverbi **PIÙ/MENO**; il secondo termine di paragone è preceduto dalla preposizione **DI** o dalla congiunzione **CHE**. Il paragone può essere rafforzato dagli avverbi **MOLTO, TANTO, ASSAI, POCO**, ecc.

> *Mario è **più** gentile **di** Luigi*
> *Maria è molto **più** gentile con me **che** con te*
> *Loro sono **meno** ricchi **di** te*
> *Mario è **più** gentile **che** spontaneo*

– **DI** si usa davanti ad un nome o ad un pronome non retti da preposizione o davanti ad un avverbio.

> *Paolo è più bravo sia di te che di Marco*
> *Marina è meno serena del solito*

– **CHE** si usa:
  - davanti a un nome o ad un pronome retti da preposizione;
  - quando i due termini sono nomi, pronomi personali, aggettivi, verbi o avverbi.

    Preferisco lavorare più di giorno che di notte
    Viaggia più volentieri con te che con me
    È un'occasione più unica che rara
    È più rilassante per me leggere che ascoltare la musica
    Mi piace meno ora che / di un tempo
    Giovanna è più appariscente che bella
    In questo cassetto ci sono più calze che camicie
    Ho più amici che nemici

Nel COMPARATIVO DI UGUAGLIANZA si possono tralasciare gli avverbi **TANTO, COSÌ**.

    È bello   *(così)*   *come lui*
               (tanto)   *quanto lui*

Tali correlativi sono però obbligatori quando si confrontano due qualità riferite allo stesso termine.

    Un abito tanto / sia elegante quanto / sia economico
    Si può dire che è così raffinata come sensibile

Nel SUPERLATIVO RELATIVO si esprime il grado massimo di una qualità in relazione ad un determinato insieme (cose, persone).
Si forma facendo precedere l'aggettivo dall'articolo determinativo nel modo seguente:

articolo	**più/meno**	aggettivo	nome	**di/che/tra**
Il	**più**	bel	film	**della** serie **tra** i nuovi **che** ho/abbia visto

articolo	nome	**più/meno**	aggettivo	**tra/fra che +** CONGIUNTIVO/ INDICATIVO
La	persona	**meno**	arrogante	**di** tutte **fra** loro **che** ho/abbia visto

Il SUPERLATIVO ASSOLUTO esprime il grado massimo di una qualità in assoluto.
Si forma:

a) con l'aggiunta del suffisso **-issimo** alla radice dell'aggettivo.
grand-*issimo*, piccol-*issimo*, felic-*issimo*, ecc.

b) facendo precedere l'aggettivo da **molto, tanto, assai, particolarmente, notevolmente, veramente, oltremodo, proprio**, ecc.
Mi sento molto / tanto / assai / veramente stanco

c) ripetendo due volte l'aggettivo
Mi sento stanco stanco, un mobile grande grande, ecc.

d) premettendo all'aggettivo i prefissi: **arci, extra, sopra, sovra, super, stra, iper**.
Arcinoto, extralargo, extravergine, sopraffino, sovralimentato, superalcolico, stravecchio, ipereccitato, ecc.

e) in casi particolari, in forme idiomatiche tipiche del parlato o iperboliche.
stanco morto, ubriaco / bagnato fradicio, innamorato cotto, ricco sfondato, povero in canna, bella da impazzire, brutto da morire, vecchio decrepito, ecc.

OSSERVAZIONI

Alcuni aggettivi presentano, oltre alle forme normali del comparativo e del superlativo, altre forme (di derivazione latina):

buono	**migliore**	**ottimo**
cattivo	**peggiore**	**pessimo**
piccolo	**minore**	**minimo**
grande	**maggiore**	**massimo**
alto	**superiore**	**supremo**
basso	**inferiore**	**infimo**

Agli aggettivi, *acre, aspro, salubre, celebre, misero, benevolo, malefico,* corrispondono i seguenti superlativi: **acerrimo, asperrimo, saluberrimo, celeberrimo, miserrimo, benevolentissimo, maleficentissimo.**

Alcuni aggettivi, a causa del loro significato, non prevedono il grado superlativo; si tratta di forme che esprimono già un grado elevato di significato o una qualità tecnica: *meraviglioso, eccelso, incredibile, immenso, eterno, splendido, sublime... rettangolare, quadrato, rotondo, biologico, storico, campestre, metallico, ligneo,* ecc.

PREPOSIZIONE SEMPLICE "SU"

Indica nel suo significato fondamentale la 'posizione' di qualcosa 'sopra' un'altra cosa o dà l'idea di 'approssimazione', di 'all'incirca', di 'vicinanza'.

1. Funzioni e valori

Stato in luogo	*Su un vecchio tavolo c'erano fiori appassiti* *L'appartamento dava su un cortile buio*
Moto a luogo	*Andiamo su quell'albero a raccogliere ciliegie*
Argomento	*Trovavano da discutere su tutto e su tutti* *Un libro sui funghi*

Tempo determinato (con significato di 'approssimazione', 'verso', 'intorno a', 'circa'. La preposizione va sempre articolata)
Posso venire da te sul tardi / sul presto / sul finire dell'estate

Tempo continuato (con significato di 'circa'. La preposizione va sempre articolata)
Mario lavorava sulle dodici ore al giorno

Età (con significato di 'approssimazione', 'circa'. La preposizione è articolata)
Era in compagnia di una donna sui trent'anni e di un uomo sulla quarantina

Prezzo/stima (con significato di 'approssimazione'. La preposizione è articolata)
La casa gli era costata sui cento milioni, ma il suo vero valore era sui cinquanta, non di più

Quantità/misura/peso (con significato di 'approssimazione'. La preposizione va sempre articolata)
È un uomo che pesa sui centoventi chili, tanto che ci vogliono quattro metri di stoffa per vestirlo e sui due chili di spaghetti al giorno per sfamarlo

Modo/maniera	*Compro scarpe su misura; lavoro su ordinazione; ho smesso di fumare su consiglio del medico*
Materia	*È un'incisione su legno, da cui si è poi ricavato un disegno su seta*
Distributivo	*Venti persone su trenta preferiscono andare al mare anziché sui monti*

2. Locuzioni avverbiali

In su   in su e in giù   da/di su   su per giù   ecc.

3. Locuzioni prepositive

Su per le scale/il muro/le montagne,   su di,   d'in su,   con su,   ecc.

4. Come avverbio che accompagna il verbo in espressioni particolari

Venire su/di sopra (salire)
guardare su/in alto
essere su/di sopra
tirarsi su (sollevarsi o anche reagire ad un abbattimento spirituale)
saltare su (incominciare a parlare di colpo, un po' indispettito)
venire su (detto del mangiare, vomitare), ecc.

5. Fraseologia

Mettere nero su bianco   decidere su due piedi   andare su tutte le furie
venire su dal nulla   mettere su superbia   andare su di giri
venire su bene   andare su di prezzo   non andare né su né giù
tirare su i figli (allevarli)   stare sullo stomaco
mettere su l'acqua/il brodo/la pasta,
mettere su casa/famiglia/bottega(uno studio, un affare)   ecc.

6. In forma articolata

Camminare sulle uova   dormire sugli allori   stare sulle spine
stare sulle sue   mettere la mano sul fuoco   fare sul serio
essere sul punto di   tornare sulle proprie
arrampicarsi sugli specchi,   decisioni   ecc.
  sui vetri

Italiani che hanno fatto fortuna, noti non solo in Italia

Gli occhioni spalancati del bambino osservano, con ironia, l'alternarsi sulla scena della mamma agitata, dello scettico papà e della piissima Rosaura, arrivata a movimentare il ritmo consueto di una placida vita familiare.

Così, tra eccitazione e insofferenza, il bambino impara ad affinare il suo sguardo di autentico italiano. Crescendo, forse, potrebbe assomigliare ad un Marcello Mastroianni bonario e perdente, comprensivo e fascinoso, oppure ad un Vittorio Gassman, ora raffinato e sublime, ora sboccatamente popolare.

Auguriamo di cuore a quel bambino di raggiungere l'altezza ed il prestigio di simili personaggi che ormai appartengono a tutti e che, prima o poi, verranno collocati in qualche Museo delle Cere.

Proviamo ad allestire un'ala di questo museo, intitolata agli "Italiani famosi nel mondo (dal 1945)".

Registi

Federico Fellini, con sciarpa rossa e cappello, accoglierà sulla porta i visitatori, e non lontano da lui ci saranno Luchino Visconti, Roberto Rossellini, Vittorio De Sica, Michelangelo Antonioni, Franco Zeffirelli, Bernardo Bertolucci, Marco Ferreri, tutti seduti a un tavolino a sorseggiare un Martini bianco.

Federico Fellini, regista

Rita Levi Montalcini. Premio Nobel per la medicina

Franco Zeffirelli, regista

Attori

Dietro di loro, su un bel poster della Riviera anni '60, incolleremo i volti di Sophia Loren, Anna Magnani, Giulietta Masina, Gina Lollobrigida, Monica Vitti, Alberto Sordi, Ugo Tognazzi, Claudia Cardinale, Nino Manfredi, Ornella Muti.

Direttori d'orchestra, musicisti e cantanti lirici

Sorpassato il tavolino di 'Cinecittà', si accederà ad un salotto sobrio ed elegante, con un grande leggio al centro ed una pedana così vasta da accogliere i maestri Riccardo Muti, Claudio Abbado, i compositori Luciano Berio, Luigi Nono, oltre alla figura simpatica e corpulenta di Luciano Pavarotti e la dolce Katia Ricciarelli.

Letterati

Davanti alla pedana, comodamente sprofondati in un divano, li ascolteranno poeti, scrittori ed intellettuali quali Eugenio Montale, Salvatore Quasimodo, Giuseppe Ungaretti, Alberto Moravia, Elsa Morante, Oriana Fallaci, Italo Calvino, Cesare Pavese, Primo Levi, Pier Paolo Pasolini, Leonardo Sciascia, Dacia Maraini e Umberto Eco.

Pittori

Alle pareti, a completare idealmente l'armonia dei suoni e delle voci, spiccheranno le tele di Amedeo Modigliani, Giorgio Morandi, Giorgio De Chirico, Alberto Burri, Lucio Fontana, Umberto Boccioni e Renato Guttuso.

Luciano Pavarotti, cantante lirico

Designer e architetti

Bisognerà poi sfilare lungo un corridoio ampio e spazioso, tanto da ospitare schizzi, disegni, modelli e prototipi di quanto di meglio il design italiano abbia creato da Giorgetto Giugiaro a Gae Aulenti, da Pinin Farina a Renzo Piano.

Cantanti e uomini di teatro

La filodiffusione manderà in onda canzoni di Domenico Modugno, Mina, Adriano Celentano, Milva, Gino Paoli, Lucio Dalla, Lucio Battisti, Paolo Conte, Eros Ramazzotti, Laura Pausini, Andrea Bocelli.

Accompagnati dalle loro note leggere, sbucheremo dietro le quinte di un palcoscenico che rimarrà invisibile, e lì ci imbatteremo nei busti di Giorgio Strehler, di Luca Ronconi, di Eduardo De Filippo e di Dario Fò. E ci sarà anche la danzatrice Carla Fracci.

Campioni dello sport

Su un verdissimo campo erboso si vedrà l'indimenticabile Squadra Nazionale di Calcio che vinse la coppa del mondo nel 1982.

Poco discosti vedremo Alberto Tomba in tenuta da sci e gli indiscussi eroi del ciclismo Fausto Coppi e Gino Bartali.

Stilisti di moda

Ma nel frattempo sarà venuta sera e il personale del museo inviterà cortesemente i visitatori ad uscire.

Buoni buoni attraverseremo ordinati nuove sale, ricche di abiti da sogno, lustrini e paillettes, cappotti, mantelli e sciarpe, sia da donna che da uomo.

E dietro i manichini faranno capolino Capucci e Ferrè, Valentino e Laura Biagiotti, le sorelle Fendi e Gianni Versace, le sorelle Fontana e Giorgio Armani, per dirci: «Arrivederci e ritornate!», con il più luminoso dei sorrisi.

Carla Fracci

MORFOLOGIA

IMPERATIVO   **Imperativo e pronomi**
Imperativo negativo
CIVILTÀ. *Servizio sanitario e assistenza sociale*

– Se una notte d'inverno un viaggiatore –

Stai per cominciare a leggere il nuovo romanzo *Se una notte d'inverno un viaggiatore* di Italo Calvino.

Rilassati.   *distenditi*

Raccogliti.   *concentrati*

Allontana da te ogni pensiero.

Lascia che il mondo che ti circonda *sfumi* nell'indistinto. La porta è meglio chiuderla; di là c'è sempre la televisione accesa.   *si dissolva*

Dillo subito agli altri: "No, non voglio vedere la televisione!" Alza la voce, se no non ti sentono: "Sto leggendo! Non voglio essere disturbato!"

Forse non ti hanno sentito, con tutto quel *chiasso;* dillo più forte, grida: "Sto cominciando a leggere il nuovo romanzo di Italo Calvino!" O, se non vuoi, non dirlo; speriamo che ti lascino in pace.   *rumore*

Prendi la posizione più comoda: seduto, sdraiato, *raggomitolato,* coricato.   *rannicchiato*

Coricato sulla schiena, su un fianco, sulla pancia. In poltrona, sul divano, sulla sedia a dondolo, sulla sedia a sdraio, sul pouf. Sull'amaca, se hai un'amaca. Sul letto, naturalmente, o dentro il letto. Puoi anche metterti a testa in giù, in posizione yoga. Col libro *capovolto,* si capisce.   *girato al contrario*

Certo, la posizione ideale per leggere non si riesce a trovarla. Una volta si leggeva in piedi, di fronte a un leggìo. Si era abituati a stare fermi in piedi. Ci si riposava così, quando si era stanchi d'andare a cavallo. A cavallo nessuno ha mai pensato di leggere; eppure ora l'idea di leggere stando *in arcioni*, il libro posato sulla criniera del cavallo, magari appeso alle orecchie del cavallo con un *finimento* speciale, ti sembra attraente.

in sella

pezzo di bardatura

Coi piedi nelle staffe si dovrebbe stare molto più comodi per leggere; tenere i piedi sollevati è la prima condizione per godere della lettura.

Bene, cosa aspetti? Distendi le gambe, allunga pure i piedi su un cuscino, su due cuscini, sui braccioli del divano, sugli orecchioni della poltrona, sul tavolino da tè, sulla scrivania, sul pianoforte, sul mappamondo. Togliti le scarpe, prima, se vuoi tenere i piedi sollevati; se no, rimettitele. Adesso non restare lì con le scarpe in una mano e il libro nell'altra.

Regola la luce in modo che non ti stanchi la vista. Fallo adesso, perché appena sarai sprofondato nella lettura non ci sarà più verso di smuoverti.

Fa' in modo che la pagina non resti in ombra, un addensarsi di lettere nere su sfondo grigio, uniformi come un branco di topi, ma sta' attento che non le batta addosso una luce troppo forte e non si rifletta sul bianco crudele della carta *rosicchiando* le ombre dei caratteri come in un mezzogiorno del Sud.

eliminando

Cerca di prevedere ora tutto ciò che può evitarti d'interrompere la lettura.

Le sigarette a portata di mano, se fumi, il portacenere.

Che c'è ancora? Devi far pipì?

Bene, saprai tu.

(Da ITALO CALVINO, *Se una notte d'inverno un viaggiatore*)*

* Per notizie su Italo Calvino, vedi la sezione *"Scrittori in vetrina"*, a pag. 343.

1. Scelta multipla

1. Il lettore sta per cominciare a leggere un
      ❑ giornale   ❑ nuovo romanzo ❑ vecchio romanzo

2. L'autore consiglia al lettore di
      ❑ farsi accompagnare dalla musica ❑ seguire un programma televisivo
      ❑ chiudere la porta

3. La posizione più comoda per leggere è
      ❑ molto personale ❑ di stare in poltrona ❑ di essere distesi su un prato

4. La posizione ideale per leggere un libro è
      ❑ quella yoga ❑ impossibile a trovarsi ❑ facile da trovare

5. Per godere della lettura è meglio
      ❑ stare con le gambe accavallate ❑ tenere i piedi sollevati da terra
      ❑ tenere i piedi appoggiati a terra

6. Se si tengono i piedi sollevati da terra è meglio
      ❑ restare con le scarpe ❑ tenere le scarpe in mano ❑ togliersi le scarpe

7. Quando si comincia la lettura di un romanzo è preferibile
      ❑ regolare la luce per non stancare la vista ❑ lasciare la porta aperta e
      la TV accesa ❑ non lasciarsi condizionare dall'autore

8. La luce va regolata in modo che
      ❑ tutta la stanza sia ben illuminata ❑ non si rifletta sul bianco della
      carta ❑ faccia risaltare le lettere

9. Una luce troppo intensa può
      ❑ eliminare le ombre dei caratteri ❑ danneggiare la vista ❑ procurare
      sonnolenza

10. Per non interrompere la lettura è opportuno avere a portata di mano un
      ❑ buon caffè ❑ pacchetto di sigarette, per chi fuma ❑ vocabolario per
      le parole difficili

2. Questionario

1. A qual fine l'autore indirizza al lettore una serie di consigli o di regole?
2. Perché è meglio chiudere la porta?
3. Perché il lettore deve alzare la voce, fino a gridare forte?
4. Quale posizione dovrebbe prendere il lettore prima di iniziare a leggere?
5. Come deve mettere il libro, se si mette a leggere a testa in giù?
6. Mettersi a leggere, stando in arcioni a cavallo, sarebbe una buona idea? Perché?
7. Qual è la posizione ideale per le gambe?
8. Come si deve regolare la luce?
9. Che cosa sarebbe opportuno procurarsi, prima di iniziare la lettura?
10. Che altro si deve fare, se necessario?

PER L'AUTOCORREZIONE E L'AUTOAPPRENDIMENTO

---

3. Completare con l'imperativo affermativo singolare

1. _____ da te ogni altro pensiero.
2. _____ che il mondo che ti circonda sfumi nell'indistinto.
3. _____ la voce, se no non ti sentono.
4. Forse non ti hanno sentito, con tutto quel chiasso; dillo più forte, _____.
5. _____ la posizione più comoda: seduto, sdraiato, raggomitolato, coricato.
6. _____ le gambe, _____ pure i piedi su un cuscino.
7. _____ la luce in modo che non ti stanchi la vista.
8. _____ di prevedere ora tutto ciò che può evitarti d' interrompere la lettura.

4. Completare con l'imperativo monosillabico

1. _____llo subito agli altri: "No, non voglio vedere la televisione!"
2. _____llo adesso, perché appena sarai sprofondato nella lettura non ci sarà più verso di smuoverti.
3. _____ in modo che la pagina non resti in ombra.
4. Ma _____ attento che non le batta addosso una luce troppo forte.

5. Completare con l'imperativo e i pronomi

1. _____. _____. Allontana da te ogni pensiero.
2. _____ subito agli altri: "No, non voglio vedere la televisione!"
3. Forse non ti hanno sentito, con tutto quel chiasso; _____ più forte, grida.
4. _____ le scarpe, prima, se vuoi tenere i piedi sollevati; se no,_____.
5. _____ adesso, perché appena sarai sprofondato nella lettura, non ci sarà più verso di smuoverti.

6. Completare con l'imperativo negativo

1. O, se non vuoi, ___ _____; speriamo che ti lascino in pace.
2. Adesso ___ _____ lì con le scarpe in una mano e il libro nell'altra.

7. Completare con espressioni esortative, esclamative e interrogative

1. La porta _____ _____ _____.
2. "No, _____ _____ _____ la televisione!"
3. "Sto leggendo! _____ _____ _____ disturbato!"
4. _____ anche _____ a testa in giù, in posizione yoga.
5. Bene, _____ _____?
6. _____ _____ pipì? Bene, saprai tu.

8. Completare con le particelle pronominali

1. Rilassa___. Raccogli___. Allontana da ___ ogni altro pensiero.
2. Lascia che il mondo che ___ circonda sfumi nell'indistinto.
3. La porta è meglio chiuder___; di là c'è sempre la televisione accesa.
4. O se non vuoi non dir___; speriamo che ___ lascino in pace.
5. Certo, la posizione ideale per leggere non si riesce a trovar___.
6. Togli___ le scarpe, prima, se vuoi tenere i piedi sollevati; se no, rimetti_____.
7. Regola la luce in modo che non ___ stanchi la vista.
   Fa_____ adesso, perché appena sarai sprofondato nella lettura non ci sarà più verso di smuover___.
8. Ma sta attento che non ___batta addosso una luce troppo forte.
9. Cerca di prevedere ora tutto ciò che può evitar___ d'interrompere la lettura.

9. Completare con le preposizioni

1. Stai ___ cominciare il nuovo romanzo *Se una notte* ___'inverno un viaggiatore ___ Italo Calvino.
2. Lascia che il mondo che ti circonda sfumi ___'indistinto.
3. Coricato _____ schiena, ____ un fianco, _____ pancia. _____ poltrona, ____ divano, _____ sedia __ dondolo, _____ sedia __ sdraio, ___ pouf. ____'amaca, se hai un'amaca. ___ letto, naturalmente, o _____ il letto.
4. Puoi anche metterti __ testa ____ giù. ____ libro capovolto, si capisce.
5. Certo, la posizione ideale _____ leggere non si riesce _____ trovarla.
6. Una volta si leggeva ___ piedi, ____ _____ ___ un leggio.
7. Eppure ora l'idea ___ leggere stando ___ arcioni, il libro posato _____ criniera ___ cavallo, magari appeso_____ orecchie ____ cavallo _____ un finimento speciale, ti sembra attraente.
8. _____ piedi _____ staffe si dovrebbe stare molto più comodi _____ leggere.
9. Distendi le gambe, allunga pure i piedi ___ un cuscino, ____ due cuscini, _____ braccioli ____ divano, _____ orecchioni _____ poltrona, _____ tavolino ____ tè, _____ scrivania, _____ pianoforte, _____ mappamondo.
10. Le sigarette ___ portata ___ mano, se fumi, il portacenere.

10. Completare con le domande

1. Che libro sta per leggere il lettore?
2. _____ ?
3. _____
   _____ ?
4. _____ ?
5. _____
   _____ ?
6. _____ ?
7. _____ ?
8. _____ ?
9. _____
   _____
   _____ ?
10. _____ ?

– Un romanzo di Italo Calvino
– Di là c'è sempre la televisione accesa.
– "Sto cominciando a leggere il nuovo romanzo di Italo Calvino"
– Il libro deve essere capovolto, si capisc
– Una volta si leggeva in piedi davanti a un leggìo.
– Tenere i piedi sollevati.
– Rimettersi le scarpe.
– Per non stancarsi la vista.
– Può rosicchiare le ombre dei caratteri come in un mezzogiorno del Sud.
– A portata di mano.

11. Per la composizione scritta

1. Quali sono i tuoi libri preferiti?
2. Contesta, con argomenti appropriati, i suggerimenti dell'autore che ti sembrano meno opportuni.
3. Racconta brevemente la trama di un romanzo di un autore, preferibilmente italiano, che più ti è piaciuto.

SINTESI GRAMMATICALE

IMPERATIVO
Imperativo negativo
Imperativo e pronomi

IMPERATIVO

È il modo che indica: **comando, ordine, proibizione, preghiera, esortazione, invito, domanda**, ecc., rivolti direttamente all'interlocutore.

FORMA DELL'IMPERATIVO

Ha un solo tempo: **il presente** [1]. Di regola il soggetto non viene espresso.

Sdràiati a terra, respira profondamente
Fate un elenco delle migliori qualità che avete

Manca la **1ª persona singolare** (in quanto non è possibile dare ordini a se stessi). Tuttavia, uno può rivolgersi a se stesso usando la 2ª persona singolare o la 1ª plurale:

Forza, non scoraggiarti!
Facciamoci coraggio!

---

[1] Anche se vi sono grammatiche che ammettono l'imperativo futuro. In passato, nei testi sacri e nei vecchi codici delle leggi, era frequente l'imperativo espresso con il *futuro semplice: "Lavorerai con il sudore della fronte", ordinò Dio ad Adamo.*

La **2ª persona singolare** dei verbi in **-ere** e **-ire** è identica a quella del presente indicativo: *leggi, rispondi, parti, finisci.*

La **1ª e la 2ª persona plurale** sono uguali alle corrispondenti dell'indicativo presente: *facciamo, guardiamo, leggiamo, finiamo; fate, guardate, leggete, finite.* Per quanto riguarda gli ausiliari "essere" e "avere", invece, la 2ª persona plurale è identica a quella del congiuntivo presente.

Per la **3ª persona singolare e plurale** si usa il **presente congiuntivo**, con il quale si intende esprimere esortazione, invito, piuttosto che comando. Il tono di voce, comunque, è quello che decide tra invito e comando.

Signorina, entri, si sieda pure lì!
Signora, mi dia per favore due di quei moduli!
Si accomodino, Signori, il pranzo è servito!
Mi seguano, Signori: da questa parte!
"Paghi il biglietto!" Impose il controllore

CONIUGAZIONE

	studiare	**leggere**	**partire**	**essere**	**avere**
tu	studia	leggi	parti	sii	abbi
lui/lei/Lei	studi	legga	parta	sia	abbia
noi	studiamo	leggiamo	partiamo	siamo	abbiamo
voi	studiate	leggete	partite	siate	abbiate
essi/e/Loro	studino	leggano	partano	siano	abbiano

IMPERATIVO NEGATIVO

Si forma nel modo seguente:

– per la 2ª persona singolare: NON + INFINITO
– per le altre persone: NON + verbo ALL'IMPERATIVO o al CONGIUNTIVO ESORTATIVO
    Non avere paura! Non fare l'egoista! Non dire sciocchezze!
    Non pensate a cose spiacevoli!
    Non dite queste cose. Non guardate lì!
    Non andiamoci, ascolta! Non perdiamo la pazienza!
    Non vada da quella parte!
    Non me lo dica!

IMPERATIVO CON PRONOMI [1]

Le particelle pronominali ed i pronomi sono in posizione enclitica (cioè seguono
l'imperativo e formano un'unica parola) con la 2ª persona singolare, la 1ª e la
2ª plurale dell'imperativo.
> *Portami gli occhiali, per favore*
> *Diciamoci francamente quel che pensiamo*
> *Sbrigatevi!*

Sono invece in posizione proclitica (precedono l'imperativo e ne sono separate) con
la 3ª persona singolare e la 3ª plurale.
> *Signora, si accomodi!*
> *La facciano entrare, per cortesia*

USO DELL'IMPERATIVO [2]

L'imperativo è usato:

– in frasi **indipendenti**
> *Vieni qua!*

– in espressioni incidentali, con valore **rafforzativo:**
> *Non posso farLe uno sconto ulteriore, mi creda, Le ho già ridotto notevolmente*
> *il prezzo!*

– L'imperativo è frequente nel **messaggio pubblicitario** (specialmente la 2ª
persona singolare) in quanto si rivolge a tutti e a ciascuno di noi in particolare:
> *Se vuoi denti sani e bocca fresca, usa il dentifricio...*
> *Bevi birra e camperai cent'anni!*
> *Mangiate sano, mangiate...*

– Può servire ad infondere **coraggio**, a **dare consigli.**
> *Abbi più fiducia in te stesso!*
> *Sforzatevi a trovare le parole giuste!*

---

[1] Le forme monosillabiche *di', da', fa', sta', va'*, unite alle particelle pronominali, raddoppiano le
consonanti iniziali di esse: *vacci, vammi, vallo, vattene*, ecc.
[2] Si richiamano alla memoria alcune forme irregolari relative alla 3ª persona: andare-*vada*,
venire-*venga*, dare-*dia*, stare-*stia*, fare-*faccia*, dire-*dica*, tenere-*tenga*, rimanere-*rimanga*, porre-*ponga*,
bere-*beva*, tradurre-*traduca*, scegliere-*scelga*, ecc.

– Un "ordine" può essere mitigato da espressioni formali di **deferenza.**
  Abbiate la bontà di aspettare!
  Vogliate perdonarmi il ritardo!
  Fatemi la cortesia di ascoltare!
  Per favore, mi indichi la strada.
  Scusami, fammi passare!

FORME ALTERNATIVE DI IMPERATIVO

– Il **futuro indicativo**[1] può avere valore di imperativo.
  Non andrete al cinema, sabato sera!
  Pazienza, se non te lo ricordi: me lo dirai un'altra volta!
  Per domani farete tre di questi esercizi e studierete i capitoli 7 e 8
  Laverete accuratamente tutte le verdure e le taglierete a dadini

– L'**infinito**, con valore di imperativo, è molto frequente: nelle istruzioni (di macchine, di apparecchi, di medicinali, di prodotti commerciali in genere), nelle ricette di cucina, in norme di comportamento sociale e di segnaletica stradale.
  Non assumere contemporaneamente ad altri farmaci (come avvertenza per una data medicina)
  Per l'uso prolungato consultare il medico
  Non eccedere nell'uso del farmaco
  Leggere attentamente le avvertenze e le modalità d'uso
  Prima dell'uso leggere le istruzioni / Agitare prima dell'uso
  Spedire il tagliando di garanzia entro 30 giorni dall'acquisto
  Tagliare la carne a fettine molto sottili, poi infarinarle, dopo averle passate nell'uovo sbattuto
  Non calpestare le aiuole
  Disporsi su due file
  Ritirare lo scontrino alla cassa
  Non gettare oggetti dal finestrino / Non sporgersi dal finestrino

– Il SI **impersonale con il presente indicativo** (e punto esclamativo finale) ha talvolta valore di imperativo, specie se rivolto a bambini e ragazzi o se indica norme di comportamento.

---

[1] Definito come "iussivo".

Non si lasciano i pennarelli senza tappo!
Ragazzi, la carta non si butta per terra!
Non si parla a voce alta, quando c'è qualcuno che parla al telefono!
Si mangia quel che c'è in tavola!
Non si scrive sui muri!
I libri non si sporcano, mai!
Si attraversa solo sulle strisce pedonali!

– Oltre alle forme verbali, possono esprimere un significato imperativo alcuni sostantivi quali: **coraggio!**, **forza!**, **animo!**, ecc., o avverbi quali: **su!**, **orsù!**, **via!**, **suvvia!**, **avanti!**, **presto!**, **alt!**, ecc. .
   Coraggio, ragazzi, non abbiate paura!
   Su, forza! È ora di andare!
   Suvvia! A chi tocca?
   Orsù!

– Si possono fare esortazioni, fare rimproveri (soffusi talvolta di ironia), anche per mezzo dell'**indicativo**, ricorrendo alla **forma interrogativa**.
   La vuoi smettere di disturbare?
   Vi pare questo il modo di comportarvi?
   Non ti pare che sia ora di mettere la testa a posto?

OSSERVAZIONE

Rientrano nell'imperativo anche:

– Forme come **va là!**, **dai!**, **guarda!**, **bada!**, **andiamo!**, **pensa un po!** (incidentale), **lascia perdere!**, **vediamo!**, ecc., anche se servono più come intercalari che come veri e propri ordini.
   Guarda che questo non è il momento di scherzare!
   Andiamo, rilassati!
   Ha preso l'aereo, pensa un po', lui che aveva tanta paura!
   Dai, che ce la fai!

– Le forme che normalmente sono costituite da due imperativi dello stesso verbo come **cammina cammina, dai dai, parla parla, cerca cerca**, ecc. hanno perso il loro valore d'imperativo.
   Cammina cammina, Hänsel e Gretel arrivarono ad una casetta nel bosco
   Dai dai, ce l'hai fatta!
   Cerca cerca, finalmente l'ho trovato!
   Parla parla, si è fatto tardi

ELEMENTI DI CIVILTÀ

Servizio sanitario, assistenza sociale

Norme di rilassamento, buone regole da seguire, consigli formulati da un esperto: ecco servito, su un piatto d'argento, un elenco dettagliato di tutto quel che bisogna fare per godersi in santa pace le gioie di una salutare lettura.

Sì, perché leggere, con tutte le accortezze suggeriteci da Calvino, può far bene alla salute e senz'altro arricchisce la nostra vita mentale.

Chi si prende cura della salute fisica degli Italiani è, invece, il

Sistema sanitario pubblico

che si articola in interventi dello Stato, delle Regioni, degli Enti Locali (Province e Comuni) al fine di provvedere ad una gestione uniforme della salute sull'intero territorio nazionale, grazie ad una completa rete di organismi,

Le Unità Sanitarie Locali (USL),

che fanno capo al Ministero della Sanità.

Tale Ministero è articolato in:
- Istituto Superiore di Sanità, che si occupa della ricerca tecnico-scientifica;
- Consiglio Sanitario Nazionale, impegnato nell'attuazione del piano sanitario;

Pazienti in attesa di esami diagnostici

- Istituto Superiore per la Prevenzione e la Sicurezza sul Lavoro.

Le USL,

vale a dire l'insieme degli uffici e dei servizi dei Comuni, provvedono alle prestazioni di cura, di riabilitazione (reinserimento graduale nel lavoro, rieducazione in seguito ad incidenti) e di prevenzione (l'accertamento e il controllo dei fattori di nocività degli ambienti di vita e di lavoro, cioè la salvaguardia dell'igiene ambientale).

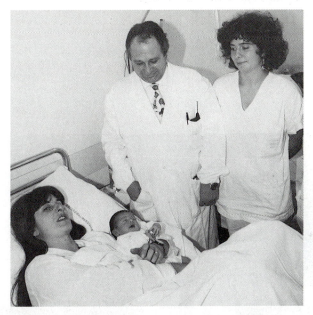

Una nascita in una struttura pubblica

Le prestazioni

di cura comprendono l'assistenza medico-generica, specialistica, infermieristica, ospedaliera e farmaceutica.

Per questi servizi è garantito il diritto alla scelta libera del medico e del luogo in cui si desidera essere curati.

Ad ogni parte di popolazione, compresa fra i 50.000 e i 200.000 abitanti, è assegnata una USL, articolata in:
- Poliambulatori che forniscono assistenza specialistica;
- Servizi di "Day-Hospital" cioè di ricovero giornaliero per i casi in cui non è necessaria la degenza;
- Ospedali.

A finanziare questa imponente struttura è chiamato non solo il Ministero della Sanità, ma anche il singolo cittadino che versa all'

Istituto Nazionale di Previdenza Sociale (INPS)

la cosiddetta "tassa sulla salute", dicitura al limite del comico, che potrebbe far pensare ad una punizione inflittaci dallo Stato perché siamo troppo sani!

Così, naturalmente non è. Vero rimane però il fatto che, mentre la "salute" costa, i "saluti" sono rigorosamente gratuiti.

Ecco perché siamo tanto generosi nel distribuirli a destra e a manca...

La salute degli italiani

MORFOLOGIA

VERBI RIFLESSIVI	**"Si" passivante**
Verbi intransitivi pronominali	**Forma impersonale del verbo**
Pronomi riflessivi	**"Si" impersonale**
Forma passiva del verbo	

CIVILTÀ. *Realtà politica e amministrativa dell'Italia*

– Tonino Capone –

"La vita quotidiana", dice Tonino, "è come il *Monopoli:*   *gioco di gruppo*
all'inizio ogni giocatore riceve dal banco 24 gettoni di libertà.
Un gettone per ogni ora del giorno. Il gioco *consiste nel*   *è basato sul*
saperli spendere nel modo migliore".

Ci troviamo a Napoli, in una piazzetta del Vomero [1]: è
l'una di notte, non c'è più nessun cliente, il locale sta per
chiudere. 'O Maresciallo', il proprietario, fa i conti dietro la
cassa. Due camerieri girano fra i tavoli e ammucchiano per
terra tovaglie sporche, che saranno consegnate in lavanderia.
A un tavolo d'angolo, davanti a tre tazzine di caffè, siamo
seduti io, Tonino e Carmine, il cameriere anziano della pizze-
ria.

"Noi per vivere", dice Tonino, "abbiamo bisogno di due
cose: di un po' di soldi, per essere indipendenti dal punto di
vista economico, e di un po' di affetto, per superare *indenni*   *senza danni*
i momenti di solitudine. Queste due cose, però, non ci ven-
gono date gratis da nessuno: te le devi comprare da te e te
le fanno pagare a caro prezzo con ore e ore di libertà. Nel
Meridione si è portati a desiderare il posto sicuro, lo stipen-
dio fisso tutti *i ventisette*. Non dico che si tratti di un mestiere   *giorno di paga mensile*
stressante, tutt'altro, però in termini di libertà l'impiego è
un impegno tra i più costosi che esistono: otto ore al giorno
significano otto gettoni che vanno pagati, senza considerare
gli straordinari e un eventuale secondo lavoro. E veniamo
all'amore: anche in questo caso l'uomo si orienta per una
sistemazione *di tutto riposo;* si trova una moglie e spera di   *di tutta tranquillità*
ottenere da lei tutto quello stipendio affettivo di cui sente il

---

[1] Una collina di Napoli.

bisogno. Pure questa soluzione ha il suo costo: nella migliore delle ipotesi sono altre sei ore di libertà che *vanno a farsi benedire*. La moglie aspetta il marito cha ha appena finito l'orario d'ufficio e lo *sequestra*. A questo punto facciamoci i conti: otto ore di lavoro, sei per la moglie, ne restano ancora dieci e bisogna dormire, lavarsi, mangiare e andare su e giù con la macchina tra la casa e il posto di lavoro."

vengono sprecate

cattura, blocca

"Donn'Antò [1]," dice Carmine che, non essendo un intimo dà del 'voi' a Tonino, "l'unica cosa che non ho capito è questo fatto dei gettoni. Voi dite che uno, per procurarsi i soldi, deve *cacciare* altri soldi...".

spendere, tirar fuori

"Sì," lo interrompe Tonino, "ma si tratta di soldi immaginari, banconote corrispondenti alle ore di tempo libero. Se tu sacrifichi tutte le ore della giornata per il lavoro e per tua moglie, non avrai più nemmeno un minuto per restare solo con te stesso."

"Ho capito, donn'Antò," *annuisce* Carmine senza troppa convinzione, "però vedete: io quando lavoro non mi annoio mai, quando sto con mia moglie diciamo che mi annoio così così, è quando resto solo con me stesso che mi annoio moltissimo e allora dico io, non è meglio andare a lavorare?"

approva

"Questo succede perché nessuno ti ha mai insegnato a vivere da solo. Lo sai che cosa diceva un filosofo tedesco che si chiamava Nietzsche? Diceva 'O solitudine, o patria mia!'"

"Forse sarà così in Germania", obietta Carmine, "per noi napoletani invece la solitudine è stata sempre una brutta cosa."

"La solitudine in se stessa non è né brutta né bella", precisa Tonino, "la solitudine è un accrescitivo, è una lente di ingrandimento: se si sta male e si è soli, si sta malissimo, se invece si sta bene e si è soli, si sta benissimo."

"Il guaio è che in genere si sta più male che bene" mormora Carmine; "comunque non è della solitudine che volevo parlare, ma del tempo libero. E chiariamo subito una cosa: qua ognuno è padrone di passare il proprio tempo libero come meglio crede. C'è a chi piace restare a casa da solo, a leggere o a pensare; c'è chi invece preferisce uscire con gli amici e andare in trattoria, e c'è chi perfino si diverte a girare con la macchina in mezzo al traffico. L'importante, però, è che ci sia sempre, per ciascuno di noi, quell'angolino per potersi dedicare a qualche cosa che non sia la pura preoccupazione del guadagnare e dello spendere..."

(Da LUCIANO DE CRESCENZO, *Storia della filosofia greca*)*

[1] " Don Antonio". Forma dialettale napoletana e significa "Signor Antonio".

* Per notizie su Luciano De Crescenzo, vedi la sezione *"Scrittori in vetrina"*, a pag. 347.

1. Scelta multipla

1. La vita quotidiana è come
   ❑ un rebus   ❑ il monopoli   ❑ un poker

2. L'azione si svolge a Napoli
   ❑ in una piazzetta del Vomero ❑ a Santa Lucia ❑ in un bar della stazione centrale

3. Per vivere sono necessarie due cose:
   ❑ una casa e un buono stipendio ❑ soldi e salute ❑ un po' di soldi e un po' d'affetto

4. Nel Meridione, dice Tonino, si è portati a desiderare
   ❑ il posto di lavoro sicuro ❑ una famiglia unita e numerosa ❑ istruzione, benessere e il gioco del calcio

5. Quanto all'amore, l'uomo tende
   ❑ alla sicurezza e alla stabilità ad ogni costo ❑ alla variabilità e al cambiamento ❑ ad una sistemazione di tutta tranquillità

6. Carmine dice di annoiarsi moltissimo quando è
   ❑ da solo ❑ con sua moglie ❑ al lavoro

7. Per i napoletani la solitudine è stata sempre
   ❑ un approdo atteso e desiderato ❑ una forma di rilassamento e meditazione ❑ una cosa brutta da rifuggire

8. Secondo Carmine, la gente se è sola
   ❑ sta più male che bene ❑ sta benissimo ❑ è più felice a Napoli che in Germania

9. Ma Tonino, in verità, vuole parlare
   ❑ del tempo libero ❑ della solitudine ❑ della filosofia di vivere

10. L'importante nella vita è
    ❑ disporre di denaro e di potere ❑ potersi dedicare a cose diverse dal guadagnare e dallo spendere ❑ restare a casa a leggere e a pensare

2. Questionario

1. Secondo Tonino, come si può definire la vita quotidiana?
2. Quanti sono e chi sono gli interlocutori?
3. Dove si svolge il colloquio?
4. Che cosa fanno il proprietario e i due camerieri?
5. Quali sono, secondo Tonino, le due cose indispensabili per vivere?
6. Quale finalità ha l'amore, secondo Tonino?
7. Cosa si spera di ottenere, sempre secondo il protagonista, da una moglie?
8. Quando è che la noia diventa più pesante?
9. Come può definirsi, in se stessa, la solitudine?
10. La gente, come preferisce passare il suo tempo libero?

PER L'AUTOCORREZIONE E L'AUTOAPPRENDIMENTO

3. Completare con i riflessivi

1. _____ _____ a Napoli, in una piazzetta del Vomero.
2. Queste due cose _____ le devi _____ da te e te le fanno pagare a caro prezzo.
3. Anche in questo caso l'uomo _____ _____ per una sistemazione di tutto riposo.
4. _____ _____ una moglie e spera di ottenere da lei tutto quello di cui sente il bisogno.
5. A questo punto _____ i conti.
6. Io quando lavoro non _____ _____ mai; quando sto con mia moglie diciamo che _____ _____ così così.
7. Lo sai che cosa diceva un filosofo tedesco che _____ _____ Nietzsche?
8. C'è chi perfino _____ _____ a girare con la macchina in mezzo al traffico.

4. Completare con la forma passiva e impersonale

1. Ammucchiano per terra tovaglie sporche, che _____ _____ in lavanderia.
2. Queste due cose, però, non ci _____ _____ gratis da nessuno.
3. Nel Meridione ____ ___ _____ a desiderare il posto sicuro, lo stipendio fisso.
4. Otto ore al giorno significano otto gettoni che _____ _____.

5. Sì, ... ma ____ _____ di soldi immaginari, banconote corrispondenti
   alle ore di tempo libero.
6. Se ____ _____ male e ____ ____ soli, ____ _____ malissimo.
7. Se invece ____ _____ bene e ____ _____ soli, _____ _____ benissimo.

5. Completare con le preposizioni

1. _____'inizio ogni giocatore riceve _____ banco 24 gettoni ____ libertà. Un
   gettone _____ ogni ora _____ giorno.
2. Ci troviamo ____ Napoli, ____ una piazzetta ____ Vomero.
3. Noi _____ vivere, dice Tonino, abbiamo bisogno ____ due cose: ____ un po'
   ____ soldi, _____ essere indipendenti _____ punto ____ vista economico.
4. Non dico che si tratti ____ un mestiere stressante, tutt'altro, però ____
   termini ____ libertà è un impegno tra i più costosi.
5. _____ migliore _____ ipotesi sono altre sei ore ____ libertà che vanno ____
   farsi benedire.
6. Se tu sacrifichi tutte le ore _____ giornata _____ il lavoro e _____ tua
   moglie, non avrai più nemmeno un minuto ____ restare solo _____ te stesso.
7. Comunque non è ____ solitudine che volevo parlare, ma _____ tempo libero.
8. C'è ____ chi piace restare ____ casa ____ solo, ____ leggere o ____ pensare.
9. C'è chi invece preferisce uscire _____ gli amici e andare ____ trattoria.
10. E c'è perfino chi si diverte ____ girare ____ la macchina ____ mezzo ____
    traffico.

6. Completare liberamente le frasi

1. Si è portati a ...
2. Noi per vivere abbiamo bisogno di ...
3. Non dico che si tratti di ...
4. E veniamo all'amore: anche in questo caso l'uomo si orienta per ...
5. La moglie aspetta il marito che ...
6. Uno per procurarsi i soldi deve ...
7. Nessuno ti ha mai insegnato a ...
8. Ognuno è padrone di ...
9. C'è a chi piace ...
10. C'è chi si diverte a ...

7. Fare le domande

1. Com'è la vita quotidiana?	- Come il monopoli.
2. _____	- Ci troviamo a Napoli.
3. _____	- Fa i conti dietro la cassa.
4. _____	- Abbiamo bisogno di due cose.
5. _____	- Aspetta il marito.
6. _____	- Mi annoio quando sono solo.
7. _____	- Per noi napoletani è stata sempre una brutta cosa.
8. _____	- Del tempo libero.

8. Per la composizione scritta

1. Raccontate un film o un romanzo di ambientazione meridionale che avete visto o letto.
2. Che cos'è per voi la libertà?
3. Esprimete le vostre idee, convinzioni, riflessioni sulla vita e sul modo migliore di impiegarla.

SINTESI GRAMMATICALE

VERBI RIFLESSIVI
Intransitivi pronominali
Pronomi riflessivi
Forma passiva del verbo
"Si" passivante
Forma impersonale del verbo
"Si" impersonale

FORMA RIFLESSIVA DEL VERBO

Nella costruzione riflessiva l'azione fatta dal soggetto si riflette sul soggetto, cioè sulla stessa persona che la compie, ovvero: soggetto e oggetto coincidono.
Ti sei lavato? (TU hai lavato TE stesso?)

Il verbo è sempre accompagnato dai pronomi personali atoni (o particelle pronominali): ***mi, ti, ci, vi***, ***si*** (per la 3ª persona singolare e plurale).
Nei tempi composti l'**ausiliare** è sempre **ESSERE**.
*Ci **siamo** sposati in estate*

TIPI DI FORMA RIFLESSIVA

— FORMA RIFLESSIVA PROPRIA [1], in cui si hanno:

a) un verbo transitivo

b) *mi, ti, si, ci, vi, si* in funzione di complemento oggetto
Tonino si è lavato (Tonino ha lavato se stesso)

— FORMA RIFLESSIVA APPARENTE [2], in cui si hanno:

a) un verbo transitivo

b) *mi, ti, si, ci, vi, si* in funzione di *complemento di termine* (a me, a te, a lui, ecc.) trasformabile, se si vuole in *aggettivo possessivo* (mio, tuo, suo...)

c) un complemento diretto (diverso dal soggetto)

Mi sono lavato le mani	— *Io ho lavato*	*le mie mani* / *le mani a me stesso*
Si è messo il cappotto	— *Ha messo*	*il suo cappotto* / *il cappotto a se stesso*

— FORMA RIFLESSIVA ENFATICA [3] in cui si hanno:

a) un verbo transitivo

b) *mi, ti, si, ci, vi, si* grammaticalmente superflui, ma semanticamente opportuni per esprimere un particolare coinvolgimento nell'azione.

c) un complemento diretto diverso dal soggetto

Mi sono fumato due pacchetti di sigarette (ho fumato due pacchetti di sigarette)
Ci siamo scolati due bottiglie di vino (abbiamo scolato due bottiglie di vino)

[1] Definita anche "diretta" o "vera".
[2] Definita anche "impropria" o "falsa".
[3] Definita anche "pleonastica".

La presenza del pronome personale, insomma, mette in risalto il fine dell'azione, cioè l'interesse o piacere personale, e denota il gusto o la soddisfazione nel compiere una determinata cosa.

> *Ho mangiato un panino* (espressione neutra)
> *Mi sono mangiato un (bel) panino* (espressione marcata: l'ho mangiato con gusto e tutto per me)
> *Ho letto quel libro* (espressione neutra)
> *Mi sono letto quel libro in una nottata* (l'ho letto tutto d'un fiato, con interesse tutto mio particolare)

Tale forma è frequente più nella lingua parlata che nella lingua scritta, ed è molto comune nel registro informale.

– FORMA RIFLESSIVA RECIPROCA, in cui si ha un'azione compiuta *scambievolmente* da due o più soggetti e il verbo può essere accompagnato da espressioni avverbiali quali, *reciprocamente, a vicenda*, ecc. o pronominali quali, *l'un l'altro, gli uni con gli altri*.

Si hanno:
   a) un verbo transitivo

   b) *si, ci, vi, si* in funzione di complemento diretto (ciascuno dei due soggetti o più soggetti hanno come oggetto l'altro o gli altri) o indiretto (l'oggetto è diverso dal soggetto e il pronominale costituisce il termine dell'azione).

> *Paolo e Luisa si sono sposati nel '79* (cioè Paolo ha sposato Luisa e Luisa ha sposato Paolo)
> *Tonino e Carmine non si sono rivolti la parola* (cioè Tonino non ha rivolto la parola a Carmine e Carmine non ha rivolto la parola a Tonino)
> *Perché non vi baciate!*
> *Tutti si picchiavano*

– FORMA INTRANSITIVA PRONOMINALE [1], in cui i verbi non possono essere usati senza le particelle pronominali, le quali ne fanno parte integrante, non hanno alcuna funzione logica, ma senza di esse il verbo o acquisterebbe sfumature e significati diversi (*annoiarsi* e *annoiare; ricordarsi* e *ricordare*, ecc.) o non potrebbe usarsi isolato (*mi arrabbio* e non *arrabbio; *si vergognano* e non *vergognano).

[1] Definita anche "riflessiva intransitiva".

Si hanno:
  a) un verbo intransitivo

  b) *mi, ti, si, ci, vi, si* fanno parte integrante del verbo

I più frequenti sono [1]:

addormentarsi	addentrarsi	adirarsi
annoiarsi	assentarsi	arrabbiarsi
avvalersi	barricarsi	congratularsi
dolersi	imbattersi	incamminarsi
lagnarsi	lamentarsi	ostinarsi
vergognarsi	affacciarsi,	attardarsi
divertirsi	infischiarsene	pentirsi
ricordarsi	allontanarsi	ecc.

> *Mi annoio quando sono solo in casa*
> *Si è pentito di non essere venuto con noi*
> *Si sono vergognati di quello che hanno fatto*

OSSERVAZIONE

Si osservi il significato diverso (o la sfumatura diversa di significato) tra un verbo intransitivo pronominale e il suo corrispondente transitivo o intransitivo non pronominale.

Ti ricordo (cioè: ti ho presente nella mia mente, ti penso) *con piacere*

Mi sono ricordato di te (cioè: mi sei venuto in mente, oppure ho richiamato te alla mia mente)

Dopo il lavoro **mi sono riposato** (cioè: ho fatto riposo, me ne sono stato tranquillo)

Questa notte non **ho riposato** (cioè: non ho dormito) *nemmeno un'ora*

Ci siamo allontanati (cioè: ce ne siamo andati via) *in fretta*

Ho allontanato (cioè: ho mandato via, ho cacciato) *un falso amico da casa mia*

---

[1] I verbi intransitivi pronominali sono dei verbi intransitivi, ma nella coniugazione hanno le stesse caratteristiche dei riflessivi.

FORMA PASSIVA DEL VERBO

Se un verbo è accompagnato da un complemento oggetto, è un verbo transitivo attivo che può essere trasformato dalla forma **attiva** in quella **passiva**.

Il cameriere servirà il caffè in salotto = *Il caffè sarà servito in salotto dal cameriere*
La ragazza lo vide in difficoltà = *Lui fu visto in difficoltà dalla ragazza*

Il complemento oggetto *(il caffè)* diventa il soggetto grammaticale della frase.
Il soggetto *(il cameriere)* diventa complemento d'agente, sempre introdotto dalla preposizione **da** (semplice o articolata).

Il PASSIVO si forma:

– con l'ausiliare ESSERE (in ogni modo e tempo)
    I tavoli sono stati apparecchiati dal cameriere
    Il libro era letto da molti

– con l'ausiliare VENIRE (in ogni modo; solo nei tempi semplici)
    Queste cose non ci vengono date gratis da nessuno
    Spesso i genitori non vengono/verranno/venivano ecc. ascoltati

– con l'ausiliare ANDARE (in ogni modo; solo nei tempi semplici; solo alla 3ª persona singolare e plurale; sempre con l'idea di obbligo, necessità, opportunità, ecc. [1]

    Otto ore al giorno significano otto gettoni che vanno pagati (che devono essere pagati)
    Il vino bianco va servito fresco (= deve essere servito fresco), *perché ottenga l'effetto migliore*

– con il "SI" PASSIVANTE (in ogni modo e tempo; solo alla 3ª persona singolare e plurale; il verbo si accorda con il soggetto)

    Si mangia frutta
    Queste cose si pagano a caro prezzo
    Non si accettano assegni

---

[1] Diverso è il significato delle locuzioni verbali *andare perduto, andare smarrito, andare distrutto*, ecc., in cui c'è sempre e solo l'idea di **perdita, deterioramento, rovina**, ecc., e valgono semplicemente come *esser perduto, essere smarrito, essere distrutto*, ecc. *Durante la guerra molti palazzi sono andati distrutti* (= sono stati distrutti)

– **ESSERE.** Nel passaggio dalla forma attiva a quella passiva si ha la possibilità di non citare il soggetto dell'azione, ovvero l'agente del verbo passivo. In questo caso non è più il soggetto, ma il verbo l'elemento centrale (il tema) della frase, e si ha l'idea di impersonalità.

> *È stato rotto il lampadario*
> *Fu detto anche questo di te* (non si sa da chi)
> *Il ladro è stato arrestato*
> *La notizia è stata resa pubblica*
> *Questo commento è stato fatto fin troppe volte*
> *La cena è stata servita in modo ineccepibile*
> *Sarà finita la traduzione?*
> *Fossero state spedite le lettere per domani!*

"Essere" è un verbo largamente usato, non solo come ausiliare per i tempi composti e per il passivo, ma anche come copula.
> *La porta è bianca/sporca/di legno*

Possono risultare ambigue frasi come: *La porta è aperta.* Nel senso che non è chiaro se: *La porta "sta" aperta,* oppure *La porta è (viene) aperta da qualcuno.*

– **VENIRE.** Quando l'agente non è espresso[1], si ricorre spesso al verbo **venire,** che dà alla frase un chiaro significato "dinamico" di passivo: *La porta viene aperta,* significa che la porta viene vista nel suo essere aperta da qualcuno.

> *Il portone d'ingresso viene aperto alle 8 e richiuso la sera alle 7*
> *Certi commenti, a volte, vengono fatti con troppa leggerezza!*
> *Quando non c'era la mamma, i bambini venivano accompagnati a scuola dalla nonna*
> *Non è più autonoma, ormai: viene aiutata in tutto, per lavarsi, per mangiare...*
> *Quando i bambini vengono troppo repressi, rischiano di diventare aggressivi*
> *Queste cose vengono dette e ridette, ma nessuno non se le ricorda mai*
> *Se uno viene troppo aiutato dalla fortuna, perde il senso della misura*

– **ANDARE.** Solo nei tempi semplici. Oltre al significato passivo, dà all'espressione il senso aggiuntivo di: **necessità, dovere, opportunità, obbligo.**

> *Questo lavoro deve essere/va fatto meglio*
> *È bene ascoltare/vanno ascoltati gli amici*

---

[1] VENIRE si usa con i tempi semplici anche in presenza di agente: *Le vostre lettere verranno lette domani dall'Amministrazione. Poi la proposta venne approvata da tutti. "Non voglio che questa dichiarazione venga letta in tribunale" disse l'imputato.*

"Andare", in tutti i tempi si accompagna a verbi che ruotano intorno al significato di "perdere", "rovinare", ecc., formando delle vere e proprie locuzioni verbali.

> *Sono stati / andati perduti molti oggetti nel trasloco*
> *Molti tesori d'arte sono stati / andati distrutti durante la guerra*

– **"SI" PASSIVANTE.** Oltre il significato passivo, dà all'espressione un senso di "impersonalità". Si costruisce premettendo il SI alla forma attiva del verbo, al tempo voluto. Si usa solo alla 3ª persona singolare e plurale, che concordano col soggetto.

> *Si legge il giornale*
> *Si leggono i giornali*
> *Si affittano appartamenti arredati*

NEI TEMPI COMPOSTI si usa sempre l'ausiliare ESSERE. Questa forma viene usata quando l'agente è di tipo impersonale, generico.

> *Si è detto, si è fatto, si è scritto molto*
> *Si sono studiati tutti i libri necessari*
> *Si erano viste molte ragazze per strada*

Pur non essendo espresso l'agente, a volte si specifica l'ambito a cui esso ci si riferisce (per esempio: in Italia, in questa famiglia, ecc.).

> *In Italia si ama molto viaggiare*
> *In questa famiglia si spende troppo denaro*
> *In questo negozio si parla inglese*
> *In questo ufficio si fanno molte ore di straordinario*
> *Da noi non si mangia mai la carne*
> *Nei licei classici si studiano il latino e il greco antico*

Può assumere un tono ironico, quando volutamente non si nomina il soggetto dell'azione, e si preferisce restare nel vago.

> *Qui si batte la fiacca!*
> *Si è fatto poco, eh, oggi!*
> *Si fanno troppe chiacchiere in questo ufficio!*

Può esprimere una raccomandazione, una regola, specie se rivolto a ragazzi e a bambini, ed ha valore d'imperativo (vedi Unità 11 pag. 236).

> *Non si dicono le parolacce!*
> *Si rispettano le cose degli altri!*

VERBI IMPERSONALI

Sono impersonali quei verbi, **privi di soggetto**, che si coniugano alla **3ª persona singolare.**

— Indicano FENOMENI ATMOSFERICI; come :

piove	grandina	tuona	nevica
tira vento	fa caldo	albeggia	annotta
si rannuvola	ecc. [(1)].		

Oggi è una brutta giornata; piove e tira vento
Domani pioverà

— ALTRI VERBI come:

accadere	succedere	avvenire	capitare
piacere	dispiacere	sembrare	parere
bastare	importare	necessitare	ecc.

possono avere la costruzione sia impersonale (se seguiti da "*che*")

Sembra che tu non abbia ancora capito
Spesso succede che uno resti solo per tutta la vita

sia personale

Voi spesso sembrate distratti
Sono successe cose inspiegabili

— Le locuzioni formate da ESSERE + AGGETTIVO/NOME/AVVERBIO + CHE + CONGIUN-
TIVO / INDICATIVO.

è chiaro	è opportuno	è necessario	è evidente
è ora	è certo	è legge	è consuetudine
è un peccato	è una vergogna	è bene	è meglio
è male	ecc.		

hanno la costruzione impersonale

È necessario che tu sia presente [(2)]
È chiaro che avete capito

ma talvolta è possibile trasformare le locuzioni in frasi nominali personali

La tua presenza è necessaria
La spiegazione è chiara

[(1)] A volte questi verbi possono avere un uso personale, se presi **in senso figurato**: *Gli sono piovute addosso tante lettere di protesta; l'oratore ha tuonato dal pulpito.*
[(2)] Alcuni dicono però che l'espressione "*che tu sia presente*" può essere intesa come soggetto di "*È necessario*", e così diventa personale.

FORME IMPERSONALI

Si può anche avere la forma impersonale:

1. Con il soggetto indefinito UNO + verbo alla 3ª persona singolare.

   Quando uno non sa che dire, è meglio che stia zitto
   Se uno quest'esperienza non l'ha fatta, non può capirla

2. Con il SI impersonale + verbo (intransitivo o usato intransitivamente) alla 3ª persona singolare.

   In questo ristorante si mangia bene e si spende poco
   In treno si viaggia più comodamente che in auto

3. con il pronome allocutivo TU (2ª persona singolare), di largo uso nel linguaggio della pubblicità, nelle ammonizioni, nei consigli, ecc.

   Mangia questo, se vuoi essere in forma!
   Abbiti cura!
   Non sai quel che fai!
   Per andare a Roma, prendi il treno e sei lì in due ore

4. con il pronome NOI (1ª persona plurale), con il quale ci si rivolge ad una collettività della quale facciamo parte (tutti noi).

   Quante volte ci comportiamo da vigliacchi!
   Spesso non siamo capaci di affrontare le piccole contrarietà

5. Con il pronome LORO (3ª persona plurale), in particolare con i verbi del "dire".

   Raccomandano di fare silenzio
   Hanno diffuso la notizia che presto ci sarà una crisi politica
   Dicono che molti saranno licenziati

6. Con il pronome VOI (2ª persona plurale, che è come una estensione del "tu", di uso nel linguaggio pubblicitario, nei consigli, ecc., ed è altrettanto coinvolgente pur nella sua impersonalità.

   Se applicherete il cerotto "Salus" sulla schiena, scompariranno le allergie.
   Bevete pure alcolici, se volete rovinarvi il fegato!

CASI PARTICOLARI NELL'USO DEL "SI" [1] IMPERSONALE

1. SI + VERBO RIFLESSIVO O PRONOMINALE. Il SI si trasforma in CI per motivi di eufonia (Quindi non *SI SI +verbo, ma CI SI + verbo)

   Durante la lezione ci si stanca un po'
   Questa sera ci si ritrova tutti in piazza

2. SI + VERBO COPULATIVO (essere, parere, rimanere, ecc.) + PARTICIPIO PASSATO/AGGETTIVO/NOME. I participi/aggettivi/nomi vanno al maschile plurale.

   Si è tristi, se si rimane soli nella vita
   Non si può restare indifferenti di fronte a tanti problemi
   Quando si è medici, si deve saper affrontare il sacrificio
   Quando si è stati ben accolti in un posto, vi si ritorna volentieri
   Non si è rimasti soddisfatti dello spettacolo

3. SI + VERBO coniugato ad un tempo composto (l'ausiliare è sempre *essere*)

a) con i verbi che di regola richiedono l'ausiliare AVERE, il participio ha la terminazione in -o. Viaggiare (ausiliare AVERE: Io ho viaggiato): *si è viaggiato*

   Si è fatto tardi, è ora di partire
   Si è detto molto su questo argomento
   Si è parlato fin troppo di lei
   Si è viaggiato in piedi tutta la notte

b) con i verbi che di regola richiedono l'ausiliare ESSERE, il participio ha la terminazione in -i. Ciò vale anche per i verbi pronominali. "Giungere (ausiliare ESSERE: Io sono giunto): *si è giunti*

   Si è partiti con un'ora di ritardo
   Ci si è pentiti di quel che si era fatto
   Ci si è vergognati tutti di lui
   Quando ci si è scottati con l'acqua calda, si ha paura anche di quella fredda
   Per le informazioni ci si è rivolti all'ufficio competente
   Non si è potuti (anche però: *si è potuto) arrivare puntuali all'appuntamento*
   Ci si è dovuti accontentare di quello che si è trovato

---

[1] I pronomi *lo / la / li / le*, quando precedono il "SI" impersonale, normalmente si sottintendono: *bella la partita!* (La) *si è vista anche in TV; La crisi economica ha investito tutto il mondo; (lo) si è visto recentemente* (dove il *lo* è riferito al fatto in sé e per sé).

ELEMENTI DI CIVILTÀ

Realtà politica e amministrativa dell'Italia

Il sogno dei meridionali, ma non solo il loro, come ci ricorda Tonino Capone, è tradizionalmente quello di "avere il posto sicuro, lo stipendio fisso tutti i 27 del mese", in altre parole è quello di ottenere un

Impiego statale

sia come dipendenti del Ministero delle Poste, sia nelle Ferrovie dello Stato, sia negli uffici dell'Amministrazione Pubblica, tale da garantire un'esistenza tranquilla e senza scosse.

Lo Stato, pertanto, viene considerato dai meridionali come il maggior datore di lavoro. Non è un caso che gran parte del personale amministrativo della nostra Repubblica sia costituito da cittadini meridionali: giuristi, magistrati, funzionari, insegnanti, politici o semplici impiegati che vanno ad ingrossare le file della nostra burocrazia.

L'ordinamento delle nostre istituzioni, secondo la Costituzione vigente dal 1948, vede nel

Presidente della Repubblica

il rappresentante dell'unità della Nazione. Il suo mandato dura sette anni. È capo delle Forze Armate (Esercito, Marina, Aeronautica) e dell'Amministrazione Pubblica. È suo compito nominare il governo, presiedere la Magistratura e decretare lo scioglimento, vale a dire la fine dell'incarico, del Parlamento. Egli vigila sulla Costituzione.

L'esercizio vero e proprio del Potere è svolto da tre organi: al

Parlamento

(unione di Camera dei Deputati e Senato), spetta il potere legislativo; al

Governo

(costituito dal Presidente del Consiglio e dal Consiglio dei Ministri) compete il potere esecutivo, ossia l'applicazione delle leggi; al

Consiglio Superiore della Magistratura ,

organo autonomo e indipendente (CSM), è delegato il potere giudiziario.
Alla centralità dello Stato si affiancano poi le

Inaugurazione dell'Anno Giudiziario

Regioni,

enti territoriali con un proprio parlamento locale (Consiglio Regionale) a cui è affidata una vasta competenza normativa.
L'organo esecutivo è la Giunta Regionale, composta da un Presidente e da un numero variabile di Assessori (da sei a dodici), ognuno con un incarico specifico; ad esempio l'Urbanistica, il Lavoro giovanile, ecc.
Le regioni sono venti, cinque delle quali hanno uno statuto speciale, dovuto alle esigenze proprie di terre periferiche o in cui convivono minoranze etniche e linguistiche diverse: Sicilia, Sardegna, Trentino Alto-Adige, Friuli Venezia Giulia, Valle d'Aosta.

Elezioni amministrative. Un seggio elettorale

Riguardo al

Sistema elettorale

per formare il Parlamento, dal Secondo Dopoguerra fino al 1992 è stato in vigore quello proporzionale, che prevede un numero di seggi elettorali (Deputati e Senatori) corrispondente alla percentuale di voti ottenuti dal partito di appartenenza (es. il partito che ha avuto una percentuale del 20% degli elettori, manda alle Camere il 20% di Deputati e Senatori). A questo alto livello di democrazia, davvero lodevole in astratto, non è però corrisposto un risultato politico altrettanto buono. Ecco perché gli Italiani, a partire dal 1992, si sono orientati verso il

Una seduta del Senato della Repubblica

Sistema elettorale maggioritario

che garantisce un premio aggiuntivo di presenze in Parlamento al partito (o alla coalizione) che ottiene la maggioranza dei voti.

Chissà quante cose avrebbero da dire a questo riguardo (meglio il sistema proporzionale o quello maggioritario?) Tonino Capone e Carmine seduti al tavolino del bar! Scommetto che spenderebbero infiniti gettoni di libertà senza rimorsi.

(Adattato da, GUIDAZZURRA Editore D'Anselmi)

L'esercito impiegato in operazioni di pace

MORFOLOGIA

AGGETTIVI E PRONOMI possessivi   **Aggettivi e pronomi indefiniti**
Aggettivi e pronomi dimostrativi   **Pronomi relativi e interrogativi**
CIVILTÀ. *Difesa dell'ambiente e qualità della vita*

– *La televisione ... allora* –

Durante il giorno, sul fiume, pensavo spesso a Fernanda, a quel suo *impercettibile* sorriso che io non sapevo *decifrare*. Forse - mi dicevo - lei si prendeva gioco di me. Forse mi compativa. Chissà.

inafferrabile, lieve
interpretare

Fernanda lavorava in una fabbrica ch'era proprio in cima alla salita, un poco oltre il "Monumento ai Caduti". Lei e le sue colleghe lavoravano il cuoio, in quella fabbrica. Facevano scarpe, borsette, articoli di pelletteria. *Ammorbavano* tutta la vallata con certi fumi gialli e *acri* che ci entravano nel naso, nei nostri vestiti, nei pori della pelle, nel cibo. Ci ritrovavamo con loro alla sera davanti alla televisione.

avvelenavano, inquinavano
aspri, pungenti

La televisione, a quell'epoca e per noi uomini del fiume, era una sorta di *incantesimo* che si rinnovava ogni giorno *all'imbrunire* e in cui noi tutti vivevamo *stregati*. Dentro a quella scatola c'era il mondo. Principi e presidenti, papi e attori famosi scendevano ogni giorno fra di noi; e le città colossali dell'America e gli immensi deserti dell'Australia erano appena più in là della lontana Pavia, della famosa Milano, dove correvano i treni e tutte le strade del mondo si riunivano.

magia
di sera - incantati

Che cosa, allora, era la televisione! C'erano romanzi *a puntate,* tutte le sere di domenica, tratti dalle più grandi opere letterarie d'ogni tempo e d'ogni paese; c'erano *réclames* della pasta dentifricia e delle lame da barba e d'altri oggetti che adesso non ricordo. C'erano alcuni spettacoli per ridere, altri per piangere e noi *docili* ridevamo, piangevamo, poi tornavamo a ridere se il programmista ce lo permetteva; se no, andavamo a dormire *mogi mogi.*

suddivisi in parti

pubblicità

obbedienti, disponibili

tristi

C'era un giochetto scolastico di domande a premio che

si faceva tutti i giovedì e tutti gli italiani impazzivano per vederlo.

A una certa ora di sera le strade si svuotavano, i bar e i cinematografi chiudevano, tutta l'Italia intera *fremeva, scissa* *era in ansia - divisa* tra gioie improvvise e drammi *lancinanti,* del genere: "Riuscirà, *dolorosi, strazianti* Tizio, a ricordare che cosa disse esattamente il 26 giugno 1813, a Dresda, alle ore otto di sera l'Imperatore Napoleone Bonaparte parlando con il principe di Metternich?"

Tutti volevano *concorrere.* Ognuno si sentiva pronto a dare *partecipare, gareg-* la risposta giusta. Un giovanotto biondiccio gridava a tutti: *giare* "Allegria!" e domandava *a bruciapelo:* "Quanti furono i primi re *all'improvviso* di Roma?" "In che anno si combattè la battaglia di Poitiers?" "Che cosa sono i lepidotteri?" "Qual è la capitale del Turkmeni-stan?" "Chi disse : Il dottor Livingstone, suppongo?"

Fu il mio momento di gloria. Mentre maestri, professionisti, carrettieri balbettavano: "Mi ripeta la domanda, per favore", e l'orologio implacabile scandiva i suoi secondi (tac-tac-tac), io prontamente rispondevo: "Sette!" "Nel 732 dopo Cristo!" "Insetti volgarmente denominati farfalle, con quattro ali coperte di scagliette... ecc.!" "Ashabad!" "Sir Henry Stanley, giornalista, inviato in Africa dal New York Herald Tribune alla ricerca di Livingstone... ecc!"

In un batter d'occhio si sparse per il fiume questa notizia: *in un attimo* c'era un campione potenziale di domande a premio per televisio-ne, così bravo da poter vincere centinaia di migliaia di lire, forse addirittura milioni, e da *eclissare* le fortune di tanti altri prece- *oscurare* denti campioni. Un vero genio del "Quiz". Il sorriso di Fernanda crebbe di luminosità, diventò meno impercettibile che in passa-to, ogni volta che la incontravo per le scale.

Sognavo molto, a quell'epoca, ad occhi aperti, sul fiume. Mi vedevo già dentro alla scatola magica col giovanotto biondiccio che mi gridava "Allegria!" ogni volta che gli davo una risposta. Vincevo cifre da record: dieci milioni, venti milioni, quaranta-cinque milioni.

Diventavo ricco. Sognavo di avere una motocicletta bella e costosa e d'invitare Fernanda a salirci. Di fare colpo su di lei con la mia bravura e la mia celebrità, con i miei soldi e il mio successo. Ero completamente perso nei miei sogni, e lo zio Alvaro ogni tanto mi diceva: "Vattene a spasso, Sebastiano mio. Tanto qui non combini niente, *mi intralci* e basta." *mi ostacoli*

(Da SEBASTIANO VASSALLI, *L'oro del mondo*)*

---

* Per notizie su Sebastiano Vassalli, vedi la sezione *"Scrittori in vetrina",* a pag. 356

1. Scelta multipla

1. Fernanda lavorava in
   ❏ campagna ❏ ufficio ❏ fabbrica

2. Il lavoro della fabbrica ammorbava la vallata con
   ❏ fumi gialli e acri ❏ acque reflue inquinanti ❏ gas di scarico delle macchine

3. La televisione, allora, era
   ❏ quasi un lavoro e un dovere ❏ una sorta d'incantesimo
   ❏ un passatempo ameno e divertente

4. Alla televisione, in prevalenza, c'erano
   ❏ trasmissioni di alto spessore culturale ❏ solo trasmissioni di sport
   ❏ romanzi a puntate e varietà

5. Tutti i giovedì c'era
   ❏ un giochetto di domande a premio ❏ la pubblicità delle lame da barba
   ❏ musica sinfonica

6. A una certa ora di sera
   ❏ tutti uscivano di casa ❏ le persone si riversavano nelle strade
   ❏ tutta l'Italia era davanti al video

7. Tutta la gente
   ❏ voleva concorrere e partecipare al gioco ❏ aspettava una chiamata
   per partecipare ❏ era in grado di rispondere

8. Il protagonista in quel periodo
   ❏ fu chiamato alla televisione ❏ ebbe il suo momento di celebrità e
   gloria, senza partecipare alla trasmissione ❏ vinse molti soldi al gioco
   televisivo

9. Rapidamente si sparse la notizia che era
   ❏ in arrivo un campione straordinario ❏ un campione potenziale
   bravissimo ❏ stata fatta una vincita di molti milioni

10. Il protagonista era
    ❏ completamente esaltato e perso nei suoi sogni ❏ del tutto fuori di sé
    ❏ impegnato a scegliere una motocicletta bella e costosa

2. Questionario

1. A chi pensa costantemente il protagonista?
2. Dove lavora Fernanda?
3. Cosa rappresentava, allora, la televisione?
4. Cosa passava davanti agli occhi degli spettatori?
5. Quali erano i programmi prevalenti?
6. Qual era e com'era la trasmissione più seguita?
7. Cosa succedeva in Italia il giovedì sera alle ore 20,30?
8. Perché il protagonista divenne celebre?
9. Cosa sognava Sebastiano?
10. Quale atteggiamento assunse Fernanda nei confronti di Sebastiano?

PER L'AUTOCORREZIONE E L'AUTOAPPRENDIMENTO

3. Completare con gli aggettivi possessivi

1. Durante il giorno, sul fiume, pensavo spesso a Fernanda, a quel _____ impercettibile sorriso.
2. Lei e le ____ colleghe lavoravano il cuoio.
3. Certi fumi gialli e acri ci entravano nel naso, nei _____ vestiti, nei pori della pelle, nel cibo.
4. Fu il ____ momento di gloria.
5. "Mi ripeta la domanda, per favore", e l'orologio scandiva i _____ secondi (tac-tac-tac).
6. Sognavo di fare colpo su di lei con la ____ bravura e la ____ celebrità, con i _____ soldi e il ____ successo.
7. Ero completamente perso nei _____ sogni.
8. "Vattene a spasso, Sebastiano _____ . Tanto qui non combini niente".

4. Completare con gli aggettivi dimostrativi

1. Pensavo spesso a Fernanda, a _____ suo impercettibile sorriso che io non sapevo decifrare.
2. Lei e le sue colleghe lavoravano il cuoio, in _____ fabbrica.
3. La televisione a _____' epoca era una sorta di incantesimo.
4. Dentro a _____ scatola c'era il mondo.

5. In un batter d'occhio si sparse per il fiume _____ notizia.
6. Sognavo molto, a _____' epoca, ad occhi aperti, sul fiume.

5. Completare con gli aggettivi e i pronomi indefiniti

1. Ammorbavano _____ la vallata con _____ fumi gialli e acri che ci entravano nel naso.
2. La televisione era una sorta di incantesimo che si rinnovava _____ giorno all'imbrunire e in cui noi _____ vivevamo stregati.
3. Principi e presidenti, papi e attori famosi scendevano _____ giorno fra di noi.
4. Le città colossali dell'America erano appena più in là della famosa Milano, dove correvano i treni e _____ le strade del mondo si riunivano.
5. C'erano romanzi a puntate, _____ le sere di domenica, tratti dalle più grandi opere letterarie d'_____ tempo e d'_____ paese.
6. C'erano réclames della pasta dentifricia e delle lame da barba e d' _____ oggetti che adesso non ricordo.
7. C'erano ____ spettacoli per ridere, ____ per piangere.
8. C'era un giochetto scolastico di domande a premio che si faceva ____ i giovedì.
9. A una _____ ora di sera le strade si svuotavano, i bar e i cinematografi chiudevano, _____ l'Italia intera fremeva.
10. ____ volevano concorrere.
11. ____ si sentiva pronto a dare la risposta giusta.
12. Un giovanotto biondiccio gridava a ____: "Allegria!"
13. In un batter d'occhio si sparse per il fiume questa notizia: c'era un campione potenziale... così bravo... da eclissare le fortune di _____ ____ precedenti campioni.
14. Quel giovanotto biondiccio mi gridava "Allegria!" _____ volta che gli davo una risposta.
15. Lo zio Alvaro ____ tanto mi diceva: "Vattene a spasso, Sebastiano mio."

7. Completare con i pronomi relativi

1. Pensavo a quel suo impercettibile sorriso ____ io non sapevo decifrare.
2. Fernanda lavorava in una fabbrica _____' era proprio in cima alla salita.
3. Ammorbavano tutta la vallata con certi fumi gialli e acri _____ ci entravano nel naso.
4. Era una sorta di incantesimo ____ si rinnovava ogni giorno all'imbrunire e in _____ noi tutti vivevamo stregati.
5. Le città colossali dell'America erano appena un po' più in là della famosa Milano, ___ correvano i treni.
6. C'erano réclames ... delle lame da barba e di altri oggetti _____ adesso non ricordo.

7. C'era un giochetto scolastico di domande a premio _____ si faceva tutti i giovedì.
8. Mi vedevo già dentro alla scatola magica col giovanotto biondiccio _____ mi gridava "Allegria!" ogni volta _____ gli davo una risposta.

8. Completare con i pronomi interrogativi ed esclamativi

1. ___ ___, allora, era la televisione!
2. "Riuscirà, Tizio, a ricordare ___ ___ disse esattamente il 26 giugno 1813, a Dresda, alle ore otto di sera l'Imperatore Napoleone Bonaparte?
3. "_____ furono i primi re di Roma?"
4. "In ____ anno si combattè la battaglia di Poitiers?"
5. "_____ sono i lepidotteri?"
6. ___ è la capitale del Turkmenistan?"
7. "___ disse: il dottor Livingstone, suppongo?"

9. Completare con le preposizioni

1. Durante il giorno, _____ fiume, pensavo spesso a Fernanda.
2. Fernanda lavorava ____ una fabbrica ch'era proprio ____ cima ___ salita, un poco oltre il "Monumento ____ caduti".
3. Ammorbavano tutta la vallata _____ certi fumi gialli e acri che ci entravano _____ naso, _____ nostri vestiti, _____ pori della pelle, _____ cibo.
4. La televisione, _____ quell'epoca e per noi uomini ____ fiume, era una sorta ____ incantesimo che si rinnovava ogni giorno _____' imbrunire e _____ cui noi tutti vivevamo stregati.
5. C'erano romanzi _____ puntate, ... tratti ___ più grandi opere letterarie.
6. C'era un giochetto scolastico _____ domande _____ premio che si faceva tutti i giovedì e tutti gli italiani impazzivano _____ vederlo.
7. Tutta l'Italia intera fremeva, scissa _____ gioie improvvise e drammi lancinanti.
8. Un giovanotto biondiccio gridava _____ tutti: "Allegria!" e domandava _____ bruciapelo: "Quanti furono i primi re di Roma?"
9. _____ un batter d'occhio si sparse _____ il fiume questa notizia: c'era un campione potenziale ____ domande ____ premio ____ televisione, così bravo _____ poter vincere centinaia ___ migliaia ____ lire.
10. Il sorriso ____ Fernanda crebbe ____ luminosità, diventò meno impercettibile che ____ passato, ogni volta che la incontravo _____ le scale.
11. Sognavo molto, ____ quell'epoca, _____ occhi aperti, _____ fiume.
12. Mi vedevo già dentro ____ scatola magica _____ giovanotto biondiccio.

10. Completare liberamente le frasi

1. Si prendeva gioco di ...
2. Ci ritrovavamo alla ...
3. Dentro a quella scatola c'era ...
4. Se la situazione ce lo permetteva ...
5. Tutta la gente fremeva, scissa tra ...
6. Un tale domandava a bruciapelo ...
7. C'era uno così bravo che ...
8. Sognavo di ...
9. Mi vedevo già ...
10. Mio zio Alvaro, ogni tanto, mi diceva di ...

11. Fare le domande

1. A chi pensava durante il giorno?   – Pensava spesso a Fernanda.
2. _____   – Lei e le sue colleghe lavoravano il cuoio in quella fabbrica.
3. _____   – Era una sorta di incantesimo.
4. _____   – C'erano romanzi a puntate
5. _____   – "Mi ripeta la domanda, per favore"!
6. _____   – C'era un campione potenziale di domande a premio.
7. _____   – Il sorriso di Fernanda crebbe di luminosità.
8. _____   – Mi vedevo già dentro a quella scatola magica.
9. _____   – Sognavo di avere una motocicletta tutta mia.
10. _____   – "Vattene a spasso, Sebastiano mio".

12. Per la produzione scritta

1. Quali sono i programmi che preferisci in TV?
2. Racconta un'emozione provata durante una trasmissione televisiva.
3. Come pensi di far colpo su qualcuno/a e conquistarne la simpatia o l'affetto?

SINTESI GRAMMATICALE

AGGETTIVI e PRONOMI POSSESSIVI
Aggettivi e pronomi dimostrativi
Aggettivi e pronomi indefiniti
Pronomi relativi e interrogativi

AGGETTIVI POSSESSIVI

SINGOLARE		PLURALE		SINGOLARE		PLURALE	
Masch.	Femm.	Masch.	Femm.	Masch.	Femm.	Masch.	Femm.
mio	**mia**	**miei**	**mie**	**nostro**	**nostra**	**nostri**	**nostre**
tuo	**tua**	**tuoi**	**tue**	**vostro**	**vostra**	**vostri**	**vostre**
suo	**sua**	**suoi**	**sue**	**loro**	**loro**	**loro**	**loro**

Gli aggettivi POSSESSIVI indicano un possesso materiale, un rapporto affettivo, un'appartenenza spirituale, un'abitudine cara, ecc.

> *Fatemi vedere i vostri quaderni* (i quaderni appartengono a voi)
> *Carlo, come sta tua moglie?* (la moglie è di Carlo)
> *Gianni mi ha prestato il suo ombrello* (è Gianni che possiede l'ombrello)
> *Ernesto e Fernanda hanno scritto al loro zio* (lo zio di Ernesto e di Fernanda)

Gli aggettivi possessivi concordano con i nomi nel genere e nel numero. **Loro** però è una forma invariabile.

> *La mia città è bella*
> *Le sue abitudini sono meravigliose*
> *Il loro momento di riposo non termina mai*

ATTENZIONE

a) Il possessivo SUO, che si riferisce al maschile e al femminile, può risultare, in certi casi, **ambiguo**. Allora si ricorre a "**di**" + **pronome personale** o a "**proprio**" (vedi oltre).
> *Luisa e Piero sono andati ad abitare a casa dei suoi genitori* (i genitori sono o di Luisa o di Piero o di un'altra persona?). Si dirà allora: *i genitori di lei / lui o di un' altra persona.* (*Suoi* non significa *loro*, cioè i genitori di Luisa e di Piero).

b) Altri possessivi sono:

SINGOLARE		PLURALE	
Masch.	Femm.	Masch.	Femm.
proprio **stesso** **l'altrui**	**propria** **stessa** **l'altrui**	**propri** **stessi** **gli altrui**	**proprie** **stesse** **le altrui**

L'aggettivo **PROPRIO** si usa:

— per evitare ambiguità
> *Marco ha incontrato Andrea che gli ha detto di contare soltanto sulle "sue"*
> (di Marco o di Andrea?) *capacità*. Basta mettere "*proprie*", per capire *di Andrea*

— di norma con le costruzioni impersonali e per lo più con un soggetto indefinito
> *Bisogna rispettare la propria famiglia*
> *Si deve ragionare con la propria testa*
> *Ognuno faccia il proprio dovere*
> *Tutti prendano le proprie cose e mi seguano*

— ha valore rafforzativo insieme a **mio, tuo, suo,** ecc., e si trova in alternativa a stesso/medesimo (quest'ultimo meno usato)
> *L'ho visto con i miei propri occhi*
> *L'ha fatto con le sue proprie mani*
> *L'ha fatto a rischio della sua stessa / propria vita*
> *Ho agito contro il mio stesso interesse*

— in riferimento al soggetto si trova, in alternativa a **suo, sua, suoi, sue**
> *L'ha riparato a proprie / sue spese*
> *Non è riuscito ad esprimere la propria / sua opinione*
> *Mario lo faceva per il proprio / suo interesse*
> *Era in pensiero per i suoi / propri cari*

L'aggettivo **ALTRUI**, invariabile [1], indica un possessore indefinito o diverso da chi parla, e significa: *di / degli altri*. Normalmente è posto dopo il nome.
> *Ascoltate talvolta anche le ragioni altrui*
> *Non impicciarsi degli affari altrui*
> *L'altrui fortuna non deve destare invidia*
> *Le altrui glorie lo rattristavano*

[1] È l'articolo che precede l'aggettivo "altrui" a variare, in funzione del nome.

USO DELL'ARTICOLO DAVANTI AL POSSESSIVO

Normalmente l'aggettivo possessivo è preceduto dall'articolo.
I miei amici, il tuo libro, i suoi interessi, la mia macchina, ecc.

– Un caso particolare è costituito dai NOMI DI PARENTELA accompagnati dal possessivo: normalmente **si omette l'articolo** davanti a possessivo + nome di parentela al singolare.
Mio padre, tuo zio, sua cugina; ma *i miei genitori, i loro zii, le sue cugine*
Con "*loro*" c'è eccezione: *il loro cognato, la loro zia, il loro nipote, ecc.*

– Non si usa l'articolo in locuzioni o espressioni particolari quali *a suo piacere, a vostro vantaggio, a loro insaputa, mio malgrado, ecc.*

POSIZIONE DEL POSSESSIVO

Generalmente il possessivo PRECEDE IL NOME. Si pospone, invece, nei seguenti casi:

a) In espressioni vocative.
Amici miei, ascoltate!
Vattene a spasso, Sebastiano mio!

b) Per sottolineare una maggior intensità di possesso o relazione affettiva.
Pensa ai fatti tuoi!
Oggi sei ospite in casa mia.
A casa vostra c'è sempre ordine

c) In alcune locuzioni.
Per colpa mia, per amor tuo, per conto loro, di testa sua, ecc.

PRONOMI POSSESSIVI

Gli aggettivi possessivi diventano PRONOMI quando:

– sostituiscono un nome già espresso in precedenza
*La mia macchina è più potente de**lla tua*** [1] (sottinteso: *macchina*)
*Inviterò gli amici vostri e **i loro*** (sottinteso: *amici*)

---

[1] Il pronome possessivo è sempre preceduto dall'articolo deteterminativo.

– sostituiscono un nome facilmente intuibile, per lo più in espressioni idiomatiche d'uso comune.

> *Come stanno i tuoi?* (genitori, familiari)
> *Natale con i tuoi, Pasqua con chi vuoi!* (familiari)
> *In risposta alla vostra del mese scorso...* (lettera)
> *È riuscito a convincerli e a tirarli tutti dalla sua* (parte)
> *Dite pure la vostra, poi io dirò la mia* (opinione)
> *È una che sta sempre sulle sue* (non dà confidenza)
> *Alla vostra* (salute)!
> *Ne hai detta/fatta una delle tue!* (sciocchezze)

AGGETTIVI E PRONOMI DIMOSTRATIVI [1]

MASCHILE		FEMMINILE	
singolare	plurale	singolare	plurale
questo	**questi**	**questa**	**queste**
quel (quello)	**quei (quegli)**	**quella**	**quelle**

Determinano il nome in base alla prospettiva spaziale e temporale del parlante (vicino o lontano nello spazio, nel tempo, o anche all'interno del discorso).
Sono sempre posti **prima del nome**; non hanno **mai l'articolo**.

- **QUESTO** - vicino a chi parla

> *Questo libro non mi piace* (spazio vicino)
> *Questa domenica vado a sciare* (tempo presente o prossimo)
> *Questo pomeriggio verrò a trovarti!* (tempo prossimo futuro)
> *Quest'ultima frase non l'ho capita* (riferimento a ciò che è stato appena detto)
> *Questa penna non scrive*
> *Come mi sta questo vestito?*
> *Che fai questo pomeriggio?*
> *Questa giornata sembra non finire mai!*
> *Che intendi con queste parole?*
> *Che vuol dire questo "addio"?*

---

[1] Gli aggettivi dimostrativi diventano pronomi quando sostituiscono o sottintendono un nome già espresso in precedenza. *Non volevo questo giornale, ma quello!*

- QUELLO [1] - lontano da chi parla e da chi ascolta

> *Ti piacerebbe quella villetta?* (spazio lontano)
> *Che hai fatto, poi, quella sera?* (tempo passato)
> *Quel giorno della mia guarigione sarà lontano* (tempo futuro lontano)
> *Non ho ben capito quel che hai fatto* (azione passata)
> *Dove l'hai comprato quell'orologio?*
> *Quello studente è australiano*
> *Dov'è quel libro che ti ho dato?*
> *Quegli amici tuoi non li conosco affatto*
> *Di dove sono quei ragazzi?*

- CODESTO - vicino a chi ascolta

Si usa quasi esclusivamente in Toscana, oppure nel linguaggio burocratico. Nella lingua standard è sostituito da "questo". Quando ci si rivolge burocraticamente ad un ufficio/scuola/istituto/università/ente, ecc. per domande o richieste, di solito si scrive
> *Si prega codesto ufficio / codesta università di inviare al più presto...*

- STESSO - MEDESIMO

Indicano identità o somiglianza e anche ripetizione.
"*Stesso*" può esprimere valore rafforzativo dell'identità (in questo caso è posto dopo il pronome e, a volte, dopo il nome).
"*Medesimo*" è di uso meno frequente.

> *Dice sempre le stesse cose*
> *Legge sempre i medesimi articoli*
> *Gli stessi dipendenti non erano d'accordo*
> *Gli studenti stessi giudicavano negativamente quel professore*
> *Ci sono dovuta andare io stessa*
> *Me l'ha comunicato il direttore stesso (in persona / proprio lui)*
> *Tu stesso l'hai ammesso.*
> *Sei sempre lo stesso! Sei sempre il medesimo!*
> *"Chi è il tuo medico?" "Sempre lo stesso"*

---

[1] Le forme del maschile variano alla maniera dell'articolo "**lo**": *quel racconto / quei racconti; quello zingaro / quegli zingari, quell'asino / quegli asini.* La forma QUELLO/QUELLI si trova solo in fine di frase o usata come pronome: *Il tuo posto è quello. Quello (quel) che hai visto è bello. I tuoi appunti sono quelli. Quelli che hai conosciuto sono tutti suoi parenti.* "Quello" può diventare "quel" davanti al pronome relativo "che". *Non capisco quel che dici.*

- TALE

Equivale a *questo/questa, quello/quella, simile* ecc.
Fatta tale/questa premessa, iniziò la conferenza
Non dire tali stupidaggini/stupidaggini come queste!
Chi ha fatto una tale affermazione/un'affermazione del genere?
Saputa tale notizia/una simile notizia, piombò nel silenzio

È anche aggettivo/pronome indefinito.
Mi hai messo una tale paura addosso!
Un tale mi disse di essere stato in Africa!
Un tal Rossi si è avvicinato alla macchina!

OSSERVAZIONE

Aggettivi e pronomi dimostrativi possono essere rinforzati dagli avverbi locativi *qui/qua/lì/là.*
Questo bimbo qua fa i capricci
Non questa rivista, ma quella là, per favore!
"Qual è il mio posto?" "Questo qui!"
Quel libro lì, di chi è?

Aggettivo dimostrativo e possessivo possono anche essere combinati.
Ma dove sei andato a pescare queste tue idee?
Questo suo continuo insistere mi disturba molto

PRONOMI DIMOSTRATIVI

Sono solo pronomi

- CIÒ

Si riferisce solo a cose. Può sostituire *questo/quello,* ecc.
Non pensare più a ciò/quello che ti ho detto
Ciò/quello che desidero è un po' di tranquillità

"Ciò" può essere anche sostituito dalle particelle pronominali: *lo/ne/ci.*
Non dire ciò → Non lo dire/Non dirlo
"Di ciò" = ne
Non parlare di ciò → Non ne parlare/Non parlarne
"A ciò" = ci
Non pensare a ciò → Non ci pensare/Non pensarci
Non credo a ciò → Non ci credo

- QUANTO/I/A/E

Ha il significato di *quello/a/i/e che; tutto/a/i/e quello/a/e/i che.*
> *Farò quanto/quello che mi chiederete*
> *Per quanto/quello che mi riguarda, sono d'accordo*
> *"Che bei panini!" "Mangiatene quanti ne [di questi]/tutti quelli che volete!"*
> *Quanti/Tutti quelli che vorranno, potranno iscriversi alla gara*
> *Ecco le mele! Ne [di queste] potrai prendere quante ne [di queste] tutte quelle*
>   *che vorrai*

- COLUI/COSTUI/COLEI/COSTEI/COLORO

Pronomi d'uso ormai poco comune. Sono riferiti solo a persona. L'uso più frequente di "colui" è in combinazione con il pronome relativo "che" (colui/colei/coloro che = chi)
> *Coloro che hanno qualcosa da dire, si facciano avanti* (Chi ha qualcosa da
>   dire, si faccia avanti).
> *Solo colui che ascolta* (chi ascolta) *può imparare*

- QUESTI/QUEGLI (al singolare)

Sono ormai di uso prettamente letterario.Si usano solo per il maschile singolare, in funzione di soggetto. *"Questi"* indica una persona vicina; *"quegli"* indica una persona lontana.
> *Questi è un uomo di cui ci si può fidare*
> *Quegli è una persona infida*

AGGETTIVI E PRONOMI INDEFINITI

Gli INDEFINITI danno un'indicazione generica, indefinita, del nome a cui si riferiscono (a differenza dei dimostrativi, che ne danno un'indicazione esatta)

SONO SOLO AGGETTIVI

- OGNI

Ha il signifitato di "tutti" (*ogni studente = tutti gli studenti*), una totalità considerata singolarmente. Si usa sempre col verbo al singolare. Si usa spesso

con i numerali in senso distributivo. Non ha mai l'articolo. È invariabile.
> *Ogni studente avrà il voto che si merita*
> *Ci ritrovavamo ogni sera allo stesso caffè*
> *Ogni volta che la squadra faceva un punto, si alzavano in piedi gridando*
> *L'orologio suonava ogni ora*
> *Va a trovare i suoi ogni due settimane*
> *Per ogni dieci studenti c'è un professore*
> *Ogni tre tavoli c'è un cameriere*

- QUALUNQUE - QUALSIASI - QUALSIVOGLIA

Hanno il significato di "quale che sia", "ogni cosa possibile", "ogni ... possibile", ecc. "*Qualsivoglia*" è di uso meno comune. "*Qualsiasi*" e "*qualunque*" possono avere valore di relativo (concessivo) uniti al modo congiuntivo. Sono invariabili.
> *Qualunque ospite arrivi, sarà il benvenuto* = Sarà il benvenuto anche se arriva ogni ospite possibile
> *Qualunque cosa tu gli abbia detto, non avrà alleviato la sua preoccupazione* = anche se gli hai detto ogni cosa possibile, ciò non avrà alleviato la sua preoccupazione
> *Domani mi potrai trovare in qualsiasi momento*
> *Qualunque/qualsiasi cosa decidiate di fare, comunicatecela*

Posti dopo il nome, possono assumere un significato negativo, spregiativo.
> *Non mi confiderei mai con un amico qualunque/qualsiasi*
> *Non ha senso dargli una risposta qualsiasi/qualunque*
> *È una persona qualunque/qualsiasi*

- QUALCHE

Indica una quantità indefinita ma limitata. Invariabile.
> *Inviterò qualche amico* (non molti amici)
> *C'è qualche soldo in casa?* (alcuni soldi)

Altri casi:
> *Da qualche parte, in qualche luogo* (non so bene dove) *si è nascosto*
> *Una qualche soluzione la troveremo* (questa o quella, in modo non stabilito)

Come plurale di "*qualche*" si usa l'aggettivo "*alcuni*".
> *Mi daresti alcuni fogli?* (qualche foglio)
> *Suo figlio, signora, ha fatto alcuni sbagli nel compito* (qualche sbaglio)
> *Ci sono alcune cose da mettere in chiaro* (c'è qualche cosa ...)

SONO PRONOMI

- UNO/A

Indica un soggetto impersonale, di identità non meglio identificata (si può avere anche il femminile *"una"*).

C'è uno di là che ti cerca
A scuola ho conosciuto una che ti somiglia
Se uno alza la voce vuol dire che è nel torto
Quando uno è troppo stanco non ha più voglia nemmeno di mangiare

"L'uno / l'una" in correlazione con *"l'altro / l'altra"*. *"Gli uni / le une"* in correlazione con *"gli altri / le altre"*. Le locuzioni *"l'un l'altro"*, *"l'uno con l'altro"* hanno un significato di reciprocità.

L'uno teneva la lampada, l'altro cercava i funghi tra le foglie
Gli uni mi correvano avanti, gli altri mi seguivano urlando
Si aiutavano molto l'un con l'altro / l'un l'altro
Si dicevano l'un l'altra cose gentili

- QUALCUNO/A

Indica una piccola quantità di persone o cose. Corrisponde all'aggettivo *"qualche"*.

Qualcuno riuscirà sicuramente a trovarlo
Qualcuna di voi vuol prendere il suo posto?

Può anche indicare una sola persona.

C'è qualcuno che ha preso la mia borsa?
Si crede di essere qualcuno (una persona importante) [1]

Si trova sempre davanti a **altro**: *qualcun altro lo faccia* e si elide davanti a **altra:** *qualcun'altra lo faccia.*

- OGNUNO/A

Corrisponde all'aggettivo *"ogni"* e all'aggettivo-pronome *"ciascuno"*. È solo singolare.

Carlo ha scritto ad ognuna di voi
Ognuno risponda quando è interrogato
Ognuno era in grado di dare la risposta giusta

---

[1] Anche in altre locuzioni verbali quali *credersi qualcuno, diventare qualcuno* (contrario: *essere nessuno*), dove significa "persona di una certa importanza/autorità, di un certo rilievo/valore/prestigio".

- CHIUNQUE

Maschile e femminile singolare, invariabile, col significato di *ogni, qualunque, qualsiasi persona.*

Chiunque alzi la mano, sarà ascoltato
Mi rivolgerò a chiunque dimostrerà di volermi aiutare
Ero così bravo da poter superare chiunque

- QUALCOSA

È la contrazione di *"qualche cosa"*. Significa *"una o alcune cose"*.

Hai detto qualcosa?
Ho fatto qualcosa di male?
C'è qualcosa che io possa fare per te?
C'è qualcosa di strano oggi nell'aria
C'è qualcosa che non va

- NIENTE/NULLA

È la forma negativa di *"qualcosa"*. Significa, cioè, *"nessuna cosa"*. Quando sono posti dopo il verbo sono preceduti da *"non"*.

Niente mi farà desistere da questo progetto
"Hai notato qualcosa di strano?". "No, non ho notato nulla"
"Hai sentito qualcosa, fuori?". "No, non ho sentito niente"
Oggi non ho fatto nulla
Non è mai d'accordo con niente e con nessuno

OSSERVAZIONE

Alcunché è di uso poco comune. Significa *"qualcosa"* in frasi positive, *"niente"* in frasi negative.

Non ho alcunché da dire
Ho notato alcunché di diverso nel suo comportamento

Chicchessia è di uso raro. Corrisponde agli aggettivi *"qualsiasi"* e *"qualsivoglia"*.

È uno che non parla con chicchessia

Checché è di uso raro. Significa *"qualunque cosa (che)"*. È usato per lo più in alcune formule.

Checché tu ne pensi, io ci andrò lo stesso
Checché se ne dica, Piero non mi sembra affatto serio

SONO AGGETTIVI E PRONOMI

- NESSUNO/A

Significa *"neppure uno"*. Per quanto riguarda l'elisione e il troncamento, si comporta come l'articolo *"un / uno / una"*.
> *Nessun altro sarà ammesso al corso*
> *Entri pure, signora, non c'è nessuno*
> *Non voglio ascoltare nessun'altra parola*

La negazione *"non"* si omette quando l'indefinito *"nessuno"* si trova all'inizio di frase
> *Nessuno è ancora arrivato*
o può essere omessa, si trova in frasi interrogative col significato di *"qualcuno"*
> *C'è nessuno* (qualcuno) *tra di voi che ha / abbia una sigaretta?*

La negazione *"non"* è invece obbligatoria quando l'indefinito *"nessuno"* si trova in fine di frase.
> *Non si è ancora visto nessuno / alcuno*

ALCUNO/A

Per quanto riguarda l'elisione e il troncamento si comporta come l'articolo *"un / uno / una"*.
Come aggettivo è poco usato al singolare: si ha solo in frasi negative, come variante di stile più elevato rispetto a *"nessuno"*; nelle frasi positive è sostituito da *"qualche"*.
> *Non ho alcuna voglia di uscire*
> *Non ho alcun / nessun libro con me*
> *Non ho alcuna / nessuna notizia da darti*
> *Hai qualche giornale? No, non ne ho alcuno*

È molto usato al plurale.
> *Ho comprato alcuni dischi di musica classica*
> *Alcune sue idee sono davvero originali*
> *Ci sono stati alcuni spettacoli molto buoni, quest'anno*

POCO/A/CHI/CHE	una piccola quantità
PARECCHIO/A/I/E	un po' meno di molto (anche sinonimo di *"alquanto"*)
ALQUANTO/A/I/E	a metà tra il poco e il molto
MOLTO/TANTO/A/I/E	una grande quantità
TROPPO/A/I/E	una quantità eccessiva

ALTRETTANTO/A/I/E la stessa quantità
TUTTO/A/I/E   la totalità

Indicano una quantità indefinita.
> *Ho poca fame, stasera!*
> *Parecchia gente non si rende conto della gravità della situazione*
> *Ha dimostrato alquanta volontà di riuscire*
> *Mi piace avere molti amici*
> *Non hai mica tanta voglia di lavorare!*
> *Non mettere troppo aceto nell'insalata*
> *Bisogna avere altrettanto rispetto verso gli altri come verso noi stessi*
> *Tutti si alzarono per applaudire*
> *È da evitare il troppo come il poco*
> *Tutto finisce prima o poi*

"Tutto" può essere rinforzato con *"quanto"*.
> *Tutti quanti sono rimasti soddisfatti della festa*
> *Ha mangiato tutto quanto: aveva una fame da lupi!*

"Tutto" si unisce ad un numerale mediante la congiunzione *"e"*.
> *Tutti e tre i fratelli; tutte e tre le sorelle*

L'articolo o il dimostrativo sono posti tra *"tutto"* e il nome.
> *Ho letto tutto il libro*
> *Tutta questa torta, chi la mangerà?*

OSSERVAZIONE

Gli indefiniti di quantità, quando seguono il verbo, diventano avverbi (invariabili).
> *Hai studiato poco; mi sono divertita tanto; abbiamo aspettato parecchio.*
> *hanno guadagnato molto poco...*

- ALTRO/A/I/E

Significa: entità diversa, quantità indefinita in aggiunta, varietà, diversità, un gruppo differente, ecc.
> *Tutti gli altri restarono a bocca aperta*
> *Molti sono già arrivati, altri arriveranno tra poco*
> *Mi occorre dell'altra carta*
> *Mettiti un altro vestito, questo ti sta male!*
> *Mi sono comprato un'altra motocicletta*

Espressioni idiomatiche.
> *L'altro giorno / ieri / mese / anno / l'altra settimana; altro è il dire, altro è il*
> *fare; noialtri e voialtri*

- CIASCUNO/A

Ha il significato di *"ogni"*, *"ognuno"*. Sottolinea il fatto che una singola persona o cosa fa parte di una pluralità. Per quanto riguarda l'elisione e il troncamento si comporta come l'articolo *un / uno / una*. Non ha mai l'articolo.
> *A ciascuno* (ognuno) *il suo*
> *In ciascuna* (ogni) *classe verranno distribuiti i nuovi orari delle lezioni.*

- VARIO/DIVERSO/A/I/E

Al singolare hanno il loro significato di aggettivo qualificativo, cioè di *"differen-te"*.
> *È un uomo diverso dagli altri*
> *Il lavoro era vario*

Al plurale hanno il significato di *"parecchio"*.
> *Ho letto diversi articoli sull'argomento*
> *Ho saputo varie cose al riguardo*

- TALE/I

Al singolare è per lo più accompagnato da *"un / una"*, ad indicare una persona che non si vuole o non si può definire più esattamente.
> *Ho conosciuto un tale ingegner Paoloni...*
> *È venuta a trovarti una ragazza, una tale Barbara che veniva da Gubbio*

Può indicare forte somiglianza (anche in correlazione con *"quale"*), essere simile
> *Tale il padre, tale il figlio*
> *È tale e quale sua madre*

Può significare *"così grande"* o *"siffatto"* (con valore consecutivo).
> *Tale è stata la sua reazione, che non ho più osato affrontare l'argomento*
> *Ho una tale fame, che mangerei anche la forchetta!*
> *Mi sono preso un tale spavento che non ho dormito per due notti!*
> *Ha detto tali sciocchezze da far ridere tutti!*

Può significare *"così"*, in riferimento a qualcosa di già detto nella frase, e quando è retto da certi verbi quali: *"fare, rendere, diventare, restare, rimanere"*, ecc.
> *È una persona molto tollerante. Lo hanno reso tale / così l'educazione e l'esempio dei suoi genitori*
> *Nella vita recitava sempre, e tale lo vedevo sul palcoscenico*

Può significare: *"di tal genere"*.
> *Una tale risposta non me l'aspettavo proprio!*
> *Una tale maledizione!*
> *Non credevo che fosse capace di un tale comportamento*

- CERTO/A/I/E

Anteposto al nome, senza articolo e preceduto dall'articolo *"un"*, è un aggettivo indefinito. Può essere anche sinonimo di *"tale"*.

> *È venuto un certo signor Paoletti*
> *Certe risposte non le accetto!*

Può significare *"qualche"*.

> *Un certo interesse per l'arte*

Può esprimere un valore intensivo, oppure eufemistico allusivo.

> *Ho un certo appetito oggi!*
> *Ho un certo mal di testa oggi!*
> *Ha certi gioielli!*
> *Ha fatto certe cose che dovrebbe vergognarsi!*

"Certo", come aggettivo qualificativo, ha il significato di *"sicuro"*. In questo caso si pone dopo il nome.

> *Notizie certe* (sicure)/*certe notizie* (alcune)
> *Un guadagno certo* (sicuro)/ *un certo guadagno* (non ben definito)

In alcuni casi acquista il significato di *"determinato"*, *"dato"*, ecc. come se si trattasse di una variabile conosciuta ma imprecisata.

> *Certi* (determinati) *cibi fanno ingrassare*
> *La lira ha raggiunto un certo livello di inflazione superiore ad ogni altra*
> *moneta europea*

PRONOMI RELATIVI

Il pronome relativo svolge due funzioni:

- sostituisce il nome già espresso nella proposizione principale, generalmente il sostantivo più vicino e più importante;
- collega la proposizione principale con quella dipendente (relativa appunto).

- CHE

"Che" è il legame di collegamento più frequentemente usato e invariabile.

> *Passami, per favore, il libro* **che** *è sul tavolo* (soggetto)
> *L'ho già letto il libro* **che** *ho comprato ieri* (compl. oggetto)
> *Ho conosciuto un ragazzo di 17 anni* **che** *frequenta già l'Università*
> *Il libro* **che** *sta sullo scaffale di sinistra è tuo?*
> *Mi piace stare a guardare il fuoco* **che** *arde nel caminetto*
> *È splendido il quadro* **che** *mi avete regalato*

Solo in alcuni casi particolari, ormai entrati nell'uso, il "che" relativo può trovarsi come complemento indiretto; è un uso che si va diffondendo, ma non è del tutto accettato dalla norma grammaticale.

> *Tutte le volte **che** (valore temporale: quando) ci ripenso mi vengono i brividi*
> *Ricordo con gioia il giorno **che** (in cui / nel quale) ci siamo rivisti*
> *Paese **che** (valore locativo: dove) vai, usanza che trovi*
> *Ricordo esattamente il giorno **che**/**in cui**/**nel quale**/**quando** sei nato*

Ma **non è corretto** dire:
> **Gli amici che sono andato alla festa...(coi quali, con cui)*
> **Gli studenti che ti ho parlato (dei quali, di cui)*

Il pronome relativo *"che"* può riferirsi a un'intera frase: in questo caso è preceduto dall'articolo *"il"* o da una preposizione articolata.

> *Ti sei comportato veramente male, **il che** mi addolora*
> *Tra un mese i muratori inizieranno i lavori in casa, **il che** mi preoccupa non*
>   *poco*
> *Mi rendo conto di aver detto cose inesatte, **del che** vi chiedo scusa*

IL/LA QUALE - I/LE QUALI

IL QUALE/LA QUALE/I QUALI/LE QUALI usati come soggetto sono più formali di *"che"*. Come complemento oggetto sono di uso molto raro e praticamente si trovano soltanto in testi vecchi. Sono invece comunemente usati come complemento indiretto, accompagnati da preposizione.

> *Ecco il dizionario del quale ti stavo parlando*
> *C'è un signore alla porta, il quale (che) dice di volerti parlare*
> *La persona, alla quale ti sei rivolto, non era quella idonea*
> *È quello il posto dal quale è possibile vedere le montagne*
> *Gli amici che (e non *i quali) ho conosciuto al mare vivono a Padova*

A volte l'uso di *"il quale"* è necessario:

— per evitare ambiguità:
>   *Ho parlato con la moglie del professore, la quale gestisce una boutique*
>   (**che** potrebbe riferirsi a **moglie** e a **professore**)
— quando il relativo è distante dal nome a cui si riferisce:
>   *Tanti film ho amato da giovane, i quali oggi mi farebbero sorridere*

ma è meglio dire:
>   *Da giovane ho amato tanti film, che oggi mi farebbero sorridere*

- CUI

Il pronome **cui** è preceduto da:

a. preposizione semplice

Gli amici con cui (con i quali) stai così volentieri, non sono un buon esempio per te

Sono persone su cui (sulle quali) puoi fare sicuro affidamento

La ditta (a) cui (alla quale) ti sei rivolto, è molto seria [1]

b. preposizione articolata

Il partito, per i cui ideali (per gli ideali del quale) mi sono battuto, è stato sconfitto

È questo l'uomo, nella cui casa (nella casa del quale) ho trovato rifugio

Sono degli intolleranti, sulle cui idee (sulle idee dei quali) è impossibile discutere

c. articolo determinativo, con valore di complemento di specificazione

L'autore, il cui libro (il libro del quale) ha avuto un così largo successo, vive in clandestinità

Il Monte Bianco, la cui cima è perennemente innevata, è alto 4810 metri

La Dottoressa Celli, la cui professionalità è indiscussa, è molto apprezzata dai suoi pazienti

- CHI

a. Il pronome **chi** può significare:

quello/a/i/e colui/colei/coloro	+	il/la quale i/le quali che

È un pronome "doppio", in quanto è *dimostrativo* e *relativo* insieme.

Chi (quello/colui che) *ha tempo non aspetti tempo*
Chi (colui che / il quale) *ben comincia è a metà dell'opera*
Non parlo con chi non mi ascolta
Dimmi con chi vai e ti dirò chi sei

"Chi" come pronome doppio può avere le seguenti funzioni:

REGGENTE	DIPENDENTE RELATIVA	
soggetto	soggetto	*Chi* [colui (sog.) che/il quale (sog.)] *mangia troppo ingrassa*

---

[1] La preposizione "a" talvolta viene sottintesa.

oggetto	oggetto	*Non ho visto chi* [colui (og.) che (og.)] *hanno condan-nato i giudici*
oggetto	soggetto	*Ho conosciuto chi* [colui (og.) che/il quale (sog.)] *ha dipinto questo quadro*
compl. indiretto	soggetto	*Non parlo volentieri con chi* [colui (c. ind.) che/il quale (sog.)] *non mi conosce*
compl. indiretto	oggetto	*Non mi confido con chi* [con colui (c. ind.) che (og.)] *non conosco*
compl. indiretto	compl. indiretto	*Ci rivolgeremo a chi* [a colui (c. ind.) a cui/al quale (c. ind.)] *ti sei rivolto tu stesso*

** Per il plurale o in casi diversi da questi, si usano le forme composte.

> ***Coloro*** *(/quelli)* ***ai quali*** *hai offerto il tuo aiuto si sono defilati tutti*
> *Non riesce a parlare* ***con uno di cui*** *non condivide le idee*
> *Mi sono rivolto* ***a coloro di cui*** *(quelli/dei quali) apprezzavo la preparazione e la cultura*
> *Era sempre contento di chi (della persona che) aveva accanto*

b. Può avere valore ipotetico e significare *"se uno"*, *"se qualcuno"*, *"uno che"*, *"chiunque"*.
   Chi dicesse (se uno dicesse) una cosa del genere, sarebbe pazzo da legare
   Chi volesse (se qualcuno volesse) aiutarmi, farebbe un gran bella cosa!

c. Può essere usato nella correlazione *"chi ... chi"*, nel senso di *"l'uno ... l'altro"*, *"gli uni ... gli altri"*, *"alcuni ... altri"*
   C'era una gran confusione: chi piangeva, chi rideva, chi urlava, chi cantava...

NUMERALI

Gli aggettivi numerali caratterizzano la quantità del nome (*due, tre, quattro*, ecc.) o ne stabiliscono l'ordine in un insieme o in una serie (*primo/a, secondo/a, terzo/a,* ecc.).
Si dividono in:
   a) cardinali (cioè "fondamentali"):
      3/tre ragazze, 4/quattro libri, 10/dieci vestiti
   b) ordinali (concordano con il nome):
      la terza ragazza, la quarta fila, ecc.
   c) moltiplicativi/frazionali:
      doppio, triplo, duplice, triplice, o *due terzi, tre quinti,* ecc.
   d) distributivi, come nelle locuzioni:
      a uno a uno, due alla volta, tre ciascuno, ecc.
   e) collettivi:
      entrambi/e, ambedue

AGGETTIVI E PRONOMI INTERROGATIVI ED ESCLAMATIVI

Gli aggettivi e i pronomi interrogativi servono a interrogare su qualità, quantità, identità di persone, di animali o cose. Gli aggettivi e i pronomi esclamativi si usano nelle esclamazioni.

AGGETTIVI		PRONOMI	
INTERROGATIVI	ESCLAMATIVI	INTERROGATIVI	ESCLAMATIVI
CHE **QUALE/I** **QUANTO/A/I/E**		**CHI** (solo persone) **CHE** (cose) **QUALE/I** **QUANTO** (quantità)	

Sia pronomi che aggettivi interrogativi ed esclamativi si usano:
- in frasi indipendenti (che terminano con un punto interrogativo)

   Quanti anni hai? (aggettivo interrogativo)
   Che vestito hai! (aggettivo esclamativo)

- in proposizioni dipendenti (interrogative indirette)

   Dimmi con chi esci stasera!
   Non so quale sia la strada migliore da seguire
   Dimmi quanti e quali furono i re di Roma
   Non so più che cosa fare, né a chi chiedere aiuto

- in forme esclamative

   Che faccia tosta!
   Guarda chi si vede!
   Quanta pazienza ci vuole!

- **CHI**

INTERROGATIVI	ESCLAMATIVI
Pronto, chi parla? *Dimmi, chi hai visto?* *Con chi esci, stasera?*	*Chi lo sa! (chissà!)* *Chi lo dice!* *Chi osa!*

| **soggetto** | che
che cosa
cosa [(1)] | succede? | **compl.
oggetto** | che
che cosa
cosa | fai? | **compl.
indir.** | di | che
che cosa
cosa | parli? |

- **CHE** - **QUALE** - **QUANTO** (aggettivi).
"Che" è variante meno formale di *"quale"* in funzione di aggettivo

INTERROGATIVI	ESCLAMATIVI
Che / quali libri leggi di solito? *A che ora ti alzi la mattina?* *Quali città conosci in Italia?* *In quante lezioni hai imparato a guidare?* *Quanto tempo ci vorrà a finire?*	*Che / quali libri leggi sempre!* *Uff! A che ora ti alzi!* *In quali pasticci ti sei messo!* *Quante sciocchezze dici!* *Quanto tempo per finire!*

- **CHE** - **QUALE** - **QUANTO** (pronomi)

INTERROGATIVI	ESCLAMATIVI
Quanto costano queste scarpe? *Ecco delle riviste: quali vi interessano di più?* *C'erano tante ciliegie! Quante ne hai colte?*	*Quanto costa!* *Ha tanti difetti. E quali!* *Che sperare di buono!*

[(1)] È di uso sempre più diffuso il sostantivo **cosa** al posto di **che cosa**. *Cosa pensi della mia proposta?*

ELEMENTI DI CIVILTÀ

Ecologia: difesa dell'ambiente e qualità della vita

Fabbrica altamente inquinante, non v'è ombra di dubbio, quella in cui Fernanda lavora. Fumi acri e gialli ammorbano l'intera vallata, penetrano nel naso, nei vestiti, nei pori della pelle.

Purtroppo non possiamo liberarci la coscienza interpretando un tale fenomeno come tipico soltanto di un'Italia in fase di industrializzazione.

L'inquinamento atmosferico

è ancora una realtà nel nostro Paese, e serve poco a consolarci il fatto che siamo in buona compagnia, con tutte le Nazioni dell'Occidente, nel registrare la persistenza del fenomeno.

Forse ad essere cambiato, rispetto a ieri, è però l'atteggiamento nei confronti del problema. Il comune sentire, infatti, non accetta più passivamente l'equazione inevitabile

Sviluppo industriale=degrado ambientale

ed ha portato in primo piano l'esigenza ecologica, il bisogno di una crescita economica compatibile con la salvaguardia del territorio.

La politica dello Stato Italiano, in materia ambientale, ha cominciato

Il rispetto del bosco

con il porsi l'obiettivo della misurazione dei fattori inquinanti presenti nell'aria (monitoraggio), soprattutto nei grandi agglomerati urbani.

Negli anni Ottanta si è assistito ad un

Decremento delle sostanze nocive

nell'atmosfera, dovuto essenzialmente alla diffusione del metano quale fonte energetica, tuttavia quasi privo del tutto di zolfo.

Sono inoltre operanti e finalmente applicati i provvedimenti legislativi sull'obbligo di impianti di depurazione all'interno di stabilimenti industriali.

Grave rimane il problema degli inceneritori per lo

Smaltimento dei rifiuti urbani,

cioè della spazzatura che quotidianamente ogni conglomerato di persone produce.

L'immondizia aumenta con i consumi, quindi c'è sempre più bisogno di inceneritori.

Nessuno però, logicamente, ne vorrebbe uno vicino a casa; così numerosi cittadini frequentemente si mobilitano per impedirne la costruzione.

E la questione rimane.

Passando dai problemi dei centri abitati a quelli dell'ambiente naturale, dobbiamo parlare di

Educare all'ecologia

Aree protette

In Italia circa il 10% del territorio nazionale è tutelato da norme che ne proibiscono lo sfruttamento e l'edificabilità.

Esistono 10 Parchi Nazionali (Gran Paradiso, Gran Sasso d'Abruzzo, Circeo, Dolomiti Bellunesi, Parco della Calabria, Monti Sibillini, Pollino, Arcipelago Toscano, Foreste Casentinesi, Val Grande in Piemonte), 46 zone umide per salvaguardare l'habitat degli uccelli acquatici sia stanziali che migratori, 5 riserve naturali marine, oltre ad aree boschive protette sia dallo Stato, sia dalle Regioni.

Generalmente la vegetazione diffusa sul territorio, di tipo prevalentemente mediterraneo, è costituita da foreste, macchie, brughiere, pascoli e paludi in cui le specie verdi minacciate d'estinzione sono purtroppo parecchie.

Dal canto loro

Un paesaggio intatto

I fiumi

rispetto ai primi anni Settanta, presentano un miglioramento nella qualità delle acque grazie all'introduzione in commercio di detersivi biodegradabili e grazie al divieto di alcuni pesticidi in agricoltura, quali ad esempio il DDT.

Colpiti da eutrofizzazione sono, invece, i laghi italiani, specie quelli subalpini; ma il risanamento è avviato e le prospettive non appaiono negative.

Un discorso a parte merita il

Mar Mediterraneo

estremamente vulnerabile per quanto riguarda l'inquinamento.

Sono necessari da 80 a 100 anni perché le sue acque si possano rinnovare completamente, vista l'esiguità delle maree e la debolezza delle correnti in quanto esso è un mare sostanzialmente chiuso.

A partire dal '75, i Governi dei 18 Paesi che vi si affacciano, hanno varato un

Garzette e gabbiani nell'oasi di Orbetello

"Piano d'azione" la cui messa in opera procede con estrema lentezza in quasi tutte le Nazioni interessate.

Tuttavia, seppure in modo talora caotico, l'ecosistema Italia ha ingranato la marcia: ora punta sull'educazione e sulla Scuola per la diffusione di una cultura vigile e attenta agli equilibri ecologici del Paese.

(da: *Relazione sullo stato dell'Ambiente*. Ministero dell'Ambiente, 1992)

> **MORFOLOGIA**
>
> **MODI INDEFINITI**   **Gerundio**
>   **Infinito**   **Avverbi**
>   **Participio**
>   **CIVILTÀ.** *Musica leggera italiana*

– La pennichella[1] –

- Ebbene, *fateci mangiare!*, disse Giovanni.   *preparateci il pranzo*

Presto si trovarono davanti ad *un vero ben di Dio*   *cosa buona e abbondante*
che riempiva piatti e zuppiere, e fumava *velando* il   *appannando*
lampadario.

-Io non mangio più a questo modo!, disse Giovanni. Così mangiano gli animali! Ma, per oggi, voglio
tornare ai vecchi tempi! E infatti tutta la roba che fu
rovesciata dalle tre sorelle nel suo piatto gli sparì   *versata*
dentro.

- Non so se mi sento male o bene!, disse alla fine,
dopo essersi alzato da tavola. Una pienezza calda e
rumorosa, *gorgogliante,* gli bolliva nelle vene, gli   *ribollente*
assordava le orecchie.

- Ricordate, soggiunse Giovanni, ridendo, quando, alla fine del pranzo, andavo sempre a coricarmi?
Ora non sento più questo bisogno!

- Il tuo letto è sempre lì, disse Lucia.

- Non lo abbiamo toccato; aggiunse Rosa.

- Se vuoi riposare, non hai che da andare nella
tua camera!

Giovanni scoppiò a ridere, guardando Ninetta
che si mordeva l'unghia dell'indice.

- Quasi quasi, disse, divertito, mi piacerebbe
provare come ci sto, dentro quel vecchio letto!

- Ma no, ti prego, su! esclamò Ninetta, dobbiamo
andare a casa mia!

- Un solo minuto! Il tempo di entrare sotto le
coperte, e uscirne! Lasciami *levare* questo capric-   *togliere, soddisfare*
cio!...

[1] Sonnellino pomeridiano. Voce dialettale romanesca.

Giovanni si spogliò lentamente, e alzate con cautela le coperte in modo da lasciarle *rincalzate*, s'introdusse sotto il piccolo e morbido archetto di lenzuola...   *ripiegate, fissate sotto il materasso*

- Uhuuu, com'è freddo!, disse *raggruppandosi* tutto, fino a prendersi i piedi con le mani. Uhuuu, che freddo!...   *rannicchiandosi, raggomitolandosi*

Poi, dopo qualche attimo, il corpo gli si *intiepidì*, e fin dai calcagni gli salì un'onda calda e rassicurante.   *si riscaldò*

Essendo stato alzato per tante ore, avendo camminato per così dire un'intera giornata, Giovanni sentiva ormai una *sonnolenza* quieta e riposante invadergli tutto il corpo.   *torpore, leggero sonno*

Senza accorgersene, senza averne avuta coscienza, si era addormentato.

(Da VITALIANO BRANCATI, *Don Giovanni in Sicilia)**

1. Scelta multipla

1. Presto si trovarono davanti a
   ❑ uno spettacolo indimenticabile ❑ un vero ben di Dio ❑ uno straordinario paesaggio

2. Un vero ben di Dio
   ❑ inondava tutto il tavolo ❑ riempiva gli occhi di colori e le narici di profumo ❑ riempiva piatti e zuppiere

3. Tutta la roba rovesciata nel piatto di Giovanni
   ❑ sparì nel suo stomaco ❑ rimase lì non toccata ❑ si raffreddava

4. Alla fine del pranzo non sapeva chiaramente se
   ❑ si sentiva assonnato o stanco ❑ stava bene o stava male ❑ aveva ancora fame

* Per notizie su Vitaliano Brancati, vedi la sezione *"Scrittori in vetrina"*, a pag. 339.

5. Una volta, appena mangiato
❏ aveva bisogno di fare due passi   ❏ si prendeva un buon caffè
❏ andava sempre a fare una pennichella

6. La sorella disse che se voleva riposare
❏ poteva tornare pure in albergo   ❏ poteva andare nella sua camera
❏ non aveva che da allungarsi sulla poltrona

7. Giovanni voleva provare a
❏ entrare sotto le coperte per un minuto   ❏ riposare poggiando la testa
sul tavolo   ❏ dormicchiare in poltrona

8. Giovanni per dormire
❏ entrò vestito sotto le coperte rincalzate   ❏ si allungò, nudo per il caldo,
sopra il letto   ❏ si spogliò lentamente e si introdusse nel morbido
archetto di lenzuola

9. Poi a poco a poco
❏ si riscaldò tutto e un'onda calda lo avvolse   ❏ si svegliò sbadigliando
❏ chiuse gli occhi e si addormentò sulla sedia

10. Senza accorgersene
❏ allungò la mano per un altro bicchiere di vino   ❏ salì sul letto senza
togliersi le scarpe   ❏ si era addormentato

2. Questionario

1. A che cosa si trovarono davanti?
2. Che cosa rovesciarono nei piatti le tre sorelle?
3. Dove sparì quel ben di Dio?
4. Cosa sentiva bollire nelle vene?
5. Dove andava un tempo Giovanni alla fine del pranzo?
6. Dove può andare Giovanni per riposare?
7. Cosa si mordeva Ninetta?
8. Quale capriccio vuole levarsi Giovanni?
9. Sentendo il freddo delle lenzuola, cosa fece Giovanni?
10. Dopo aver tanto camminato, cosa sentiva Giovanni stando a letto?

PER L'AUTOCORREZIONE E L'AUTOAPPRENDIMENTO

3. Completare con le forme gerundive

1. Presto si trovarono davanti ad un vero ben di Dio che riempiva piatti e zuppiere, e fumava _____ il lampadario.
2. "Ricordate", soggiunse Giovanni, _____, "quando, alla fine del pranzo, andavo sempre a coricarmi?"
3. Giovanni scoppiò a ridere, _____ Ninetta che si mordeva l'unghia dell'indice.
4. "Uhuuu, com'è freddo!", disse _____ tutto, fino a prendersi i piedi con le mani.
5. _____ stato alzato per tante ore, _____ camminato per così dire un'intera giornata, Giovanni sentiva ormai una sonnolenza quieta e riposante invadergli tutto il corpo.

4. Completare con le forme infinitive

1. "Ebbene, fateci _____!", disse Giovanni.
2. "Così mangiano gli animali! Ma, per oggi, voglio _____ ai vecchi tempi!"
3. "Non so se mi sento male o bene!", disse alla fine, dopo _____ alzato da tavola.
4. "Ricordate ... quando, alla fine del pranzo, andavo sempre a_____ mi?"
5. "Se vuoi _____ , non hai che da _____ nella tua camera!".
6. Giovanni scoppiò a _____ , guardando Ninetta.
7. "Mi piacerebbe _____ come ci sto, dentro quel vecchio letto!".
8. "Ma no, ti prego, su!", esclamò Ninetta. "Dobbiamo _____ a casa mia!".
9. "Un solo minuto! Il tempo di _____ sotto le coperte, e _____ ne ! Lasciami _____ questo capriccio!"...
10. "Uhuuu, com'è freddo!", disse raggruppandosi tutto, fino a _____ si i piedi con le mani.
11. Avendo camminato per così _____ un'intera giornata, Giovanni sentiva una sonnolenza quieta e riposante _____ gli tutto il corpo.
12. Senza _____ sene, senza _____ ne avuta coscienza, si era addormentato.

5. Completare con le forme del participio

1. E infatti, tutta la roba che fu _____ dalle tre sorelle nel suo piatto gli sparì dentro.
2. "Non so se mi sento male o bene!", disse alla fine, dopo essersi _____ da tavola.
3. Una pienezza calda e rumorosa, _____, gli bolliva nelle vene.
4. "Il tuo letto è sempre lì ..., non lo abbiamo _____".
5. Giovanni si spogliò lentamente, e_____con cautela le coperte, s'introdusse sotto il piccolo e morbido archetto delle lenzuola.
6. Essendo _____ _____ per tante ore, avendo _____ un'intera giornata, Giovanni sentiva ormai una sonnolenza quieta e _____.
7. Senza accorgersene, senza averne _____ coscienza, si era _____ .

6. Completare con gli avverbi e i pronomi avverbiali

1. _____ si trovarono davanti ad un vero ben di Dio.
2. "Io non mangio _____ a questo modo!", disse Giovanni.
   "_____ mangiano gli animali! Ma, per _____ , voglio tornare ai vecchi tempi!".
3. E infatti, tutta la roba che fu rovesciata dalle tre sorelle nel suo piatto gli sparì _____ .
4. "Non so se mi sento _____ o _____!", disse _____ _____.
5. "Ricordate", soggiunse Giovanni, ridendo, "quando, alla fine del pranzo, andavo _____ a coricarmi? _____ non sento _____ questo bisogno!".
6. "Il tuo letto è sempre ____ ", disse Lucia.
7. "_____ _____ ", disse, divertito, "mi piacerebbe provare _____ ___ sto, dentro quel vecchio letto!".
8. "Un solo minuto! Il tempo di entrare sotto le coperte, e uscir___!".
9. Giovanni si spogliò _____ , e alzate con cautela le coperte, s'introdusse sotto le lenzuola.
10. "Uhuuu, ____' è freddo !", disse raggruppandosi tutto.
11. ____, dopo qualche attimo, il corpo gli si intiepidì.
12. Avendo camminato per _____ dire un'intera giornata, Giovanni sentiva _____ una sonnolenza invadergli il corpo.

7. Completare con i possessivi, i dimostrativi e gli indefiniti

1. "Io non mangio più a _____ modo!", disse Giovanni.
2. E infatti, _____ la roba che fu rovesciata dalle tre sorelle nel _____ piatto gli sparì dentro.

3. "Ricordate quando andavo sempre a coricarmi? Ora non sento più _____ bisogno!"
4. "Il _____ letto è sempre lì", disse Lucia.
5. "Se vuoi riposare, non hai che da andare nella _____ camera!".
6. "Mi piacerebbe provare come ci sto, dentro _____ vecchio letto!".
7. "Ma no, ti prego, su!", esclamò Ninetta. "Dobbiamo andare a casa _____!".
8. "Un solo minuto! Il tempo di entrare sotto le coperte, e uscirne. Lasciami levare _____ capriccio.
9. Poi, dopo _____ attimo, il corpo gli si intiepidì.
10. Essendo stato alzato per _____ ore ... Giovanni sentiva ormai una sonnolenza quieta.

8. Completare con le preposizioni

1. Presto si ritrovarono davanti ___ uno vero ben ___ Dio.
2. - Io non mangio più ___ questo modo! Ma _____ oggi voglio tornare ___ vecchi tempi!
3. Tutta la roba che fu rovesciata _____ tre sorelle ___ suo piatto gli sparì dentro.
4. Giovanni scoppiò ___ ridere, guardando Ninetta che si mordeva l'unghia _____'indice.
5. Giovanni si spogliò lentamente, e alzate _____ cautela le coperte ____ modo ____ lasciarle rincalzate, s' introdusse sotto il piccolo e morbido archetto _____ lenzuola.
6. - Uhuuu, com'è freddo!, disse raggruppandosi tutto fino ___ prendersi i piedi _____ le mani.
7. Essendo stato alzato _____ tante ore, avendo camminato _____ così dire un'intera giornata, Giovanni sentiva ormai una sonnolenza quieta e riposante invadergli tutto il corpo.

9. Completare liberamente le frasi

1. Presto si trovarono davanti ...
2. Io non mangio più a questo modo ...
3. Tutta la roba rovesciata nel suo piatto ...
4. Ogni volta, alla fine del pranzo ...
5. Se vuoi riposare non hai che ...
6. Quasi quasi mi piacerebbe ...
7. Un solo minuto, ti prego, lasciami ...
8. Uhuuu, com'è freddo! ...
9. Essendo stato alzato per tante ore ...
10. Senza accorgersene ...

10. Fare le domande

1. Che disse Giovanni alle sue sorelle?	– Ebbene, fateci mangiare!
2. _____ _____?	– Presto si trovarono davanti ad un vero ben di Dio.
3._____?	– Tutta la roba gli sparì dentro.
4._____ _____?	– Alla fine del pranzo andavo sempre a coricarmi.
5._____?	– Il tuo letto è sempre lì.
6._____?	– Mi piacerebbe provare come ci sto.
7._____?	– Un solo minuto! Il tempo di entrare...
8._____ _____?	– Giovanni s'introdusse sotto il piccolo e morbido archetto di lenzuola.
9._____ _____?	– Giovanni sentiva una sonnolenza ... invadergli tutto il corpo.
10._____?	– Senza accorgersene si era addormenta

11. Per la produzione scritta

1. Qual è il tuo rapporto con il cibo.
2. Riposare e rilassarsi è salutare e necessario.
3. Progetta, prepara e descrivi una vacanza eccezionale.

SINTESI GRAMMATICALE

MODI INDEFINITI	***Gerundio***
Infinito	***Gli avverbi***
Participio	

MODI INDEFINITI

I modi indefiniti (**infinito**, **participio**, **gerundio**) esprimono l'azione o il fatto in
    modo indeterminato, "indefinito" appunto, rispetto alla persona o al numero.

INFINITO

Ha due tempi

PRESENTE o SEMPLICE	PASSATO o COMPOSTO
leggere **partire**	**aver letto** **essere partito**

USI DELL'INFINITO

INFINITO SEMPLICE

a) Generalmente esprime un'**azione contemporanea** a quella della reggente.
   Vado / sono andato / andrò in Italia per studiare l'italiano

b) Si usa in funzione di **imperativo negativo** (2ª pers. sing.).
   Non dare retta alla gente invidiosa

c) Si usa in funzione di **imperativo generico** [1], in istruzioni di vario tipo, sui cartelli segnaletici o indicativi, nelle ricette di cucina, sui foglietti illustrativi dei medicinali, in esortazioni rivolte a un gruppo o a una comunità, ecc.
   Leggere attentamente le istruzioni
   Non gettare oggetti dai finestrini
   Cuocere a fuoco lento
   Iniziare il trattamento con 1 bustina 2 volte al giorno, continuare poi con 1 bustina alla settimana
   Leggere a pagina 20
   Signori, circolare!

d) Può avere valore **dubitativo, desiderativo, esclamativo e interrogativo**.
   Che pensare in una simile situazione?
   "Vincere, vincere!", era il suo grido
   Lui, dire queste cose!
   Noi insultarti? Disse il vigile.

---

[1] Il cosiddetto "infinito iussivo", vedi Unità 11 imperativo.

e) Può essere introdotto da **ed ecco** e da **a**, può essere usato al posto del passato remoto o di altri tempi passati [1], per rendere **un'azione passata** più immediata, più vivacemente collegata con il presente.

Ed ecco presentarsi all'arrivo il vincitore tutto solo e salutare sorridente il pubblico

Ero lì presente, davanti a Mario, ma lui a guardare da un'altra parte

INFINITO COMPOSTO

a) Esprime un'**azione anteriore** rispetto a quella della reggente.
Mi sembra di aver visto tutto
Capisco di aver sbagliato

b) Può avere valore **esclamativo e interrogativo** con idea di dubbio, sorpresa, meraviglia, rammarico, risentimento, perplessità, rimprovero.
Voi, averci fatto un torto simile!
Io, aver detto delle bugie?
Io aver fatto il diavolo a quattro?
Ah, averci pensato prima!

SOGGETTO DELL'INFINITO

– Dal momento che l'**infinito** non determina né la persona né il numero (in quanto è appunto "indefinito"), esso si riferisce generalmente al soggetto della reggente
Penso (io) di fare/aver fatto (io) in fretta
Pensavate (voi) di fare/aver fatto (voi) in fretta

Nei seguenti casi invece l'infinito ha un soggetto diverso da quello della frase principale:

a) con i verbi di percezione, quali **vedere**, **guardare**, **sentire**, **osservare**, **udire**, **ascoltare,** ecc.
*(Io) sento / vedo / guardo / osservo / odo / ascolto le persone **camminare*** (che camminano) *sulla strada*

b) con i verbi causativi, quali **fare**, **lasciare,** ecc.
*(Voi) lasciate **dormire** i bambini* (che i bambini dormano)

[1] Infinito storico o narrativo.

c) con i verbi di comando, quali **comandare**, **concedere**, **consentire**, **consigliare**, **costringere**, **dire**, **esortare**, **imporre**, **ingiungere**, **intimare**, **ordinare**, **permettere**, **proibire**, **raccomandare**, **suggerire**, **vietare,** ecc.

*(Loro) gli ordinano di **uscir**e (che lui esca)*

*(Lui) mi esortò a **vincere** la paura (che io vincessi)*

VALORI SINTATTICI E SEMANTICI DELL'INFINITO

L'infinito può avere valore verbale o nominale.

A) **Valore verbale.** L'infinito (con o senza preposizione) può trovarsi in una proposizione:

Soggettiva	*È uno scandalo dover* (che si debbano) *leggere cose simili*
Oggettiva	*Dice di essere* (che è) *un mago*
Dichiarativa	*Voleva una cosa sola: guadagnare*
Causale	*Si arrabbia di /per non essere stato* (perché non è stato) *attento*
Finale	*Leggo un giallo per poter* (affinché io possa*) dormire*
Consecutiva	*Studiò così tanto da rovinarsi* (che si rovinò) *gli occhi*
Temporale	*Si lava sempre le mani prima di mangiare*
Interrogativa indiretta	*Non so che dire. Sono indeciso se restare o partire*
Concessiva	*A costo di non dormire, bevo un caffè*
Avversativa	*Anziché/invece di migliorare, hai peggiorato*
Comparativa	*Piuttosto che migliorare, hai peggiorato*
Aggiuntiva	*Oltre che mangiare, beve*
Esclusiva	*È uscito, senza aver detto una parola*
Eccettuativa	*Fa di tutto, tranne che studiare*
Limitativa	*Per essere bello, era bello. In quanto a cantare, sapeva cantare*
Relativa	*Pochi hanno una casa al mare, in cui trascorrere le vacanze*

B) **Valore nominale.** L'infinito può assumere valore nominale, cioè essere trasformato in un *"nome"*, preceduto o non da articolo o da preposizione.

il correre	=	la corsa
il leggere	=	la lettura
lo scrivere	=	la scrittura

Soggetto	*È piacevole* **passeggiare** / **la passeggiata** *in campagna*
Soggetto	*Non gli riuscì di* **tacere** / **il silenzio**
Soggetto	*Mi piace* **lavorare** / **il lavoro**
Oggetto	*Il cane desidera* **mangiare** / **il cibo**
Complemento specificazione	*Aveva il desiderio* **di studiare** / **dello studio**
Complemento causa	*Era stanca* **di studiare** / **dello** / **per lo studio**
Complemento tempo	*Al* **sorgere** *del sole* / **all'alba** *mi alzai*
Complemento fine	*Sono venuto da te per* **giocare** / *per* **il gioco**
Complemento esclusione	*Urlava senza* **interrompersi** / *senza* **interruzione**
Complemento limitazione	*È bravo* **nel correre** / **nella corsa**
Complemento mezzo	*S'impara* **con lo sbagliare** / **con gli sbagli** / **con lo sbaglio**

I verbi **avere**, **essere**, **piacere**, **dispiacere**, **dovere**, ecc. si usano anche come **sostantivi.**

Donò ai poveri tutti i suoi **averi**
Amo tutti gli **esseri** *viventi*
Ti fa **piacere** *venire con noi domani?*
Mi ha dato tanti **dispiaceri** *quell'uomo*
È tuo preciso **dovere** *andarci*

PARTICIPIO[1]

Ha due tempi

PRESENTE	PASSATO
parlante	**parlato**
leggente	**letto**
dicente	**detto**

[1] Il nome PARTICIPIO deriva dal fatto che esso, oltre che del verbo, "partecipa" della natura del nome e dell'aggettivo e possiede le loro caratteristiche.

PARTICIPIO PRESENTE

Nella lingua moderna gli unici participi presenti che si incontrano comunemente sono quelli usati in funzione di aggettivi o sostantivi (di cui si è ormai "dimenticata" la natura verbale) [1].

a. con valore di **aggettivo**

*È un tipo **interessante***
*Ha visto uno spettacolo **entusiasmante***

b. con valore di **sostantivo**

Amante, docente, utente, abitante, cantante, parlante, ecc..
*Attenzione alla **corrente** elettrica!*
*I **partecipanti** alla gara sono molti*
*Gli **studenti** e gli **insegnanti** ridevano*

PARTICIPIO PASSATO

Si usa

a. nei **tempi composti** e nella **forma passiva**

*Ha **regalato** un libro a Luisa*
*Il suo libro è stato **letto** da molti*

b. come **aggettivo**

*Entra troppa corrente da quella porta **aperta***
*È un uomo **sposato***

c. come **sostantivo**

*Mi piace il **gelato***
*Non ho guardato il **filmato***

d. come **participio assoluto**

Ha valore attivo e passivo con i verbi transitivi. Ha valore soltanto attivo con i verbi intransitivi

***Comprata** la casa in montagna, visse sempre là*
***Bevuto** il caffè, era uscito dal bar*
***Finiti** i lavori, torno a casa*

---

[1] Il participio presente compare talvolta nella lingua **giuridica** e **burocratica**: *Il testimone **dichiarante** il falso è perseguibile dalla legge. È sempre in regola con le norme **vigenti**. Gli **aventi** diritto hanno 30 giorni di tempo per ricorrere.*

Arrivato *all'aeroporto, telefonerò alla moglie*
Tornato *a casa, andò a letto*

Nei costrutti assoluti il participio passato può anche avere un proprio soggetto, sempre espresso e quindi diverso dalla principale.

Arrivato Luigi, io me ne andai

Il participio passato **concorda** obbligatoriamente

– quando è preceduto dal verbo "**essere**"

Maria è andata via. Noi siamo rimasti

– quando ha valore di **aggettivo**

Aveva i piedi infangati
Se ti arrabbi, avrai una vacanza rovinata

– quando è preceduto dalle particelle pronominali **lo** / **la** / **li** / **le** in funzione di complemento **oggetto**

Mario l'ho visto ieri, ma Lia non l'ho vista
I ragazzi non li ho accompagnati, mentre le ragazze le ho fatte andare con la zia

GERUNDIO

Il gerundio ha due tempi

SEMPLICE	COMPOSTO
parlando **facendo** **partendo**	**avendo parlato** **avendo fatto** **essendo partito**

Il gerundio indica il modo di svolgersi dell'azione, in riferimento ad un'altra azione di modo finito, che ha lo stesso soggetto del gerundio [1].

---

[1] Il gerundio può avere anche soggetto diverso da quello del verbo reggente; in tal caso occorre attribuire ad ogni verbo il proprio soggetto, che di norma si pone dopo il gerundio. *Non potendo andarci loro, dovremo andarci noi. Stando così le cose, nessuno potrà farci niente.*

*Mario mangia **parlando*** (Mario mangia mentre parla)
***Sbagliando** s'impara* (Uno impara con lo sbagliare/per mezzo dello sbaglio)

GERUNDIO SEMPLICE

Il presente indica **contemporaneità** tra l'azione espressa dal gerundio e quella della reggente

Mi fissa, guardandomi negli occhi (contemporaneità al presente)
Giovanni scoppiò a ridere, guardando Ninetta (contemp. al passato)
Viaggiando, imparerai tante cose (contemp. al futuro)

GERUNDIO COMPOSTO

Il gerundio composto, indica **anteriorità** dell'azione espressa dal gerundio rispetto all'azione della reggente

Essendo stato bocciato, ha dovuto ripetere l'esame
Avendo camminato per un'intera giornata, era sfinito
Avendo già speso tutti i tuoi soldi, non potrai far fronte ad altri impegni

VALORI SINTATTICI E SEMANTICI DEL GERUNDIO

Il gerundio può esprimere molti **valori sintattici** e **semantici**. Questi valori si esprimono mediante **congiunzioni /preposizioni**

Causale   *Essendosi* (poiché / perché / siccome /dal momento che, ecc.
               si è) svegliato tardi, ha perso l'autobus

Temporale *L'ho incontrato, uscendo* (quando / mentre / nel momento in cui/che
               usciva) di casa

Modale   *È arrivato a casa correndo e gridando* (di corsa e con grida)

Di mezzo   *Viaggiando* (con / per mezzo di /attraverso il viaggiare) *s'impara
               molto più che leggendo* (con / per mezzo / attraverso la lettura)
               sui libri

Concessivo *Pur avendo studiato* (anche se ho studiato / benché / quantunque
               nonstante che / sebbene abbia studiato) *più di lui, sono stato
               bocciato all'esame*

Condizionale	*Leggendo* (se / a condizione che / qualora leggessimo) *un po' di più, potremmo migliorare la nostra pronuncia*
Consecutivo	*Si è impegnato tanto/così seriamente superando* (che ha superato/ tanto da superare) *in breve tutte le difficoltà*

Aggiuntivo. L'azione del gerundio equivale a quella del verbo reggente (nel modo e nel tempo)

> *Gli parleremo seriamente, dicendogli* (e gli diremo) *tutta la verità*
> (Gli parleremo seriamente e gli diremo tutta la verità)
> *Nella fretta di uscire ha urtato una sedia, facendola* (e l'ha fatta) *cadere*

OSSERVAZIONE

Non confondere il gerundio con il participio presente. Il gerundio di norma dipende dal soggetto del verbo della frase principale e c'è identità di soggetto tra i due verbi quando non viene indicato un diverso soggetto nella frase dipendente. Il participio presente dipende invece, sempre da un nome o da un pronome e può avere valore verbale, aggettivale o nominale.

Non si dirà quindi: *Ho incontrato Sandra piangendo per la strada*, perché il gerundio *(piangendo)* si riferisce al soggetto *io* e al verbo *ho incontrato*

Si dirà invece: *Ho incontrato Sandra piangente* (che piangeva) *per la strada* (perché il participio *piangente*, si riferisce a *Sandra*)

LOCUZIONI PERIFRASTICHE COL GERUNDIO

Stare, andare, venire + gerundio semplice [1]
> *Sto parlando con te*
> *Lui andava dicendo in giro cose non vere sul mio conto*
> *Tutti i testi che verremo leggendo in classe, li riassumeremo per iscritto*

Le tre forme perifrastiche hanno in comune il senso della durativa dell'azione; in particolare

---

[1] I verbi **stare**, **andare** e **venire** funzionano come ausiliari e determinano il tempo in cui si svolge l'azione, mentre il gerundio contiene il significato della frase.

a. **Stare + gerundio**

L'azione dura per tutto il tempo in cui il parlante si esprime, e si riferisce a quello specifico momento:

Che stai facendo tutto solo all' angolo della strada?

La perifrasi *"stare + gerundio"* si può coniugare solo al presente (indicativo, congiuntivo, condizionale), all'imperfetto (indicativo e congiuntivo) e al futuro semplice. Non si usa invece al passato remoto perché il suo aspetto perfettivo non si concilia con il senso di duratività.
Inoltre non è possibile con i tempi composti.

b. **Andare + gerundio**

L'azione dura nel tempo e si ha una vaga idea di progressione all'esterno (azione centrifuga).

Mario va dicendo a tutti che siete stufi di continuare il lavoro

c. **Venire + gerundio**

L'azione dura nel tempo e si ha una vaga idea di progressione all'interno (azione centripeta)

Tutti i giornali vengono divulgando notizie false che spaventano i cittadini
"Viene il vento recando il suon dell'ora" (Leopardi)

AVVERBIO

L'avverbio è una parola invariabile che si pone accanto ad un'altra parola, per meglio determinarne il significato o per completare il senso di intere frasi.

L'avverbio "modifica" il significato di

un verbo	cammina **molto**
un aggettivo	**molto** *felice*
un avverbio	**molto** *volentieri*
un nome	la **quasi** *totalità*
una frase	**sicuramente**, *ci andrò domani*

I tipi di avverbio sono i seguenti:

AVVERBI QUALIFICATIVI   (detti anche "di modo")

Indicano il modo con cui si svolge l'azione espressa dal verbo. Sono i più numerosi, in quanto corrispondono alla lunga serie di *aggettivi qualificativi*.

– Si formano, per la maggior parte, aggiungendo il suffisso **-mente** all'aggettivo stesso, in modo più o meno regolare.

Non si effettua alcun cambiamento con gli aggettivi in **-e.**

veloce	→	*velocemente*
prudente	→	*prudentemente*

La vocale finale preceduta dalla consonante **l** cade

facile	→	*facilmente*
docile	→	*docilmente*
amabile	→	*amabilmente*

– Si aggiunge il suffisso **-mente** alla terminazione del femminile **-a** con gli aggettivi in **-o** (cioè di prima classe).

pratic**o**	→	pratic**a**	→	*praticamente*
meraviglios**o**	→	meraviglios**a**	→	*meravigliosamente*
chiar**o**	→	chiar**a**	→	*chiaramente*
spontane**o**	→	spontane**a**	→	*spontaneamente*

– Talvolta l'avverbio è identico all'aggettivo qualificativo al maschile singolare, oppure è preceduto da "*di*".

> *Chi va* **piano** *va* **sano** *e va* **lontano**
> *Questo vestito costa* **caro**
> *Ci sono stato* **di recente**
> *Lo farò* **di sicuro**

– Alcuni avverbi hanno forma "autonoma": *bene, male, volentieri,* ecc. [1]

---

[1] Alcuni aggettivi non hanno l'avverbio corrispondente, per esempio gli aggettivi di colore e altri come *fresco, vecchio, giovane, bugiardo,* ecc.
Un piccolo gruppo di avverbi hanno il suffisso **-oni**: *ginocchioni, carponi, penzoloni, bocconi,* ecc.

Locuzioni avverbiali

all'improvviso	di regola	di norma	d'un tratto
alla meno peggio	alla meglio	a poco a poco	a mano a mano
a stento	di rado	terra terra	gioco forza
per forza	per amore	per caso	di solito
di continuo	lo stesso	alla grande	in fretta, ecc.

Sono riuscito a stento a trattenerlo
Dovrai farlo per amore o per forza

Come per l'aggettivo, anche per alcuni avverbi si ha il grado di **comparazione** o l' **alterazione.**

forte	più forte, fortissimamente
piano	più piano, pianino, piano piano, pianissimo
lento	più lentamente, lentissimamente
bene	benino, benone, meglio, ottimamente, benissimo
male	malino, maluccio, malaccio, peggio, malissimo, pessimamente
poco	pochino, poco poco, pochetto, pochissimo
adagio	adagio, adagino
ecc.	

Nulla, niente, tutto restano invariati.

AVVERBI DETERMINATIVI [1]

1. Tempo

Esprimono una specificazione di tempo in cui si svolge l'azione

frequentemente	adesso/ora	subito	domani	prima
annualmente	ieri	sempre	mai [2]	settimanalmente
giornalmente	dopo/poi	dianzi	presto	repentinamente
immediatamente	spesso	sovente	già	tardi
oggi	allora	ecc.		

Annualmente paga troppe tasse
Questa sera rientrerò piuttosto tardi

[1] Detti anche "indicativi".
[2] L'avverbio **mai**, in relazione all'uso della negazione **non**, si comporta come il pronome "nessuno", cioè all'inizio di frase non vuole il *"non"*. *Non arriva mai puntuale a lezione. Mai arriva puntuale a lezione.*

Locuzioni temporali

or ora	una volta	poco fa	tra breve
lì per lì	d'ora in poi	d'allora in poi	di buon'ora
di quando	d'ora in avanti	di mattino	poco prima/dopo
in quando	di sera	di notte	ecc.

> *Ho finito or ora di copiare il testo*
> *Di notte non riuscivo a dormire*

2. Luogo

Esprimono una specificazione di luogo o di spazio in cui si svolge l'azione

qui	qua	lì	là	quassù
quaggiù	lassù	vicino	lontano	dove
donde	dovunque	ovunque	dappertutto	accanto
fuori	dentro,	via	ecc.	

> *Vieni qui, per favore!   Non puoi restare sempre là*
> *Dovunque c'è disordine*

Le particelle pronominali: **ci/vi, ne**.

> *Vado spesso a Roma e ogni volta ne [di là] torno stressato*
> *Qui, non ci resto! In questa città ci abito, ma non vi trovo alcun segno di progresso*

Locuzioni locative

in questo/quel luogo	da questo/quel luogo	di qui	da qui
di là	per di là	per di sopra	per di sotto
a fianco	di fianco	a lato	di lato
in prossimità	ecc.		

> *"Dov'è tua sorella?" "È di là, in cucina"*
> *Devi passare per di là, se vuoi fare in fretta*

3. Quantità

Esprimono una quantità, ma non definita

poco	tanto	molto	affatto
più	meno	tutto	nulla
niente	abbastanza	appena	troppo

parecchio	assai	quasi	abbondantemente
sufficientemente	approssimativamente	circa	ecc.

Non hai affatto capito il mio pensiero
Non conto niente per te

Locuzioni quantitative

né più né meno	del tutto	pressappoco	all'incirca
su per giù	più o meno	di più	di meno
di molto	di poco	così così	ecc.

Più o meno abbiamo fatto tutto
Ti sei allontanato di poco dalla verità

ATTENZIONE
I gradi di comparazione degli avverbi **poco** e **molto** sono:

pochino	pochetto	un tantino	pochissimo	moltissimo
parecchio	assai	alquanto	minimamente	massimamente
meglio	altrimenti	peggio	pessimamente	ecc.

Sono un pochino stanco, lasciami riposare
Sono molto dispiaciuto per il tuo comportamento

4. Affermazione, negazione, dubbio, aggiunzione

Hanno la funzione di affermare, negare, mettere in dubbio, aggiungere qualcosa

sì	sicuro	certo	affatto
davvero	non...affatto	no [1]	non
forse	anche	pure	neanche [2]
nemmeno [2]	neppure [2]	inoltre	ancora
altresì	perfino/persino	sicuramente	certamente
precisamente	eventualmente	possibilmente	probabilmente
proprio	magari	ecc.	

Non abbiamo letto neppure un giornale durante le vacanze
Tutto è davvero meraviglioso

[1] **No** rende negativa la risposta; **non**, rende negativo il verbo, espresso o sottinteso: *"Hai mangiato?" "No, non ho mangiato. Non ancora"*.
[2] Formati da: **né + anche/pure/meno.**

Locuzioni con valore di rinforzo

sì e poi sì	certo che sì	di sicuro	sì davvero	no davvero
certamente no	no di certo	niente affatto	senz'altro	senza dubbio
ecc.				

> *Non sono niente affatto arrabbiato*
> *Faremo senz'altro i passi necessari*

5. Conclusione e locuzioni conclusive

Per concludere la frase, riassumere o chiarire ulteriormente il discorso

cioè	nonché	vale a dire	precisamente
dunque	ecco	allora	per meglio dire
e così	quindi	in breve	insomma
in conclusione	infine	in ultima analisi	in sostanza
ecc.			

> *Dovete riassumere, cioè spiegare con parole vostre, ciò che avete letto*
> *Ti ho spiegato quello che dovrai fare; anzi, per meglio dire, ti ho indicato*
> *   la soluzione più giusta ai tuoi problemi*
> *Avevi troppa fretta e così il risultato non è stato certo dei migliori*

AVVERBI INTERROGATIVI

Sono avverbi di tempo, luogo, modo, causa, ecc. con la funzione di introdurre una domanda diretta o indiretta.

(tempo)	*Quando verrai?*	*Non so quando lui verrà*
(luogo)	*Dove abiti?*	*Chissà dove abita Luigi*
(modo)	*Come stai?*	*Non mi hai ancora detto come stai!*
(causa)	*Perché esci?*	*Non so perché l'ho fatto*

ELEMENTI DI CIVILTÀ

Musica leggera italiana

All'intimo quadretto familiare descritto da Brancati ne *La pennichella* mancano soltanto le note di qualche canzoncina, magari fischiettata da Giovanni prima di andare a letto, perché la cornice sia completa.

Grazie al linguaggio agile e diretto, alla melodia orecchiabile, la musica leggera ha infatti la suadente capacità di restituire immediatamente la fragranza di un'epoca pur continuando ad essere specchio delle trasformazioni del tempo, dei cambiamenti sociali e di costume di una cultura. Per questo

Le canzonette

nella vita italiana hanno sempre avuto grande spazio e un'incidenza considerevole nell'immaginario collettivo. Sia che vengano lanciate dai microfoni di Sanremo, sia che appartengano alla vena privata e creativa dei cantautori, le canzoni hanno sempre fatto presa sul grande pubblico, lo hanno entusiasmato e sono diventate un bagaglio spirituale importante di ogni popolo.

Basta pensare a

"VOLARE"

di Domenico Modugno, che rimane la canzone-simbolo dell'Italia nel mondo, passata di bocca in bocca attraverso tutti i Paesi e tutte le generazioni dagli anni '50 in poi.

Domenico Modugno

Il panorama melodico italiano è ben articolato ed ha una quantità di protagonisti che si sono avvicendati nel tempo.

Troviamo le

Interpreti femminili

prima fra tutte l'inimitabile Mina, dalle possibilità vocali inesauribili; Ornella Vanoni con la sua nasalità personalissima; Milva, dalla voce profonda e drammatica, adatta anche ad interpretazioni teatrali; Loredana Bertè grintosa, roca, ribelle e "maledetta"; la giovane Fiorella Mannoia raffinata e composta; Gianna Nannini anticonformista e maschile, con la tempra della vera *rock star,* ecc.

Ci sono i

La cantante Mina

Cantautori di scuola genovese

come Fabrizio De André, dotato di comprensione verso gli emarginati, il quale nelle sue canzoni, con sottile ironia, protesta contro la guerra, la violenza, le ingiustizie sociali; Gino Paoli che unisce poesia, spregiudicatezza ed intimismo, cantando l'amore e i rapporti tra gli esseri umani; Luigi Tenco, morto suicida a Sanremo durante il Festival del '67, indimenticato autore della tristezza e del malessere che dominano nella società dei consumi dell'Italia del *boom* economico. Si fanno valere anche i

Lucio Dalla

Cantautori di area bolognese

Lucio Dalla, innovativo, cantore delle paure, speranze, contraddizioni, delle fantasie degli uomini moderni; Vasco Rossi, sempre controcorrente, trasgressivo, duro e selvaggio; Zucchero, la voce "nera" del *"blues"* all'italiana.

Nutrita poi è la schiera dei cantanti e

Cantautori di area Romana:

Lucio Battisti, astro indiscusso degli anni '60 e '70, campione d'incassi che in tempi ultrapoliticizzati scelse di cantare solo il privato; Claudio Baglioni, idolo delle ragazzine che amano melodie sentimentali e romantiche; Riccardo Cocciante, tenero e potente urlatore di pene d'amore; Francesco De Gregori, impegnato lettore della realtà politica del nostro Paese; Antonello Venditti, interprete di passioni che vanno dalla rabbia antiborghese al tifo calcistico; Eros Ramazzotti, stella nuova e affermata che canta i giovani ed i loro problemi.

Non possiamo certo dimenticare

Napoli

che ha rinverdito la sua tradizione grazie a Renzo Arbore, intelligente filologo ed esecutore della canzone partenopea; Edoardo Bennato, aspro fustigatore dell'ipocrisia nelle sue forme più turpi, e Pino Daniele, vero temperamento *"soul"* che celebra la musica mediterranea cantando in anglo-napoletano.

Pino Daniele a Umbria Jazz

Chi ci resta da segnalare, infine?
Senz'altro Adriano Celentano, folle e divertente "geniaccio" del *"rock and roll"* nostrano, e Franco Battiato, siciliano estroso e originale, cultore di misticismo e di sapori mediorientali.

Adriano Celentano

MORFOLOGIA

DISCORSO DIRETTO   **Discorso indiretto libero**
Discorso indiretto

CIVILTÀ. *L'opera lirica*

– Festa del patrono –

La telefonata era arrivata alle 9 e 37 della sera del 18 marzo, sabato, alla vigilia della *rutilante* festa che la città dedicava a San Giuseppe falegname: e al falegname appunto erano offerti i roghi di mobili vecchi che quella sera si accendevano nei quartieri popolari, quasi promessa ai falegnami ancora in esercizio, e ormai pochi, di un lavoro che non sarebbe mancato.

rumorosa e accesa

Gli uffici erano, più delle altre sere, a quell'ora quasi deserti: anche se illuminati, l'illuminazione serale e notturna degli uffici di polizia tacitamente *prescritta* per dare l'impressione ai cittadini che in quegli uffici sulla loro sicurezza si vegliava.

imposta, ordinata

Il telefonista annotò l'ora e il nome della persona che telefonava: Giorgio Roccella. Aveva una voce educata, calma, *suadente*. "Come tutti i folli" pensò il telefonista. Chiedeva, infatti, il signor Roccella, del questore: una follia, specialmente a quell'ora e in quella particolare serata.

persuasiva, convincente

Il telefonista si sforzò allo stesso tono, ma riuscendo a una caricaturale imitazione, resa più scoperta dalla *freddura* con cui rispose: "Ma il questore non è mai in questura a quest'ora", freddura che in quegli uffici abitualmente correva sulle frequenti assenze del questore. E aggiunse: "Le passo l'ufficio del commissario", col gusto di far dispetto al commissario, che certo stava in quel momento per lasciare l'ufficio.

fredda battuta di spirito

Il commissario si stava infatti infilando il cappotto. Prese il telefono il brigadiere che aveva il tavolo ad angolo con quello del commissario. Ascoltò, cercò sul tavolo una matita e un pezzo di carta; e mentre scriveva rispondeva che sì, sarebbero andati al più presto possibile, appena possibile, così collocando la possibilità in modo da non *illudere sulla prestezza*.

ingannare sulla rapidità

"Chi era?" domandò il commissario.

"Un *tale* che, dice, ha da farci vedere urgentemente una cosa trovata in casa".

un uomo

"Un *cadavere?*" scherzò il commissario.

morto, defunto

"No, ha detto proprio una cosa".

"Una cosa... E come si chiama, questo tale?"

Il brigadiere prese il pezzo di carta su cui aveva scritto nome e indirizzo, lesse: "Giorgio Roccella, *contrada* Cotugno, dal bivio per Monterosso, strada a destra, quattro chilometri; quindici da qui".

rione, quartiere

Il commissario tornò dalla porta al tavolo del brigadiere, prese quel pezzo di carta, lo lesse quasi credesse di trovarvi qualcosa di più di quello che il brigadiere aveva detto.

Disse: "Non è possibile".

"Che cosa?" domandò il brigadiere.

"Questo Roccella," disse il commissario "è un diplomatico, console o ambasciatore non so dove. Non viene qui da anni; chiusa la casa di città, abbandonata e quasi in rovina quella di campagna in contrada Cotugno appunto... Quella che si vede dalla strada: in alto, che sembra *un fortino*...".

castello fortificato
casa agricola

"Una vecchia *masseria*," disse il brigadiere "ci sono passato sotto tante volte".

"Dentro il recinto, per cui pare una masseria, c'è un villino molto grazioso, o almeno c'era... Grande famiglia, quella dei Roccella: ma ora ridotta a questo console o ambasciatore che sia...

Non credevo nemmeno che fosse ancora vivo, da tanto che non si vede".

"Se vuole," disse il brigadiere "vado a controllare".

"Ma no, sono sicuro che si tratta di uno scherzo... Domani, magari, se hai tempo e voglia, vai a dare un'occhiata... Per quanto mi riguarda, qualunque cosa accada, domani non mi cercate: vado a festeggiare San Giuseppe da un mio amico, in campagna".

(Da LEONARDO SCIASCIA, *Una storia semplice*)*

* Per notizie su Leonardo Sciascia, vedi la sezione *"Scrittori in vetrina"*, a pag. 353.

1. Scelta multipla

1. La telefonata era arrivata
   ❏ contemporaneamente alla festa   ❏ alla vigilia della festa   ❏ subito dopo la rutilante festa

2. A quell'ora gli uffici erano
   ❏ pieni di animazione e febbrile attività   ❏ illuminati e rumorosi
   ❏ illuminati ma deserti

3. Il telefonista prese nota
   ❏ dell'ora e del nome di chi aveva telefonato   ❏ del tono di voce e dell'argomento della telefonata   ❏ delle circostanze e dei particolari

4. "Il questore non è mai in questura a quest'ora" è
   ❏ una fredda bugia   ❏ una massima filosofica   ❏ una battuta riferita al Questore

5. Il commissario chiamato, in quel preciso istante
   ❏ si stava vestendo per uscire   ❏ era immerso in una pratica da evadere
   ❏ era occupato su un'altra linea telefonica

6. Un tale diceva che
   ❏ delle persone chiedevano un aiuto immediato   ❏ aveva da mostrare urgentemente qualcosa   ❏ era in atto una rissa davanti al bar

7. Il brigadiere dopo aver preso il pezzo di carta con nome e indirizzo
   ❏ si diresse immediatamente al luogo indicato   ❏ lo piegò per mettserselo in tasca   ❏ lesse al commissario quanto vi aveva scritto

8. Questo Roccella, disse il commissario, è
   ❏ un diplomatico, console o ambasciatore   ❏ uno strano e pericoloso soggetto   ❏ una persona molto influente e conosciuta

9. Dentro il recinto c'è
   ❏ una gran confusione e disordine   ❏ un giardino molto grazioso e una vecchia casa   ❏ un bel villino

10. Il commissario dichiara che, per quanto lo riguarda, l'indomani
    ❏ per nessun motivo al mondo lo si deve disturbare   ❏ sarà tempesti-vamente sul luogo indicato   ❏ lo si deve cercare solo in caso di assoluta necessità

2. Questionario

1. Qual è il titolo del brano?
2. Quali sono i protagonisti e l'ambientazione?
3. Perché, pur deserti, gli uffici sono illuminati?
4. La voce educata, calma e suadente cosa fece subito pensare al telefonista?
5. Perché la frase "Il questore non è mai in questura a quest'ora" è divenuta una freddura o una battuta di spirito?
6. Con quale intento il telefonista parla della telefonata al commissario?
7. Cosa c'è nella risposta del brigadiere che assicura la ipotetica possibilità di recarsi subito sul posto?
8. Cosa annota il brigadiere?
9. Chi era quel tale Roccella?
10. Cosa impone, per quanto lo riguarda, il commissario?

PER L'AUTOCORREZIONE E L'AUTOAPPRENDIMENTO

4. Completare i discorsi diretti con il verbo introduttivo

1. "Come tutti i folli", _____ il telefonista.
2. Il telefonista si sforzò allo stesso tono, ma riuscendo a una caricaturale imitazione, resa più scoperta dalla freddura con cui _____ : "Ma il questore non è mai in questura a quest'ora".
3. E _____ : "Le passo l'ufficio del commissario".
4. "Chi era?" _____ il commissario.
5. "Un cadavere?" _____ il commissario.
6. Il brigadiere prese il pezzo di carta su cui aveva scritto nome e indirizzo, _____ : "Giorgio Roccella, contrada Cotugno ...".
7. "Che cosa?" _____ il brigadiere.
8. "Questo Roccella," _____ il commissario "è un diplomatico, console o ambasciatore non so dove".

5. Trasformare in discorso indiretto

1. "Ma il questore non è mai in questura a quest'ora", rispose il telefonista.
2. "Chi era?" domandò il commissario.

3. "Un tale che, dice, ha da farci vedere urgentemente una cosa trovata in casa", rispose il brigadiere.
4. Il brigadiere prese il pezzo di carta su cui aveva scritto nome e indirizzo, lesse: "Giorgio Roccella, contrada Cotugno, dal bivio per Monterosso, strada a destra, quattro chilometri; quindici da qui".
5. Disse: "Non è possibile".
6. "Questo Roccella," disse il commissario "è un diplomatico, console o ambasciatore non so dove".
7. "Una vecchia masseria," disse il brigadiere "ci sono passato sotto tante volte".
8. "Se vuole," disse il brigadiere "vado a controllare".
9. "Per quanto mi riguarda, qualunque cosa accada, domani non mi cercate: vado a festeggiare San Giuseppe da un mio amico, in campagna".

6. Trasformare in discorso diretto

1. Il signor Roccella chiedeva infatti del questore: il brigadiere pensò che era una follia, specialmente a quell'ora e in quella particolare serata.
2. Il brigadiere pensava che il commissario, certo, stava in quel momento per lasciare l'ufficio.
3. Mentre scriveva rispondeva che sì, sarebbero andati al più presto possibile.

7. Trasformare in discorso indiretto libero

1. "Questo Roccella," disse il commissario "è un diplomatico, console o ambasciatore non so dove. Non viene qui da anni; chiusa la casa di città, abbandonata e quasi in rovina quella di campagna, in contrada Cotugno appunto ...
Quella che si vede dalla strada: in alto, che sembra un fortino ...".
2. "Una vecchia masseria," disse il brigadiere "ci sono passato sotto tante volte".
3. "Dentro il recinto, per cui pare una masseria, c'è un villino molto grazioso; o almeno c'era ... Grande famiglia, quella dei Roccella: ma ora ridotta a questo console o ambasciatore che sia ... Non credevo nemmeno che fosse ancora vivo, da tanto che non si vede".
4. "Ma no, sono sicuro che si tratta di uno scherzo ... Domani, magari, se hai tempo e voglia, vai a dare un'occhiata ... Per quanto mi riguarda, qualunque cosa accada, domani non mi cercate: vado a festeggiare San Giuseppe da un mio amico, in campagna".

8. Completare con gli aggettivi qualificativi

1. La telefonata era arrivata alle 9 e 37 della sera del 18 marzo, sabato, alla vigilia della _____ festa che la città dedicava a San Giuseppe falegname: e al falegname appunto erano offerti i roghi di mobili _____ che quella sera si accendevano nei quartieri _____ .
2. Il telefonista annotò l'ora e il nome della persona che telefonava: Giorgio Roccella. Aveva una voce _____ , _____ , _____ .
3. Il telefonista si sforzò allo stesso tono, ma riuscendo a una _____ imitazione, resa più _____ dalla freddura con cui rispose.
4. Freddura che in quegli uffici abitualmente correva sulle _____ assenze del questore.
5. "Una _____ masseria" disse il brigadiere.
6. "Dentro il recinto, per cui pare una masseria, c'è un villino molto_____ ".

9. Completare con gli avverbi

1. L'illuminazione serale e notturna degli uffici di polizia [era] _____ prescritta.
2. Il telefonista [pensava che era] una follia _____ a quell'ora e in quella particolare serata.
3 "Ma il questore non è mai in questura a quest'ora", freddura che in quegli uffici _____ correva sulle frequenti assenze del questore.
4. Mentre scriveva rispondeva che sì, sarebbero andati al _____ _____ _____ , _____ _____ .
5. "Un tale che, dice, ha da farci vedere _____ una cosa trovata in casa".
6. "No, ha detto _____ una cosa".
7. "Non credevo _____ che fosse _____ vivo".
8. "_____ , magari, se hai tempo e voglia, vai a dare un'occhiata".

10. Completare con gli aggettivi e i pronomi dimostrativi

1. E al falegname appunto erano offerti i roghi di mobili vecchi che _____ sera si accendevano nei quartieri popolari.
2. Gli uffici erano, più delle altre sere, a _____ 'ora, quasi deserti: anche se illuminati ... per dare l'impressione ai cittadini che in _____ uffici sulla loro sicurezza si vegliava.
3. Una follia, specialmente a _____ 'ora e in _____ particolare serata.

4. "Ma il questore non è mai in questura a _____ 'ora", freddura che in _____ uffici abitualmente correva sulle frequenti assenze del questore.

5. E aggiunse: "Le passo l'ufficio del commissario", col gusto di far dispetto al commissario, che certo stava in _____ momento per lasciare l'ufficio.

6. Prese il telefono il brigadiere che aveva il tavolo ad angolo con _____ del commissario.

7. Il commissario ... prese _____ pezzo di carta, lo lesse quasi credesse di trovarvi qualcosa di più di _____ che il brigadiere aveva detto.

8. Non viene qui da anni, chiusa la casa di città, abbandonata e quasi in rovina _____ di campagna, in contrada Cotugno appunto.... _____ che si vede dalla strada.

9. Grande famiglia, _____ dei Roccella: ma ora ridotta a _____ console o ambasciatore che sia.

11. Completare con le preposizioni

1. La telefonata era arrivata ____ 9 e 37 ____ sera ____ 18 marzo, ____ vigilia ____ rutilante festa che la città dedicava ___ San Giuseppe falegname.

2. Era l'illuminazione serale e notturna ____ uffici ____ polizia tacitamente prescritta ____ dare l'impressione ____ cittadini che ____ quegli uffici ____ loro sicurezza si vegliava.

3. Chiedeva, infatti, il signor Roccella, ____ questore: una follia, specialmente __ quell'ora e ____ quella particolare serata.

4. Aggiunse: "Le passo l'ufficio ____ commissario, ____ gusto ___ far dispetto ___ commissario, che certo stava ___ quel momento ____ lasciare l'ufficio.

5. Prese il telefono il brigadiere che aveva il tavolo ____ angolo ____ quello ____ commissario.

6. Il brigadiere prese il pezzo ____ carta ____ cui aveva scritto nome e indirizzo.

7. Il commissario tornò ____ porta ____ tavolo ____ brigadiere, prese quel pezzo ____ carta e lo lesse.

8. Grande famiglia, quella ____ Roccella: ma ora ridotta ____ questo console o ambasciatore che sia ...

9. "____ quanto mi riguarda, qualunque cosa accada, domani non mi cercate".

10. "Vado ___ festeggiare San Giuseppe ____ un mio amico, ____ campagna".

12. Completare liberamente le frasi

1. La telefonata arrivò alle . . .
2. A San Giuseppe falegname erano offerti i roghi di . . .
3. Gli uffici erano a quell'ora . . .
4. Il telefonista annotò . . .

5. Il questore non è . . .
6. Il commissario si stava infatti . . .
7. Il brigadiere prese il pezzo di carta su cui aveva scritto . . .
8. Il commissario tornò . . .
9. Non credevo nemmeno che fosse ancora vivo . . .
10. Sono sicuro che si tratta di . . .

13. Fare le domande

1. A chi erano offerti i roghi di mobili vecchi?

   – A San Giuseppe patrono dei falegnami.

2. _____ ?

   – Erano a quell'ora quasi deserti.

3. _____
   _____ ?

   – Per dare impressione ai cittadini che si vegliava sulla loro sicurezza.

4. _____ ?

   – Il signor Roccella chiedeva del questore.

5. _____ ?

   – "Le passo l'ufficio del commissario".

6. _____
   _____ ?

   – Il commissario si stava infilando il cappotto.

7. _____
   _____ ?

   – Sarebbero andati il più presto possibile.

8. _____
   _____ ?

   – Lo lesse quasi credesse di trovarvi qualcosa di più.

9. _____ ?

   – Non viene qui da anni.

10. _____
    _____ ?

    – Domani, magari, se hai tempo e voglia, vai a dare un'occhiata.

14. Per la composizione scritta

1. Parla di una festa caratteristica del tuo Paese.

2. In Italia ci sono polizia, carabinieri, vigili urbani, vigili del fuoco, ecc., al servizio del cittadino. Com'è organizzata la forza pubblica nel tuo Paese?

3. Prima casa in città e seconda casa in campagna, al mare, o in montagna: questa consuetudine, ormai diffusa in Italia, esiste anche nel tuo Paese? In quale misura è diffusa questa consuetudine? Quali vantaggi o svantaggi comporta?

SINTESI GRAMMATICALE

DISCORSO DIRETTO
Discorso indiretto
Discorso indiretto libero

DISCORSO DIRETTO	DISCORSO INDIRETTO
Il **discorso diretto** è una struttura che riporta per intero e in modo fedele il messaggio così come è stato trasmesso dal parlante. Esso è introdotto da un verbo del tipo di **dire** [1], **affermare, esclamare,** ecc.: (cosiddetti verbi "*introduttivi*" del "*dire*"), posto o all'inizio o alla fine o nel mezzo del discorso, o separato da due lineette o virgole. Le parole del discorso diretto sono generalmente chiuse tra virgolette o trattini.	Il **discorso indiretto** è una struttura che riporta il messaggio del parlante non con le sue identiche parole, ma attraverso le parole di colui che lo riferisce. Le parole riportate diventano una proposizione subordinata (per lo più oggettiva o interrogativa indiretta) che è retta dagli stessi verbi "*introduttivi*" del discorso diretto.
Gianni mi ha detto: "Non sono d'accordo!"	*Gianni mi ha detto che non è d'accordo.*
"Non siamo stati noi!" gridarono in coro i ragazzi	*I ragazzi gridarono in coro che non erano stati loro.*
-Chi di voi, aggiunse, può contraddirmi?	*Aggiunse che nessuno di loro poteva contraddirlo.*
"Parto domattina - disse - prima dell'alba"	*Disse che sarebbe partito l'indomani prima dell'alba.*

[1] Il verbo introduttivo può essere sottinteso o sostituito da una frase, da un nome proprio o da un sostantivo.
Mio figlio mi è venuto incontro tutto felice: "Sai? Sono stato promosso!"
E Marco: "Anch'io sono stato promosso a pieni voti!"
"È in questo modo che ci si deve comportare!" questo è stato sempre il suo modo di pensare.

DISCORSO INDIRETTO LIBERO

Il **discorso indiretto libero** riproduce, nella forma indiretta, ma senza alcun tipo di subordinazione, le parole e i pensieri del personaggio, così come lui stesso li esprime, mescolando in questo modo, il discorso diretto con quello indiretto.
Il risultato è quello di rendere più agile la narrazione e di conservare allo stesso tempo la vivacità dell'espressione.

1 - Manca il verbo di raccordo *disse, afferma, risponde*, ecc.
2 - Manca ogni tipo di congiunzione subordinata *che, di, come, perché*, ecc.

DISCORSO DIRETTO	DISCORSO INDIRETTO	DISCORSO INDIRETTO LIBERO
*Mauro **decise**: "Partirò domani stesso, porterò con me tutti i documenti e cercherò di concludere l'affare".*	*Mauro **decise che** sarebbe partito l'indomani stesso, **(che)** avrebbe portato con sé tutti i documenti e **(che)** avrebbe cercato di concludere l'affare.*	*Mauro sarebbe partito l'indomani stesso, avrebbe portato con sé tutti i documenti e avrebbe cercato di concludere l'affare.*
*"Questo Roccella, **disse** il Commissario, è un diplomatico, console o ambasciatore non so dove. Non viene qui da anni; chiusa la casa di città, abbandonata e quasi in rovina quella di campagna in contrada Cotugno appunto ... Quella che si vede dalla strada: in alto, che sembra un fortino.*	*Il Commissario **disse che** quel Roccella era un diplomatico, console o ambasciatore non si sapeva dove. **(Che)** non andava lì da anni; chiusa la casa di città, abbandonata e quasi in rovina quella di campagna, in contrada Cotugno appunto. ... Quella che si vedeva dalla strada: in alto che sembrava un fortino.*	*Quel Roccella era un diplomatico, console o ambasciatore non si sapeva dove. Veniva lì da anni; chiusa la casa di città, abbandonata o quasi quella di campagna, in contrada Cotugno appunto. ... Quella che si vedeva dalla strada: in alto che sembrava un fortino.*

VERBI INTRODUTTIVI

affermare aggiungere annunciare asserire commentare continuare	dichiarare dire esclamare negare raccontare replicare	ripetere rispondere seguitare spiegare ecc.	CHE [1]	INDICATIVO [2]

Mio zio era solito ripetermi: "Ogni giorno ha i suoi problemi" → *Mio zio era solito ripetermi che ogni giorno ha i suoi problemi.*

"Anch'io alla tua età avevo gli stessi problemi" mi dice mio nonno" → *Mio nonno mi dice che anche lui alla mia età aveva gli stessi problemi*

chiedere domandare voler sapere	SE	INDICATIVO CONGIUNTIVO CONDIZIONALE

"Avete ancora voglia di continuare?" domandò agli studenti" → *Domandò agli studenti se avessero / avevano ancora voglia di continuare*

Il discorso indiretto può anche iniziare con **come, quando, chi, che cosa, dove, perché, quanto**, ecc. (che introducono domanda, richiesta, informazione, ecc.) + congiuntivo / indicativo / condizionale

"Com'è possibile una cosa del genere?" mi chiedeva → *Mi chiedeva come fosse / era possibile una cosa del genere*

"Quanti anni hai?" mi chiese → *Mi chiese quanti anni avevo / avessi*

"Dove vai?" volle sapere → *Volle sapere dove io andassi / andavo / sarei andato.*

"Quando tornate?" mi ha domandato → *Mi ha domandato quando tornavamo / tornassimo / saremmo tornati*

"Chi siete?" si chiedeva → *Si chiedeva chi fossimo / chi eravamo*

[1] Quando in un discorso diretto ci sono più proposizioni coordinate, nella trasformazione in forma indiretta la congiunzione CHE si esprime in genere solo all'inizio, per non appesantire il discorso.
"Ci andrò, lo vedrò di persona, gli parlerò; solo così potrò rendermi conto di ciò che veramente pensa" mi assicurò per telefono → *Mi assicurò per telefono che ci sarebbe andato, lo avrebbe visto di persona, gli avrebbe parlato; solo così avrebbe potuto rendersi conto di ciò che veramente pensava.*

[2] Quando il soggetto della reggente e della subordinata coincidono, si può avere DI + INFINITO.
"Non ho più voglia di uscire" gli disse sua moglie → *Sua moglie gli disse di non avere più voglia di uscire.*

Se il verbo che introduce il discorso diretto è un **verbo di opinione** (dubbio, incertezza, volontà, ecc.), il discorso indiretto avrà il **congiuntivo**.

"È normale agire in questo modo?" si domandava dubbioso → *Si domandava dubbioso se fosse normale agire in quel modo*

"Sarà meglio restare" questa era la sua opinione → *La sua opinione era che fosse meglio restare*

"Rispondete e dite apertamente quello che pensate" questo lui vuole → *Lui vuole che rispondiate e diciate apertamente quello che pensate*

"Cerca di star bene" lui le augurava → *Lui le augurava che (lei) cercasse di star bene*

PASSAGGIO DAL DISCORSO DIRETTO AL DISCORSO INDIRETTO

Nel passaggio dal discorso diretto al discorso indiretto, si hanno trasformazioni relative a quegli elementi linguistici che vengono influenzati da un cambiamento di prospettiva temporale e spaziale.

a. Quando si ha un cambiamento nella prospettiva temporale (cioè il verbo introduttivo, nella reggente, è al PASSATO) si hanno trasformazioni relative A MODI E TEMPI VERBALI

b. Quando si ha un cambiamento di prospettiva spaziale (cioè il punto di osservazione si sposta dal soggetto del discorso diretto ad altro soggetto) si hanno trasformazioni relative a

– PRONOMI PERSONALI

– POSSESSIVI

– DIMOSTRATIVI

– DETERMINATIVI DI TEMPO E DI LUOGO

I MODI E I TEMPI DEL VERBO

Se il tempo del verbo che introduce il discorso diretto è un tempo **passato**, si avranno le seguenti trasformazioni:

DISCORSO DIRETTO	⇨	DISCORSO INDIRETTO
PRESENTE [1] [2] (indicativo e congiuntivo)	⇨	IMPERFETTO (indicativo e congiuntivo)
Disse: "Ho fame" *Disse: "Spero che ci sia"* *"Come stai?" mi chiese tutto* *premuroso*	⇨	*Disse che aveva fame* *Disse che sperava che ci fosse* *Mi chiese tutto premuroso come stavo* *stessi*

	⇨	
PASSATO (indicativo passato prossimo e passato remoto; congiuntivo passato)	⇨	TRAPASSATO (indicativo trapassato prossimo; congiuntivo trapassato)
Disse: "Sono stata in palestra" *Disse: "Spero che tu sia stata* *in banca"* *"Che hai combinato?" gli doman-* *dò la mamma* *"Quanto tempo rimanesti a Pari-* *gi?" gli chiese*	⇨	*Disse che era stata in palestra* *Disse che sperava che lei fosse stata* *in banca* *La mamma gli domandò che cosa* *aveva combinato / avesse combinato* *Gli chiese quanto tempo era / fosse* *rimasto a Parigi*

OSSERVAZIONI

Se il tempo del verbo che introduce il discorso diretto è al presente, al futuro o all'imperativo, il tempo del discorso diretto non cambia nel passaggio al discorso indiretto (tutt'al più può cambiare talvolta il modo).

"Che ore sono?" mi chiede insistentemente → *Mi chiede insistentemente che ore sono / siano.*

---

[1] Il presente atemporale non cambia. *"La vita è una cosa meravigliosa" era solita ripetere* → *Era solita ripetere che la vita è una cosa meravigliosa* (ma riferito a un periodo particolare: *che la vita era meravigliosa*).

[2] Il presente con valore di futuro diventa condizionale composto (come il futuro indicativo). *Il brigadiere disse: "Vado a controllare"* → *Il brigadiere disse che sarebbe andato a controllare* (ma nella lingua parlata può esserci un imperfetto: *Il brigadiere disse che andava a controllare*).

"Non mi è stato possibile, non ho potuto accontentarvi" ve lo ripete in ogni momento → *Vi ripete in ogni momento che non gli è stato possibile, che non ha potuto accontentarvi*
"Non ci si comporta in questo modo!" fateglielo osservare → *Fategli osservare che non ci si comporta in questo modo*

Lo stesso vale per il passato prossimo, se si tratta di azione passata da poco tempo.
Franco mi ha detto: "Partiremo domattina presto" → *Franco mi ha detto che partiremo [1] domattina presto*

L'IMPERFETTO (indicativo e congiuntivo) **resta invariato**

Disse: "Un tempo abitavano a Roma" → *Disse che un tempo abitavano a Roma*
Disse: "Non sapevo che tu fossi milanese" → *Disse che non sapeva che io fossi milanese*
"Non avevo alcuna voglia di andarci" confessò candidamente → *Confessò candidamente che non aveva alcuna voglia di andarci*

IL TRAPASSATO PROSSIMO resta **invariato**

"Non avevo avuto alcuna intenzione di offenderti!" ammise → *Ammise che non aveva avuto alcuna intenzione di offendermi*

FUTURO (semplice e anteriore) [2]		CONDIZIONALE COMPOSTO
Disse: "Partirò per l'India" *Disse: "Tra due ore avrò finito questo lavoro"* *"Domani finalmente vi imbarcherete" ci aveva assicurato l'agenzia*	⇨	*Disse che sarebbe partito per l'India* *Disse che avrebbe finito quel lavoro dopo due ore* *L'agenzia ci aveva assicurato che l'indomani ci saremmo imbarcati*

[1] Quando si tratta di futuro nel passato è però possibile dire *saremmo partiti*.
[2] Il futuro anteriore può diventare anche trapassato congiuntivo o infinito passato o participio passato. *"Solo quando avrete finito i compiti, potrete uscire" ci ordinò* → *Ci ordinò che solo quando avessimo finito / dopo aver finito / una volta finiti i compiti saremmo potuti uscire*.

CONDIZIONALE SEMPLICE	⇨	CONDIZIONALE COMPOSTO
Disse: "A Maria farebbe piacere venirci"	⇨	*Disse che a Maria avrebbe fatto piacere andarci*

IL CONDIZIONALE COMPOSTO resta **invariato**

"Ci sarei andato molto volentieri" dichiarò→ Dichiarò che ci sarebbe andato molto volentieri

PERIODO IPOTETICO DI 1°, 2° e 3° TIPO	⇨	PERIODO IPOTETICO DI 1°, 2° e 3° TIPO
1° *Disse: "Se posso, ci vengo"* 2° *Disse: "Se potessi, ci verrei"* 3° *Disse: "Se avessi potuto, ci sarei venuto"*	⇨	1° *Disse che se poteva ci andava* 3° *Disse che se avesse potuto ci sarebbe venuto / andato* * (qui ci sono le due idee: possibilità e impossibilità)

IMPERATIVO (verbo introduttivo sia al presente che al passato)	⇨	DI + INFINITO
		CHE + CONGIUNTIVO
"State attenti, ascoltate e poi riferite" insisteva	⇨	*Insisteva che stessimo attenti, ascoltassimo e poi riferissimo* *Insisteva di stare attenti, di ascoltare e poi di riferire*
"Metti a posto i tuoi giochi", mi dice / mi ha detto sempre		*La mamma mi dice sempre / mi ha detto di mettere a posto i miei giochi*
"Vieni a trovarmi stasera!", mi ha detto / dice		*Mi ha detto / dice di andarlo a trovare stasera*
"Vattene per sempre da questa casa!" le disse		*Lui le disse di andarsene / che se ne andasse per sempre da quella casa*

CASI PARTICOLARI

Ci sono espressioni che, nel passaggio dal discorso diretto al discorso indiretto, non possono essere trasferite in modo "automatico", ma richiedono una certa rielaborazione.

a. Frasi prive di verbo.

Gli invitati gridavano: "Viva gli sposi!" → *(Gli invitati facevano tanti auguri agli sposi)*

La folla urlava: "Arbitro venduto!", "Forza Milan!" → *(La folla insultava l'arbitro e incoraggiava il Milan a gran voce)*

b. Formule tipiche del parlato, il cui senso non è letterale **(su, dai, forza, coraggio, avanti, andiamo**, ecc.).

"Coraggio, bambini, andiamo, rispondete senza paura" li incoraggiava la maestra. → *La maestra li (i bambini) incoraggiava e li spronava a rispondere senza paura*

"Senti un po', caro mio, non ti pare che sia ora di smetterla?" gli ripeteva suo padre → *Suo padre lo invitava bonariamente a smetterla una buona volta.* Ma anche *gli ripeteva di smetterla.*

c. Si perdono le espressioni esclamative, interrogative e vocative.

"Quanto sei simpatico!" continuavano a ripetergli → *Continuavano a ripetergli che era tanto simpatico*

"Siete già stanchi?" gli domandò → *Domandò se erano / fossero già stanchi*

"Vi prego, ascoltatemi!" li supplicava → *Li pregava e li supplicava di ascoltarlo*

PRONOMI PERSONALI (SOGGETTO)[1]

1ª e 2ª persona singolare e plurale	⇨	3ª persona singolare e plurale
io, tu	⇨	lui, lei, Lei
noi, voi	⇨	loro, Loro

"Ho sonno" dice Luisa → *Luisa dice che (lei) ha sonno* (di avere sonno)
"Abbiamo bisogno di uscire", dicono → *Dicono che (loro) hanno bisogno di uscire* (di avere bisogno di uscire)

[1] Quando il soggetto del verbo che introduce il discorso diretto è uguale a quello del discorso diretto non si hanno cambiamenti, se chi racconta è coinvolto nella situazione. *Dichiarai (io): "Non sono (io) d'accordo* → *Dichiarai (io) che non ero (io) d'accordo.*

"Ho fatto male" dice Renzo → *Renzo dice che lui ha / aveva fatto male* (di aver fatto male)
"Avete qualcosa da dire?" chiede → *Chiede se loro hanno / avevano / avessero qualcosa da dire*

OSSERVAZIONI

Si ha, tuttavia, una varietà di casi in cui la scelta del pronome dipende dalla **prospettiva dei parlanti**, vale a dire dal coinvolgimento, o dalla presenza nella situazione, di chi parla

– io → tu; noi → voi

Mi hai scritto "(Io) non posso venire!" → *Mi hai scritto che (tu) non puoi venire*
Avete detto: "Noi saremo puntuali!" → *Avete detto che (voi) sareste stati puntuali*

– tu → io, tu; voi → noi, voi

*"**Tu** sei stato poco gentile" **mi** rimproverava il professore* → *Il professore **mi** rimproverava che **io** sono stato / ero stato poco gentile*
*"Avete capito (**voi**)?" **ci** chiede* → ***Ci** chiede se **noi** abbiamo capito / avevamo / avessimo capito*
*"**Tu** sei proprio distratto!", quante volte io te l'ho detto?!* → *Quante volte ti ho detto che **tu** sei distratto?*
*"**Voi** non mi ascoltate mai!" ecco perché (voi) non capite* → ***Voi** non capite perché **(voi)** non mi ascoltate mai*

– lui, lei, loro → io, noi; tu, voi → lui, lei, loro

*Carlo dice di me: "**Lui** non è onesto* → *Carlo dice di me che **io** non sono onesto*
*"**Loro** non vanno d'accordo" dicono* → *Dicono che **noi** non andiamo d'accordo*
*"**Lui** non ha capito proprio un bel niente" dice il commissario* → *Il commissario dice che **lui** non ha capito proprio un bel niente*

PRONOMI PERSONALI (COMPLEMENTO)

I pronomi personali complemento si comportano come i corrispondenti pronomi in funzione di soggetto.

a. I pronomi **a me/mi, a te/ti** diventano **gli** e **le**
*"Perché non **mi** rispondi mai al telefono?" mi ha chiesto Maria* → *Maria mi ha chiesto perché non **le** rispondo / rispondevo / rispondessi mai al telefono*

b. I pronomi **a noi/ci, a voi/vi** diventano **(a) loro/(gli)**.

    *Tutti risposero: "A noi non piace quel posto → Tutti risposero che a loro non piaceva / non piaceva loro / (non **gli** piaceva) quel posto*

c. I pronomi **mi/ti/ci/vi** del discorso diretto corrispondenti ai pronomi **io/tu/noi/voi** del verbo introduttivo restano invariati, tutte le volte che i soggetti sono coinvolti nella situazione.

    *"Perché non **mi** ascolti?" **(io)** ho chiesto a mio figlio → Ho chiesto a mio figlio perché non **mi** ascolta / ascoltava / ascoltasse*
    *"Che **io** non ti scrivo spesso!" **(tu)** vai lamentandoti → **T**u vai lamentandoti che io non **ti** scrivo spesso*
    *"Non **ci** avete aiutato per niente", (noi) abbiamo ribadito più volte → (Noi) abbiamo ribadito più volte che voi non **ci** avete aiutato*
    *"**Vi** abbiamo fatto tanti piaceri!" **Voi ci** avete ripetuto con rammatico → (Voi) **ci** avete ripetuto con rammatico che (**voi) ci** avete fatto tanti piaceri.*

POSSESSIVI (AGGETTIVI E PRONOMI).

Si comportano come i corrispondenti pronomi personali.

(il) mio/tuo/suo	⇨	(il) suo
(il) nostro/vostro/loro	⇨	(il) loro

    "Dimmi il tuo parere" gli chiese → Gli chiese di dirgli il suo parere / che gli dicesse il suo parere
    "Come sta vostra madre?" si informò → Si informò come stava / stesse la loro madre
    "Salutami i tuoi" gli scrisse → Gli scrisse di salutare / che salutasse i suoi
    "I tuoi genitori sono più comprensivi dei nostri" affermavano Roberto e Giuliana → Roberto e Giuliana affermavano che i suoi genitori erano più comprensivi dei loro
    "Cosa fa suo padre?" gli chiese → Gli chiese cosa facesse / faceva suo padre

DIMOSTRATIVI [1]

questo	⇨	quello
codesto	⇨	tale/simile, ecc.

*"Come si chiama **questo** studente?" gli domandò* → *Gli domandò come si chiamava/chiamasse **quello** studente.*
*"Ti prego, non farmi **codesti** discorsi" lo esortava* → *Lo esortava a non fargli **tali/simili/quei** discorsi*

DETERMINATIVI DI TEMPO E DI LUOGO [2]

Se la prospettiva spaziale e temporale non cambia, restano invariati. Se invece tale prospettiva cambia, si ha:

domani	—— il giorno dopo/l'indomani		oggi	—————— quel giorno
ieri	—— il giorno precedente/prima		ora	———— allora
prossimo	—— successivo/seguente/dopo		(un mese) fa	—— (un mese) prima
scorso	—— precedente/prima		fra poco	——— poco dopo
poco fa	—— poco prima		fra ...	——— dopo ...
qui	—— lì/là		qua	—— là

"Oggi ho un forte mal di testa" mi telefonò Giorgio → *Giorgio mi telefonò che quel giorno aveva un forte mal di testa*
"Questo romanzo l'ho finito di leggere ieri" mi disse → *Mi disse che il giorno prima*
aveva finito di leggere quel romanzo
"Perché non vieni a farmi una visitina domani?" le chiese → *Le chiese di andare a fargli una visitina l'indomani*
"Ora non ho tempo, ma ti richiamerò tra pochi minuti" gli assicurò → *Gli assicurò che lo avrebbe richiamato dopo pochi minuti/qualche minuto, perché in quel*
momento non aveva tempo
"Fabio ti cercava, l'ho incontrato poco fa" gli ho detto → *Gli ho detto che Fabio lo cercava e che l'avevo incontrato poco prima*
"Vieni qui subito" mi ordinò → *Mi ordinò di andare subito lì/là*

---

[1] Quando c'è allontanamento nello spazio e nel tempo.
[2] Il verbo **venire** diventa **andare.**

ELEMENTI DI CIVILTÀ

L'opera lirica

La festa di San Giuseppe, i roghi di mobili vecchi per le strade, il rumore dei quartieri popolari, gli scoppi e i bagliori dei fuochi d'artifizio caratterizzano un colore locale.

Sembra la scena ideale per una rappresentazione verista, lo sfondo azzeccato per "Cavalleria Rusticana" di Pietro Mascagni, tratta da una novella di Giovanni Verga.

Il melodramma

Non è un caso che l'opera lirica sia nata in Italia. Il suono melodioso della lingua, il gusto della teatralità nell'architettura, nei monumenti, nelle piazze, l'elemento corale delle feste popolari, tutto predisponeva questo Paese a diventare la culla del melodramma.

Nell'ottobre del 1600 viene rappresentata per la prima volta l'*Euridice* di Jacopo Peri negli ambienti del tardo Rinascimento fiorentino. Appare così il

Teatro alla Scala di Milano

Recitar cantando

antesignano della più moderna opera lirica.

Da Firenze, la novità si trasmette a Venezia e a Mantova, dove il genio di Claudio Monteverdi amplia recitativi, cori, danze, inserendo madrigali, arie strofiche e orchestra, fino ad inaugurare con l'*Orfeo* e l'*Incoronazione di Poppea* (di soggetto storico), un nuovo genere musicale.

Nella fattispecie, l'*Incoronazione* è il primo vero spettacolo destinato ad un pubblico pagante e non ad un piccolo teatro di corte.

Da Monteverdi si passa ad Alessandro Scarlatti. A cavallo tra il XVII e il XVIII secolo, egli amplifica il ruolo e la cantabilità dell'aria musicale, introducendo il "da capo" che ne permette la ripetizione.

Scarlatti si collega inoltre all'

Opera buffa

di nascita napoletana, che già aveva avuto con *La serva padrona* di Pergolesi una diffusione e una fortuna europee e che troverà nella seconda metà del '700 la consacrazione definitiva con Cimarosa (*Il matrimonio segreto*) e Paisiello (*Il barbiere di Siviglia*).

Rossini, Bellini, Donizetti

I filoni dell'opera seria e dell'opera buffa procedono appaiati nel primo cinquantennio dell'800. Il carattere, ora comico ora tragico degli Italiani, incontrerà in Rossini (*L'italiana in Algeri, Il barbiere di Siviglia, Cenerentola, La gazza ladra*), Bellini (*Norma, La sonnambula, I Capuleti e i Montecchi, I puritani*) e Donizetti (*Anna Bolena,*

Gioacchino Rossini

L'elisir d'amore, Lucia di Lammermoor, Don Pasquale) i sommi interpreti. I personaggi diventano intensi, gli intrecci appassionanti, il linguaggio ora potente ora romanticamente malinconico.

Ma sono tempi di rivolgimenti storici e di passioni patriottiche. Ad ergersi sulla scena italiana, dopo la morte di Donizetti, è il genio di

Giuseppe Verdi

I soggetti storici, i temi eroici, le figure tragiche trovano sul suo pentagramma

Giuseppe Verdi

L'«Aida» di Giuseppe Verdi, al Teatro alla Scala di Milano nel 1918

concentrazione drammatica e tono trionfalistico, oltre ad una precisa conoscenza dei gusti del pubblico.

Questa è la genesi di capolavori quali *Nabucco, Rigoletto, Il trovatore, La traviata, Simon Boccanegra, Don Carlos, Aida, Otello, Falstaff.*

Tra la fine del XIX e l'inizio del XX secolo, s'impone da una parte la scuola verista di Leoncavallo (*I pagliacci*) e Mascagni (*Cavalleria rusticana*), alimentata dalla narrativa di Verga, dall'altra tutto un versante lirico-espressivo, un mondo sentimentale di tenere figure femminili votate al sacrificio cui Giacomo Puccini darà indimenticabile voce con *Manon, La Bohème, Tosca, Madame Butterfly, La fanciulla del West, Turandot.*

Che cosa ha reso l'opera italiana tanto popolare e amata nel mondo? Qual è il segreto di un genere che non conosce tramonto? Probabilmente l'indissolubile malia di musica e parole, la qualità sia letteraria che melodica delle arie musicali.

I libretti

Ruolo di primo piano hanno avuto i libretti e la stretta collaborazione fra compositore e librettista. L'esigenza dell'unità degli elementi nel fatto artistico ha creato così coppie irripetibili come Verdi-Boito, Puccini-Illica, Puccini-Giacosa. È bene ricordare anche il nome di Lorenzo Da Ponte, creatore dei libretti italiani dei capolavori mozartiani *Le nozze di Figaro, Don Giovanni, Così fan tutte.*

(Adattato da: STEFANO RAGNI, *La storia della musica italiana per stranieri,* Guerra, Perugia 1993 e Enciclopedia UTET)

SCRITTORI IN VETRINA

LIBERO BIGIARETTI (1906-1992)

VITA. Nato a Matelica (Macerata) nel 1906, si trasferì a Roma (1911) con i genitori, dove frequentò poi il Liceo artistico; lavorò come disegnatore in imprese di costruzioni. Nel dopoguerrra fu direttore per dieci anni del settore pubblicitario presso la Olivetti di Ivrea (1952). Collaborò a giornali e riviste, a "La fiera letteraria" in particolare. Fu traduttore dal francese e dall'inglese, nonché appassionato viaggiatore.

POESIA. Esordì con *Ore e stagioni* (1936). Seguirono: *Care ombre* (1940); *Lungodora* (1955), dove raccoglie le sue esperienze di vita piemontese come direttore pubblicitario presso la Olivetti di Ivrea; *A memoria d'uomo* (1983), che contiene tutte le principali problematiche dell'uomo borghese collocato tra passato e presente, nonché *Posto di blocco* (1986).

NARRATIVA. I romanzi *Esterina* (1942), *Un'amicizia difficile* (1944), *Il villino* (1946), sono quadri di ambienti, di generazioni, di mentalità in contrasto tra di loro, disegnati con realismo ottocentesco e raffinata precisione di contorni, dove il sentimento privato, politico e sociale si manifestano tuttavia con vigore e vivacità moderna. In *Un discorso d'amore* (1948), riscritto con l'aggiunta di una nuova parte, con il titolo *Disamore* (1956), c'è una storia d'amore che finisce, vista da due angolazioni psicologiche diverse (dall'uomo e dalla donna); *Carlone* (1950) ha toni di esaltazione delle classi popolari.
Nei tre romanzi brevi de *La scuola dei ladri* (1952), che sono tra i suoi capolavori, l'analisi psicologica, anche se soffusa di ironia, tocca in profondità l'animo dell'individuo nella sua solitudine, scandaglia la struttura familiare, l'educazione, mettendo a nudo pregiudizi legati ad un'epoca di chiusure politiche e mentali. *Schedario* (1956), *Carte romane* (1957), che sono prevalentemente bozzetti romani, nonché *Uccidi e muori* (1958), *I racconti* (1961), che è una raccolta dei suoi racconti brevi, insieme ai successivi *Cattiva memoria* (1965), *Il dissenso* (1969) e la conclusiva edizione de *L'uomo che mangia il leone* (1974), sono dei divertenti e pungenti schizzi sociali, densi di umorismo e di osservazioni spiritose, di fantasia e di allegoria, in cui si muovono figure piccolo-borghesi sempre d'attualità.
I romanzi *I figli* (1955), *Leopolda* (1957), *Il congresso* (1963), *Le indulgenze* (1966, Premio Chianciano), *La controfigura* (1968, Premio Viareggio) - una delle opere migliori - rientrano tutti in qualche modo nel filone della cosiddetta "letteratura industriale", degli anni Cinquanta-Sessanta, in cui si criticava la società neocapitalistica poggiante sulla morale del consumo, dove esistevano tra l'altro figure di donne sintomaticamente distruggitrici di sogni e di tradizioni, dove le ideologie erano in forte conflitto e l'uomo a

poco a poco si disumanizzava per motivi di lavoro e di tecniche produttive logoranti, fino all'usura del sesso e del rapporto di coppia.

Il romanzo *Dalla donna alla luna* (1972) si distacca un po' dalla norma pacata dello scrittore e per lo sperimentalismo linguistico e per il comportamento del protagonista al limite del paradosso.

Analisi di sapore autobiografico ed esistenziale incontriamo in *Le Stanze* (1976). In *Due senza* (1979) è la coppia nel suo vario atteggiarsi che viene indagata; mentre ne *Il viaggiatore* (1984) due coppie mature sono messe a confronto in un modo molto ambiguo e problematico. *Abitare altrove* (1989) sono racconti densi di sguardi umani.

SAGGISTICA. Il volume *Il dito puntato* (1967) raccoglie un po' il suo pensiero sociale di osservatore critico.

Chiave di lettura generale

Una delle caratteristiche essenziali di Bigiaretti è la disposizione alla cronaca di costume, con forte impegno morale e venature ironiche basate su un ricco e raffinato spirito di osservazione. La famiglia, con i suoi difetti educativi, il contrasto generazionale, le incomprensioni di coppie, nonché i mali italiani più comuni, nel momento di nascita del concetto di consumismo moderno e di cambiamento dei valori tradizionali, quindi gli anni Cinquanta e Sessanta messi a confronto con il passato degli anni Trenta e Quaranta, costituiscono il tessuto più originale della sua narrativa, fatta in prevalenza di bozzetti di vita carichi di problematiche esistenziali e sociali contemporanee.

VITALIANO BRANCATI (1907-1954)

VITA. Nato a Pachino (Siracusa), nel 1920 andò ad abitare a Catania, dove si laureò in Lettere moderne (1929) con una tesi su Federico De Roberto. Durante gli anni di liceo aveva fondato, con amici, una rivista letteraria, "Ebe" (1923), di ispirazione fascista. Dopo la laurea si trasferì alla redazione romana del quotidiano "Tevere", e Mussolini lo invitò a collaborare al "Popolo d'Italia" (1931). Fu anche redattore del settimanale "Quadrivio" (1933). Il periodo trascorso a Roma fu anche caratterizzato da incontri con scrittori dissidenti, tra cui Alberto Moravia e Corrado Alvaro. Poi ritornò in Sicilia, rifiutando a partire dal 1934 di celebrare il regime. Nel 1936 insegnò italiano in una scuola media di Caltanissetta, collaborando nel frattempo a "Omnibus" e a "Primato". Nel 1938 tornò a Catania, ma dal 1941 al 1943 visse a Roma. Dopo un periodo trascorso in Sicilia, ritornò nuovamente nella capitale nel dopoguerra, dove sposò l'attrice Anna Proclemer. Collaborò all' "Europeo", al "Mondo", al "Politecnico"(1947) di Elio Vittorini, al "Corriere della sera" (dal 1948). Fu sceneggiatore. Morì in un ospedale di Torino dopo un'operazione chirurgica.

NARRATIVA. Sono romanzi d'ispirazione fascista *L'amico del vincitore* (1932) e *Singolare avventura di viaggio* (1934), quest'ultimo, però, già censurato dal regime.
In cerca di un sì (1939, racc.), *Gli anni perduti* (1941, rom.), *Don Giovanni in Sicilia* (1942, rom.), inaugurano, invece, il tema ironico del "gallismo" siciliano, fatto di fantasie di seduzione da parte del maschio siculo, che in realtà non può vivere lontano dalla sua Sicilia e possiede tutti i maggiori vizi della provincia, dall'indolenza all'amore dell'apparenza. Seguono *Il vecchio con gli stivali* (1945,rom.), *Il bell'Antonio* (1949, rom.), suo capolavoro: il protagonista, bellissimo, desiderato dalle donne, in realtà è sessualmente impotente, e così non riesce a "consumare" il suo matrimonio. Al dramma individuale di Antonio, reso più tragico e al tempo stesso più comico, anzi persino caricaturale sotto gli sguardi della gente impietosa che giudica, pure s'intrecciano i motivi storici della guerra, del fascismo corrotto e parolaio, in uno sfondo di provincia siciliana in cui prevalgono la superficialità e l'immobilità del sentire. Inoltre *Paolo il caldo* (1955, rom. incompiuto), *Il vecchio con gli stivali e altri racconti* (1958), *Diario romano* (1961), *Sogno di un valzer e altri racconti* (1982)

TEATRO. Di ispirazione fascista: *Fedor* (1928), *Everest* (1931), *Piave* (1932), *Il viaggiatore dello sleeping n. 7 era forse Dio ?* (1933).
Di altra ideologia sono: *Questo matrimonio non si deve fare* (1939), *Le trombe di Eustachio* (1941), *Raffaele* (1948), *Una donna di casa* (1950), e soprattutto *La governante* (1952), *Don Giovanni involontario* (1954), *Le nozze difficili* (1977, commedia)

SAGGISTICA. *I piaceri. Parole all'orecchio* (1946), *I fascisti invecchiano* (1946), *Le due dittature* (1952), *Ritorno alla censura* (1952, pamphlet), *Il borghese e l'immensità* (1973)

Chiave di lettura generale

È uno degli esponenti più significativi della letteratura meridionale insieme a Silone, Alvaro, Vittorini, Tomasi di Lampedusa, Sciascia, ecc. Sotto il suo sguardo ironico i difetti della gente della sua Sicilia, come l'indolenza e l'eccessivo rispetto delle forme, nonché le vanterie del maschio seduttore - che alla fine combina ben poco, ma è in balia delle donne come un bambino capriccioso, oppure è penosamente dipendente da esse - acquistano ora toni comici ora aspetti tragici ora profili caricaturali. Gli angoli della famiglia e il comportamento sessuale di certi protagonisti dei suoi romanzi sono diventati emblemi e bozzetti pungenti di una mentalità non solo sicula, ma anche italiana.

Teatro, Milano, Bompiani, 1957
Opere 1932-1946, Milano, Bompiani, 1987
Opere 1947-1954, Milano, Bompiani, 1992

DINO BUZZATI (1906-1972)

VITA. Nato a Belluno dalla importante famiglia Buzzati-Traverso - che nei pressi della città possedeva la villa "San Pellegrino" -, ma vissuto per lo più a Milano, dove risiedevano i genitori - il padre era professore di Diritto internazionale all'Università di Pavia -, si laureò in Giurisprudenza, manifestando però già subito il suo interesse per la letteratura. Cronista (1928) al "Corriere della sera", inviato speciale in Europa, Africa (1939), Asia, critico d'arte al "Corriere d'informazione", e infine redattore, poi caporedattore del settimanale illustrato "La Domenica del corriere", nonché cultore del disegno e della pittura, era solito dire che "avrebbe preferito esporre al Louvre piuttosto che vincere il Nobel". Difatti, per lui "dipingere e scrivere non era che un raccontare delle storie", dove la realtà quotidiana veniva avvolta dal fiabesco. Amava la montagna, lo sci e la caccia.

NARRATIVA. *Bàrnabo delle montagne* (1933, rom.), *Il segreto del Bosco Vecchio* (1935, rom.), *Il deserto dei Tartari* (1940, rom., suo capolavoro). Quest'opera, ambientata in una Fortezza, sulle montagne (del Cadore), nella solitudine, in spazi tra il reale e il fantastico, è tutta dominata dall'attesa angosciosa e snervante di un evento: l'invasione di un nemico occulto e misterioso (i Tartari appunto). Alla fine, però, l'ufficiale Giovanni Drogo, è costretto, per malattia, ad abbandonare il posto e a morire, solo, in una locanda della Valle, senza poter partecipare all'impresa quando i nemici attaccano. Ci sono simboli di morte e di inesorabile corrosione di animo e di cose, nonché descrizioni di situazioni assurde, di metodi crudeli, o inutili, di disciplina militare e di comportamento umano che sembrano alludere al periodo della Germania nazista. *I sette messaggeri* (1942, racc.), *Paura alla scala* (1949, racc.), *In quel preciso momento* (1950, note, appunti, racc.), *Il crollo della Baliverna* (1954, racc.), *Sessanta racconti* (1958, Premio Strega), *Esperimento di magia* (1958, racc.), *Il grande ritratto* (1960, rom. fantascientifico), *Egregio Signore, siamo spiacenti di...* (1960, racc.), con aggiunte, ma con il titolo di *Siamo spiacenti di...* (1975), *Un amore* (1963, rom.), *Il colombre e altri racconti* (1966), *La boutique del mistero* (1968, racc.), *Le notti difficili* (1971, racc.), *Il reggimento parte all'alba* (1985, racc.), *Bestiario* (1991, racc.).

NARRATIVA PER RAGAZZI. *La famosa invasione degli orsi in Sicilia* (1945)

STORIE ILLUSTRATE. *Poema a fumetti* (1969, versione moderna della favola di Orfeo e Euridice nella Milano contemporanea), *I miracoli di Val Morel* (1971, ex-voto immaginari)

PROSA VARIA. *Il libro delle pipe* (1945, in collab. con Enrico Ramazzotti), *Cronache terrestri* (1972, scritti giornalistici), *Un autoritratto* (1973, colloqui con Yves Panafieu), *I misteri d'Italia* (1978, inchiesta su fenomeni parapsicologici), *Cronache nere* (1984, prose giornalistiche), *Buttafuoco* 1992, cronache di guerra sul mare).

POESIA. *Il capitano Pic e altre poesie* (1965), *Due poemetti* (1967)

TEATRO. *Piccola passeggiata* (1942), *La rivolta contro i poveri* (1947), *Un caso clinico* (1953), *Drammatica fine di un musicista* (1955), *Sola in casa* (1958), *Un verme in Ministero*

(1960), *Il mantello* (1960), *L'uomo che andrà in America* (1962), poi in vol. con la radiocommedia *Una ragazza arrivò* (1968). *La colonna infame* (1962), *L'orologio* (1965), *La famosa invasione degli orsi in Sicilia* (1965, riduzione teatrale dall'omonico racconto), *La fine del borghese* (1968).

LIBRETTI PER MELODRAMMA LIRICO. *Procedura penale* (1959), *Ferrovia sopraelevata* (1960), *Il mantello* (1960, versione dall'opera teatrale), *Battono alla porta* (1963), *Era proibito* (1963).

Chiave di lettura generale

È lo scrittore italiano che più si ricollega a Poe, a Kafka, a Thomas Mann, al racconto "gotico". Paure, ansie, misteri, silenzi, solitudini, arcani avvenimenti, fatti quotidiani, e magari anche banali, guardati con esasperato interesse o con la lente beffarda dell'ironia, costituiscono elementi essenziali della sua scrittura. Spesso la rievocazione del passato, dell'infanzia, si muove in paesaggi d'anima e in ambienti esterni che si trovano al limite della veglia e del sogno, del reale e dell'immaginabile, dell'assurdo e del possibile, del concreto e dell'astratto, con sguardi angosciosi e ossessivi verso il futuro, verso la morte, verso la distruzione dell'uomo. La vicenda, anche più semplice, di un suo racconto, diventa uno specchio su cui si riflettono i molteplici e complicati giochi dell'esistenza umana e l'indecifrabile destino di ogni individuo.

Romanzi e racconti, Milano, Mondadori, 1975.
Teatro, Milano, Mondadori, 1980.
Poesie, Vicenza, Pozza, 1982.

ITALO CALVINO (1923-1985)

VITA. Nato a Santiago de Las Vegas (Cuba), dove il padre dirigeva una scuola d'agraria e un centro sperimentale di agricoltura, venne in Italia nel 1925, quando la famiglia si stabilì a San Remo, dove il padre assunse, nella sua città natale, la direzione di un centro di floricultura. Qui lo scrittore frequentò le prime scuole e cominciò ad interessarsi di letteratura, collaborando già al "Giornale di Genova" come critico cinematografico. A vent'anni partecipò alla Resistenza e dopo la Liberazione scrisse su giornali e riviste di impronta comunista. Si laureò in Lettere all'Università di Torino (1947) e venne in contatto con gli intellettuali della Casa editrice Einaudi – tra cui Pavese e Vittorini –, dove in seguito ebbe un ruolo di dirigente e consulente, e fu un operatore di scelte culturali importanti negli anni Cinquanta e Sessanta. Collaborò al "Politecnico" e diresse "Il Menabò". In qualità di inviato speciale del quotidiano comunista "L'Unità" nel 1952 si recò in Unione Sovietica, ma nel 1956 i fatti d'Ungheria lo portavano a staccarsi dal Partito Comunista. Soggiornò negli Stati Uniti nel 1960 e poi per lunghi periodi a Parigi, dove abitò a partire dal 1964 dopo il matrimonio con l'argentina Esther Judith Singer. Fu collaboratore del "Giorno", del "Corriere della sera" e della "Repubblica". Nel 1980 si trasferì a Roma. Morì a Siena nel 1985.

NARRATIVA. *Il sentiero dei nidi di ragno* (1947): ambientato nel periodo della Resistenza; *Ultimo viene il corvo* (1949), poi i *Racconti* (1958), divisi in quattro libri (*Gli idilli difficili, Le memorie difficili, Gli amori difficili, La vita difficile*), in cui si trova tra l'altro *La formica argentina* (1952), *L'entrata in guerra* (1954), *La speculazione edilizia* (1957), *La nuvola di smog* (1958).
Fiabe italiane (1956); *I nostri antenati* (1960), la trilogia-capolavoro che comprende *Il visconte dimezzato* (1952): siamo nel tardo Cinquecento, con un visconte diviso in due dopo uno scontro con i Turchi; nel personaggio vivono come due persone opposte e complementari, il Buono e il Gramo, cioè il Bene e il Male, che sono appunto i due aspetti dell'umanità, ma che alla fine delle molte avventure si ricompongono in un giusto governatore; *Il barone rampante* (1957): un ragazzo di dodici anni, dopo aver rifiutato di mangiare un piatto di lumache, dichiara la sua ribellione alle convenzioni quotidiane, alle regole comuni del mondo, decidendo di passare il resto della sua vita sugli alberi. E sugli alberi compie tutte le sue esperienze culturali e sentimentali, storiche e cognitive, aspirando ad un mondo più civile e giusto; *Il cavaliere inesistente* (1959): una monaca, Teodora, racconta le avventure del cavaliere Agilulfo – siamo al tempo di Carlo Magno –, del quale esiste soltanto l'armatura, ma non il corpo. È un'armatura vuota che cammina e vive le sue avventure.
La giornata di uno scrutatore (1963, rom.); *Marcovaldo ovvero le stagioni in città* (1963, racc.): tra il comico e il fiabesco, si rappresenta la vita di una famiglia contadina in una moderna società industriale; *Le cosmicomiche* (1965, racc.), di impostazione surreale e fantascientifica come *Ti con zero* (1967, racc.); *Tarocchi. Il mazzo visconteo di Bergamo a New York* (1969), poi in *Il Castello dei destini incrociati* (1973, racc.); *Le città invisibili* (1972, racc.); *Se una notte d'inverno un viaggiatore* (1979, rom.), che è anche l'avventura del lettore di fronte a dieci possibilità di lettura e scrittura diverse; *Palomar* (1983); *Cosmicomiche vecchie e nuove* (1984, racc.); *Sotto il sole giaguaro* (1986, racc.); *La strada*

di San Giovanni (1990, racc.); *Prima che tu dica "Pronto"* (1993, apologhi narrativi).

SAGGISTICA. *Vittorini: progettazione e letteratura* (1968); *Orlando furioso raccontato da I.C.* (1970); *Una pietra sopra* (1980); *Collezione di sabbia* (1984); *Lezioni americane* (1988); *Sulla fiaba* (1988); *Perché leggere i classici* (1991).

EPISTOLARIO. *I libri degli altri. Lettere 1947-1981*, a cura di Giovanni Tesio, Torino, Einaudi, 1991.

Chiave di lettura generale

Realtà e fantasia, storia e invenzione, il passato cavalleresco, medievale o settecentesco o contemporaneo nelle sue pagine vivono allo stesso modo, nella dimensione cioè dell'esperienza umana attiva e dinamica, senza frontiere di tempo e di spazio. Emergono particolari ironici e inquieti della nostra società dei consumi e dell'industria, dell'uomo produttivo moderno che dimentica le esigenze del cuore; si rappresentano gli strani e complicati labirinti dell'esistenza, dei rapporti tra persone, gli insondabili abissi del cosmo e dell'animo umano. Ma c'è anche il gioco letterario del pensiero che si fa scrittura, che si fa interpretazione del lettore attraverso le varie provocazioni da parte dello scrittore. Accanto al vero c'è il surreale. Le pagine di Calvino sono come delle scatole cinesi, da cui balza fuori sempre qualcosa di avvincente e di inaspettato.

Romanzi e racconti, I-II, Milano, Mondadori, 1991.

PAOLA CAPRIOLO (n. 1962)

VITA. Nata a Milano. Scrittrice, traduttrice – tra l'altro di *Morte a Venezia* di Thomas Mann – e collaboratrice al quotidiano "Corriere della sera". È stata tradotta in Francia, Germania, Gran Bretagna, Spagna, Danimarca e Svezia.

NARRATIVA. Il racconto *Il dio narrante* del 1987 viene pubblicato sulla rivista "Leggere" (1989). *La grande Eulalia* (1988, racc.); *Il nocchiero* (1989, rom. Premio "Campiello"; Premio "Rapallo", 1990): è la storia di Walter, tipico rappresentante dell'uomo che preferisce, per un'oscura paura, vivere quotidianamente nel non voler conoscere la verità piuttosto che impegnarsi nell'accertamento di essa. Walter guida ogni notte un barcone che trasporta un carico sconosciuto fino ad un'isola su cui gli è vietato sbarcare. Il messaggio finale è però che il raggiungimento del vero coincide con la morte dell'individuo. *Il doppio regno* (1991, rom.); *La ragazza dalla stella d'oro e altri racconti* (1991, fiabe per ragazzi); *Vissi d'amore* (1992) riscrittura della *Tosca* di Puccini; *La spettatrice* (1995), la cui azione si svolge dietro le quinte di un teatro, luogo, per definizione, separato dal mondo e in cui si dimostra tutta l'ambiguità della vita; *Un uomo di carattere* (1996).

Chiave di lettura generale

Finzione, apparenza, il gioco degli specchi, la realtà sotto forma di illusione e il vero sotto forma di evanescente presenza, quasi irranggiungibile, costituiscono i temi principali della sua narrativa. L'arte del racconto diventa esercizio di stile; l'artificio formale, secondo la scrittrice, diventa espressione di contenuti e di vita. Non si sa mai se si è di fronte a visioni o a figure in carne ed ossa, a sogni o a crudeli e vere allucinazioni. L'enigma mai svelato, il metafisico variegato e polivalente, il balenare improvviso di particolari del corpo di un personaggio, che poi scompare, il condurre il lettore in vicende piene di mistero, di magia e di oscure minacce, caratterizzano l'originalità della sua scrittura, che ci introduce sempre in luoghi chiusi, segregati, solitari. Kafka e Buzzati sono stati i suoi maestri.

ANDREA DE CARLO (1952)

VITA. Nato a Milano da famiglia borghese e importante, ha soggiornato negli Stati Uniti, in Messico e in Australia.

NARRATIVA. *Treno di panna* (1981), romanzo d'esordio, ritenuto suo capolavoro (dal quale ha tratto e diretto un film). Narra di un giovane che va a Los Angeles, fa esperienza di realtà straniere, ma più che scoprire il luogo e l'ambiente diverso, finisce per vedere dentro se stesso e conoscere gli altri. *Uccelli da gabbia e da voliera* (1982); *Macno* (1984); *Yucatan* (1986); *Due di due* (1989); *Tecniche di seduzione* (1991); *Arcodamore* (1993); **Uto** (1995).

Chiave di lettura generale

Scrittore estroso e spesso sperimentale, che appartiene alla cosiddetta generazione post-moderna e post-industriale, egli concentra il suo sguardo narrativo sulla "formazione" dell'individuo, sulla scuola, sulla famiglia, sull'importanza degli altri, sulle idee in voga dal Sessantotto all'Ottanta.

Nelle sue pagine compaiono in genere due opposte tematiche: integrazione e fuga, incontri e separazioni di compagni e di amicizie, maturazione di caratteri e stasi spirituale.

Inoltre si parla di cambiamenti di ruoli nella società, dell'azione dei mass-media, nonché della corruzione che serpeggia nelle famiglie benestanti e, ultimamente, nella Milano industriale degli affari.

LUCIANO DE CRESCENZO (n. 1928)

VITA. È nato a Napoli. Scrittore, regista e attore. Si è laureato in ingegneria, ed è stato programmatore di computer. È anche un divulgatore della filosofia antica e della mitologia greca.

NARRATIVA. *Così parlò Bellavista* (1978): colorita rappresentazione della vita e della filosofia napoletana (film dello stesso autore, 1984); *Zio Cardellino* (1981); *Oi dialogoi. I dialoghi di Bellavista* (1985), che ammiccano ai dialoghi di Platone; *La Napoli di Bellavista* (1986); *Vita di L. De Crescenzo scritta da lui medesimo* (1991); *Il dubbio* (1992); *Croce e delizia* (1993); *Raffaele* (1994); *Usciti in fantasia* (1994, racc.); *Panta rei (Tutto scorre)* (1994).

SCRITTI DIVULGATIVI. *Storia della filosofia antica (prima parte): I presocratici* (1983) e *(seconda parte): da Socrate in poi* (1986): opera rivolta al grande pubblico e fatta di aneddoti e di umorismo. *Elena, Elena, amore mio!* (1990); *I miti degli Dei* (1993); *I miti dell'amore* (1993); *Zeus. I miti degli eroi* (1993); *Socrate* (1993); *Zeus. I miti della Guerra di Troia* (1994); *Grandi miti greci a fumetti* (1995).

Chiave di lettura generale

L'umorismo, la situazione furbesca, il sorriso ridanciano, vicende in caricatura seppure con un fondo di verità, sono alla base della sua narrativa e dei suoi scritti divulgativi. Anche il quotidiano viene osservato con occhio curioso e canzonatorio, nel tentativo di fissarlo nella sua banalità o farlo emergere interessante dalla fissa ripetizione. Fatti e personaggi, antichi e contemporanei, scorrono sulle pagine come viventi in una stessa epoca, con pari guai, con pari sentimenti, con pari difficoltà, gioie e dolori. La battuta spiritosa, il particolare poco appariscente ma evidenziato con acume, il ragionamento di sapore sempre popolare, i costumi italiani e quelli vivacemente napoletani o meridionali, caratterizzano il suo raccontare gustoso per il grande pubblico.

I libri di Luciano De Crescenzo, Milano, Mondadori.

NATALIA GINZBURG (1916-1991)

VITA. Nata a Palermo da famiglia ebraica, cresciuta a Torino, nel 1938 sposa l'intellettuale di origine russa e antifascista Leone Ginzburg. Lavora nella redazione della Casa Editrice Einaudi, venendo in contatto con i maggiori esponenti torinesi dell'opposizione al regime fascista, tra cui lo scrittore Cesare Pavese.

Nel 1950 sposa l'anglista Gabriele Baldini (figlio dello scrittore Antonio Baldini e, dopo una breve parentesi di vita con il marito a Cambridge e a Torino, si trasferisce a Roma, dove abiterà fino alla morte). Fu traduttrice di Proust e di Flaubert.

NARRATIVA. I suoi primi cinque romanzi, *La strada che va in città* (1942); *È stato così* (1947); *Tutti i nostri ieri* (1952); *Valentino* (1957); *Le voci della sera* (1961); vengono raccolti in volume nel 1964.

Le piccole virtù (1962). *Lessico famigliare* (1963) è il suo capolavoro. Il romanzo è basato su ricordi di vita in famiglia, dove il linguaggio privato e pubblico ha una sua importanza speciale, tende all'indagine e alla curiosità su fatti e personaggi contemporanei, nonché all'ironia su cose semplici e domestiche. *Caro Michele* (1973); *Sagittario* (1975); *Famiglia* (due racconti lunghi 1977); *La casa e la città* (1984).

TEATRO. *Ti ho sposato per allegria* **e a**ltre commedie (1967); *Paese di mare* (1972); *L'intervista* (1988).

GIORNALISMO. Articoli da giornali raccolti in *Mai devi domandarmi* (1970) e *Vita immaginaria* (1974).

BIOGRAFIA. *La famiglia Manzoni* (1983), che è una cronaca pungente riguardante uno dei maggiori scrittori italiani e la sua famiglia.

Chiave di lettura generale

La scrittrice guarda il mondo esterno partendo sempre dal suo particolare angolo familiare, dalle piccole cose, dalle piccole virtù, dai piccoli difetti, come se volesse dire che i grandi eventi possono essere cambiati dalle cose minime e intime che l'individuo ha in sé.

C'è malinconia, solitudine, talora disorientamento nelle situazioni dei suoi personaggi, ma l'ironia, il dialogo e persino il linguaggio quotidiano, che è spesso del tutto speciale e strettamente legato al nucleo familiare, servono a far superare momenti difficili come il fascismo, l'incomprensione tra persone, la routine di tutti i giorni.

Talvolta, anche personaggi famosi e avvenimenti storici tragici sono indagati con lo sguardo della semplicità interiore e il filo del ragionamento più umile.

Opere, Mondadori, Milano 1986-1987.

ALBERTO MORAVIA (pseudonimo di Alberto Pincherle) (1907-1990)

VITA. Suo padre era un noto architetto e pittore. Durante l'infanzia e l'adolescenza soffrì di tubercolosi ossea; trascorse due anni (1923-25) in un sanatorio di Cortina d'Ampezzo. Moravia dice di sé (nell'*Autodizionario degli scrittori italiani*, a cura di Felice Piemontese, Milano, Leonardo, 1989, p. 236) quanto segue: "Alberto Moravia (Moravia non è uno pseudonimo, è un secondo nome) è nato a Roma il 28 novembre 1907. Altezza: metri 1,80. Capelli castani (ora bianchi). Occhi verdi. Segno distintivo: claudicante (ora con bastone). Non ha titoli di studio. Parla inglese e francese. È tradotto in 37 lingue.
Ha pubblicato 17 romanzi; 10 volumi di saggi, di critica, di articoli di viaggio; 12 volumi di racconti; 10 volumi di teatro. Il suo hobby: viaggiare.
I suoi motti preferiti sono: scrivo per sapere perché scrivo. Una vita ne vale un'altra. Non mi piacciono i miei libri, mi piacciono i libri degli altri.
È stato sposato tre volte: la prima con Elsa Morante in chiesa, la seconda in libera unione con Dacia Maraini, la terza in municipio con Carmen Llera".
Morì a Roma il 26 settembre 1990.

NARRATIVA. *Gli indifferenti* (1929, rom.), suo capolavoro: un ricco uomo d'affari, Leo, prima è amante di una signora borghese non più giovane, Mariagrazia, poi della figlia di lei, Carla, di ventiquattro anni; forse è la noia o il tran-tran della vita che spinge Carla ad accettare la corte di Leo; sta di fatto che Lisa, ex amante di questi, ma ora interessata al fratello di Carla, Michele, studente universitario (che è già al corrente della relazione tra la madre e Leo), lo informa delle attenzioni dell'ex amante per la sorella, cosicché il giovane, volendosi vendicare di costui, pensa di ucciderlo. Michele, però, è un indeciso, un debole, un "indifferente", un inetto: quando decide di uccidere Leo si dimentica di caricare la pistola. Alla fine quest'ultimo chiede a Carla di sposarlo, e la ragazza accetta, perché, tutto sommato, le è comodo, o forse anche non c'è altra via di uscita per lei. Leo del resto è la figura più concreta, anche se ha un comportamento antipatico e si è urtati dal suo troppo materialismo.
La bella vita (1935, racc.): *Le ambizioni sbagliate* (1935, rom.); *L'imbroglio* (1937, racc.); *I sogni del pigro* (1940, prose satiriche); *La mascherata* (1941, rom.); *L'amante infelice* (1934, racc.); *L'epidemia* (1944, racconto lungo); *Agostino* (1944, romanzo breve): iniziazione al sesso di un adolescente; *Due cortigiane* (1945, racconto lungo); *La romana* (1947, rom.); *La disubbidienza* (1948, romanzo breve); *L'amore coniugale e altri racconti* (1949 rom. breve e racc.); *Il conformista* (1951, rom.); *I racconti* (1952); *Il disprezzo* (1954, rom.); *Racconti romani* (1954); *Racconti surrealisti e satirici* (1956); *La ciociara* (1957, rom.): ambientato nella seconda guerra mondiale durante l'invasione nazista; *Nuovi racconti romani* (1959); *La noia* (1960, rom.); *L'automa* (1962, racc.); *Cortigiana stanca* (1965, racc.); *L'attenzione* (1965, rom.); *Una cosa è una cosa* (1967, racc.): *Il Paradiso* (1970, racc.); *Io e lui* (1971, rom.); *Un'altra vita* (1973, racc.); *Boh* (1976, racc.); *La vita interiore* (1978, rom.); *Cosma e i briganti* (1980, racconto lungo); *Cama Leonte diventò verde lilla blu...* (1981, fiaba); *Quando Ba Lena era tanto piccola* (1982, fiaba); *Storie della preistoria* (1982, favole); *1934* (1982); *La cosa e altri racconti* (1983); *L'uomo che guarda* (1985, rom.); *Il viaggio a Roma* (1988, rom.); *La Villa del Venerdì e altri racconti* (1990); *La donna leopardo* (1991, rom.).

TEATRO. *Teatro* (1958); *Il mondo è quello che è* (1966); *Il dio Kurt* (1968); *La vita è gioco* (1969); *L'angelo dell'informazione e altri testi teatrali* (1986).

PROSE DI VIAGGIO. *Un mese in URSS* (1958); *Un'idea dell'India* (1962); *La rivoluzione culturale in Cina* (1967); *A quale tribù appartieni?* (1972); *Lettere dal Sahara* (1981); *Passeggiate africane* (1987).

SAGGISTICA. *L'uomo come fine* (1963); *Impegno controvoglia* (1980); *L'inverno nucleare* (1982, inchieste); *Diario europeo* (1993).

EPISTOLARIO. *Lettere* (Moravia-Prezzolini) (1982).

Chiave di lettura generale

La solitudine, l'incomunicabilità, l'alienazione, l'indifferenza, l'assurdità, l'inet-titudine, la falsità, l'ambizione e il conformismo sono i mali peggiori della società, soprattutto della società "borghese", che è maggiormente dominata dalla corruzione e da un comportamento mascherato. Inoltre, in un mondo di violenze, anche la vittima della violenza può essere spinta a far violenza su chi è più debole, oppure perde il coraggio di reagire di fronte al prepotente, anche se a volte pensa di ribellarsi. Le situazioni descritte sono colorate per lo più di ipocrisie e di ambiguità. In alcuni casi, i personaggi femminili sembrano avere più dignità rispetto a quelli maschili.

Opere 1929-1974, a cura di Geno Pampaloni, Milano, Bompiani, 1989.
Opere 1948-1968, a cura di Enzo Siciliano, Milano, Bompiani, 1989.

ALDO PALAZZESCHI (pseudonimo di Aldo Giurlani,1885-1974).

VITA. Nato a Firenze - il padre era un commerciante di tessuti - studiò da ragioniere, frequentò una scuola di recitazione e fece anche per qualche tempo l'attore. Esordì come poeta dai toni crepuscolari (fu amico di Corazzini, Gozzano, Govoni, Marino Moretti), aderì al Futurismo, collaborando alla rivista "Poesia" di Marinetti (dal quale ben presto si staccò polemicamente), nonché alla "Voce" di Prezzolini, a "Lacerba" di Papini e a numerosi periodici e quotidiani con spirito sempre autonomo e indipendente. Amante della vita ritirata, visse a Firenze fino al 1941, però con frequenti viaggi a Parigi dove venne in contatto con i maggiori intellettuali e artisti d'avanguardia francesi. Trasferitosi definitivamente a Roma, dopo la morte dei genitori, alternò la sua dimora romana con ripetuti soggiorni a Venezia. Nel 1957 a Roma ebbe il riconoscimento dell'Accademia dei Lincei; nel 1960 l'Università di Padova gli conferì la laurea in Lettere honoris causa.

POESIA. *I cavalli bianchi* (1905), *Lanterna* (1907), *Poemi* (1909), raccolte di versi pubblicate con lo pseudonimo Cesare Blanc (nome del suo gatto!), poi in *Poesie,1904-1909* (1925). *L'incendiario* (1910), che è un'adesione al futurismo, alla poesia d'eversione, tipica dell'antipoeta d'avanguardia, fatta di cantilene, di collage, di scherzi, come del resto i versi del suo manifesto poetico *Il controdolore* (1914) - poi con il titolo di *L'antidolore*-, con al centro il riso, la risata, l'umorismo nero e lo sberleffo, tutto raccolto in *Scherzi di gioventù* (1956). Pieni di autoironia sono i componimenti di *Cuor mio* (1968) e *Via delle cento stelle* (1972).

NARRATIVA. *Riflessi,* poi pubblicato con il titolo di *Allegoria di Novembre* (1908), *Il codice di Perelà* (1911) - poi con il titolo *Perelà uomo di fumo,* cioè una favola allegra su un omino pacifico e da nulla, amato prima e odiato poi dalla cittadinanza superficiale -, *La piramide* (1926), opere successivamente raccolte nella trilogia *Romanzi straordinari* (1943). Il romanzo, a sfondo autobiografico, che segna la rottura con Marinetti e la dichiarazione di non interventismo dell'autore alla Prima guerra mondiale, *Due imperi...mancati* (1920), la prosa di ricordi, *Stampe dell'Ottocento* (1932), il suo capolavoro *Le sorelle Materassi* (1934), dove si parla della famiglia e dei complicati rapporti in seno ad essa: tre anziane sorelle sono sconvolte e galvanizzate dall'irrompere nella loro vita di un giovane nipote. Esse (due sono zitelle) si eccitano, provano nuovi affetti, ma perdono l'equilibrio del loro tran-tran quotidiano, l'amore per i loro lavori di ricamo e quindi la sicurezza economica.

Il palio dei buffi (1937), racconti brevi, caricaturali e grotteschi. *Tre imperi...mancati* (1945), romanzo auotobiografico, che è una testimonianza di non belligeranza, di antifascismo e di condanna della violenza. *I fratelli Cuccoli* (1948, rom.), che è ancora una parodia di certe realtà familiari. *Bestie del '900* (1951, racc.). *Roma* (1953, racc.), in cui si descrivono aspetti di vita della nobiltà pontificia alla fine della Seconda guerra mondiale. *Il buffo integrale* (1966), novelle. *Il doge* (1967, rom.), satira del potere. *Stefanino* (1969, rom.), satira sul sesso: il protagonista ha la testa al posto dei genitali e viceversa. *Storia di un'amicizia* (1971, rom.): sul tema dell'amicizia, tra un pessimista e un ottimista, con toni ora fiabeschi ora moraleggianti, ora surreali ora parodici. Il postumo romanzo *Interrogatorio della contessa Maria* (1988) è la cronaca di un'amicizia con un'inquietante contessa, che attrae il giovane narratore.

PROSA AUTOBIOGRAFICA. *Il piacere della memoria* (1964).

Chiave di lettura generale

Dannunziano e antidannunziano, crepuscolare e futurista, in gioventù, finì per essere un anticonvenzionale e un anarchico, irriverente del passato e della tradizione, canzonatorio delle giovani mode, un poeta "saltimbanco" che "si mette a cantare / senza sapere le parole", come egli stesso disse. Fu uno spirito amante della parodia e del sarcasmo fino al grottesco. Come narratore e romanziere, passò da una prosa aulica e ironica, della prima fase, ad una prosa nostalgica, tuttavia provocatoria, della maturità, per sconfinare, nella vecchiaia, in forme surreali fiabesche, caricaturali. Può definirsi uno sperimentatore senza scuole e frontiere. La famiglia, la società, l'amicizia, il comportamento sentimentale e lavorativo dell'individuo, il ritmo quotidiano, vengono sempre osservati con la lente dell'incredulità ora stupita ora ammiccante, con il gusto dell'umorismo, del paradosso, del divertimento, che mette in evidenza aspetti amari dell'esistenza umana.

Opere giovanili, Milano, Mondadori, 1958.
I romanzi della maturità, Milano, Mondadori, 1960.
Poesie, Firenze, Vallecchi, 1963.

LEONARDO SCIASCIA (1921-1989)

VITA. Nato a Racalmuto (Agrigento), studiò a Caltanissetta, dove conseguì il diploma di maestro elementare. Dal 1941 al 1948 lavorò in un ufficio per l'ammasso del grano; poi dal 1949 si dedicò all'insegnamento, collaborando contemporaneamente a importanti riviste culturali italiane e scrivendo per quotidiani come "Il Giornale di Sicilia", "Il Corriere della sera", "La Stampa". Visse a Roma per un anno (1957), poi ritornò in Sicilia, e a partire dal 1967 visse a Palermo. Soggiornò spesso a Parigi. Nel 1975 fu assessore comunale nella lista del Partito Comunista; dal 1979 al 1983 fu deputato del Partito Radicale. Contribuì allo sviluppo della Casa editrice Sellerio di Palermo. Fu soprattutto un accusatore della mafia, del malgoverno, dell'abuso di potere, delle istituzioni deviate, oltre che un cronista degli avvenimenti sociali e storici di Sicilia.

NARRATIVA. *Le favole della dittatura* (1950, racc.), *Le parrocchie di Regalpetra* (1956, cronache quotidiane della Sicilia), *Gli zii di Sicilia* (1958, racc.), *Il giorno della civetta* (1961, suo capolavoro), un romanzo di successo in cui si mettono in evidenza due aspetti delle regole sociali siciliane: quelle contenute nel codice della mafia e quelle che si trovano nella costituzione dello Stato italiano. Da una parte c'è la violenta e occulta delinquenza associata, dall'altra il coraggio solitario e impotente del servitore dello Stato (il capitano Bellodi). *Il Consiglio d'Egitto* (1963, romanzo-inchiesta), *Morte dell'inquisitore* (1964, romanzo-inchiesta), *A ciascuno il suo* (1966, rom.), *Il contesto* (1971, rom.), *Il mare color del vino* (1973, racc.), *Todo modo* (1974, rom.), *I pugnalatori* (1976, romanzo-inchiesta), *Candido ovvero un sogno fatto in Sicilia* (1977, romanzo filosofico, ispirato a Voltaire), *La strega e il capitano* (1986, romanzo-inchiesta), *1912 + 1* (1986, cronaca), *Porte aperte* (1987, rom.), *Il cavaliere e la morte* (1988, romanzo "giallo"), *Una storia semplice* (1989, romanzo "giallo").

PAMPHLET. *Atti relativi alla morte di Raymond Roussel* (1971), *La scomparsa di Majorana* (1975), *L'affaire Moro* (1978), *Dalla parte degli infedeli* (1979), *Il teatro della memoria* (1981, sul caso Bruneri-Canella).

SAGGISTICA. *Pirandello e il pirandellismo* (1953), *Pirandello e la Sicilia* (1961), *Feste religiose in Sicilia* (1965), *La corda pazza* (1970, articoli di giornali), *Sicilia* (1977, con fotografie di Folco Quilici), *La Sicilia come metafora* (1979), *Nero su nero* (1979, diario in pubblico), *Kermesse* (1982), *La sentenza memorabile* (1982), *La palma va a Nord* (1982), *Cruciverba!* (1983), *Stendhal e la Sicilia* (1984), *Cronachette* (1985), *Occhio di capra* (1985, sviluppo di *Kermesse*), *Alfabeto pirandelliano* (1989), *Fatti diversi di una storia letteraria e civile* (1989), *Ore di Spagna* (1989), *A futura memoria (se la memoria ha un futuro)* (1990), raccolta di articoli usciti tra il 1979 e il 1988.

TEATRO. *L'onorevole* (1965), *Recitazione della controversia liparitana dedicata a A. D. (Aleksander Dubcek)* (1969), *I mafiosi* (1976), *Una commedia siciliana* (1983).

POESIA. *La Sicilia, il suo cuore* (1952).

DIBATTITO. *Conversazione in una stanza chiusa,* con Davide Lajolo (1981).

ANTOLOGIA. *Narratori di Sicilia,* in collaborazione con S. Guglielmino, Milano, Mursia, 1967.

Chiave di lettura generale

È lo scrittore che denuncia i mali di una società pietrificata da antiche ingiustizie storico-sociali, da concezioni morali assurde e distorte, dalla religione del privilegio e del favore clientelare, dal potere mafioso che s'intreccia con quello politico, di una società abituata all'imbroglio e al sotterfugio, dove la dignità dell'uomo semplice viene calpestata e dominano il sopruso e il terrore. Maltrattata e sfruttata da millenni, la società di Sciascia è giunta alla deviante e anomala convinzione di ottenere, con un comportamento omertoso, qualcosa di concreto rispetto al niente offerto dallo Stato. Riflessioni, sorrisi ironici, paradossi, grottesche situazioni, omicidi, corruzioni, delitti di mafia, maschere e ipocrisie del mondo, arguzie popolari, storie quotidiane, memorie, frantumi di ricordi, voci e lessico siciliani, scorrono sul suo palcoscenico letterario, scrutati dal suo occhio di laico che ama la libertà di pensiero, che non è schiavo di nessun partito e ripudia la falsità.

Opere, a cura di C. AMBROISE, 3 voll., Milano, Bompiani 1987-89.

FABIO TOMBARI (1899-1989)

VITA. Nato a Fano (Pesaro), svolse la professione di insegnante elementare fino al 1934 e successivamente, fino al 1944, di professore di scuola media. Poi si ritirò in campagna a Rio Salso di Pesaro. Da giovanissimo partecipò alla Prima guerra mondiale. Simpatizzò per Mussolini, aderendo al movimento letterario "Strapaese" (1926-1936), di ispirazione fascista e propagatore di una cultura genuina contadina e nazional popolare, in opposizione ai cosiddetti scrittori europeizzanti ed esterofili seguaci di un gusto troppo "stracittadino" e quindi non autentico.

NARRATIVA. *Cronache di Frusaglia* (1927), poi con il titolo di *Tutta Frusaglia* (1929) e infine di *Frusaglia* (1961, suo capolavoro): Frusaglia è un paese immaginario fra l'Appennino e l'Adriatico, dove vivono figure popolari, bizzarre, ironiche, argute, tipiche di un mondo paesano, coinvolto in vicende particolari, minime, ma sempre cariche di significato umano. *La vita* (1930, romanzo a sfondo autobiografico), *La morte e l'amore* (1931, rom.), *Le fiabe per amanti* (1932), *I sogni di un vagabondo* (1933), *Il libro degli animali* (1935, cronache), *I ghiottoni* (1939, dove si parla dei cibi e dei vini tipici delle Marche), *I mesi* (1954, cronaca delle stagioni), *Il libro di Tonino* (1955, romanzo per ragazzi, premio Collodi), *L'incontro* (1960, rom.), *Il canto del gallo* (1963, rom.), *Il gioco dell'oca* (1966, rom.), *Pensione Niagara e altri racconti* (1969), *Il concerto fiorito* (1969, rom.), *I novissimi ghiottoni* (1970), *Renda e Rondò* (1973), *Il segreto d'oltremare* (1976), *Tutti in famiglia* (1981, racc.).

POESIA. *Essere* (1954).

SAGGISTICA. *Lettera aperta a Benedetto Croce* (1944): con i toni polemici dell'ideologo fascista.

Chiave di lettura generale

Difensore dei valori della provincia, usa un linguaggio sempre colorito, intessendo i suoi racconti di vicende curiose, anche se incentrate su fatti quotidiani talvolta persino banali. È lo scrittore che sa cogliere le minuzie della vita, la semplicità della realtà, condendole di aneddoti e presentandole in un alone di mistero e di attesa, in pause d'importanza e d'essenzialità, in climi di stupore e di divertito umorismo. I suoi racconti sono dei veri bozzetti.

SEBASTIANO VASSALLI (n. 1941)

VITA. È nato a Genova, si è laureato in Lettere. Il suo esordio è legato alla poetica sperimentale del Gruppo '63. Vive in campagna tra Novara e Vercelli. Parlando di sé (nell'*Autodizionario degli scrittori italiani*, a cura di Felice Piemontese, Milano, Leonardo, 1989, p. 355), ha detto di vivere "come il Candido di Voltaire", che 'coltiva il proprio giardino'. Ha vinto il Premio "Strega" nel 1990.

NARRATIVA. Prose sperimentali: *Narciso* (1968), *Tempo di màssacro. Romanzo di concentramento e sterminio* (1970), *Il millennio che muore* (1972), *L'arrivo della lozione* (1976). Di stile diverso sono *Abitare il vento* (1980, rom.); *Mareblù* (1982), con il clima degli anni Settanta e Ottanta; *La notte della cometa. Romanzo di Dino Campana* (1984): dove si parla dell''ultimo dei poeti', di tormento umano e di poesia vera, nonché del passaggio della cometa di Halley; *L'alcova elettrica* (1986): romanzo-inchiesta sul processo ai futuristi nel 1913 per oltraggio al pudore; *L'oro del mondo* (1987, rom.): il fascismo viene visto come "tempesta ormonale", come "adolescenza di un popolo", con personaggi e figure del tempo disegnati sarcasticamente, che compongono un'acre "sinfonia della vita"; *La chimera* (1990, suo capolavoro, Premio "Strega"): una sorta di romanzo storico ambientato nel Seicento padano, con un processo alla strega, con figure picaresche, anticlericalismo e interpretazioni violente; *Marco e Mattio* (1992, rom.): siamo alla fine del Settecento, in un paese del bellunese, al tempo di Napoleone e la sua armata, con gente curiosa e strana, nonché con pagine vive dedicate alla vita quotidiana nella Venezia settecentesca; *Il cigno* (1993): Palermo 1893-1920. È il romanzo della mafia, diviso in Scena prima-Inferno (1893-1894), Scena seconda-Purgatorio (1896-1899), Scena terza-Paradiso (1901-1904), Epilogo (1920). Nel romanzo *3012* (1995) lo scrittore colloca la vicenda alle soglie del 3000 e condanna i cattivi sentimenti e l'odio del presente, nonché le probabili conseguenze di un futuro nefasto.

POESIA. *Disfaso* (1968); *AA. il libro dell'utopia ceramica* (1974); *Brindisi* (1979); *La distanza* (1981); *Ombre e destini. Poesie 1977-1981* (1983); *Il finito* (1984).

SAGGISTICA. *Arkadia. Carriere, caratteri, confraternite degli impoeti d'Italia* (1983): rievocazione dell'esperienza del Gruppo '63; *Sangue e suolo. Viaggio tra gli italiani trasparenti* (1985): un reportage o una riflessione sulla convivenza tra diverse culture in Alto Adige; *Il neoitaliano* (1989): dove – come lui stesso disse – c'è "l'attenzione alla lingua come 'luogo della parola' e, prospettiva, 'del senso', in un universo sostanzialmente insensato".

Chiave di lettura generale

Mescola personaggi storici e d'invenzione; è polemico contro i mali della società odierna e del passato. Attraverso rapidi colpi d'occhio su situazioni essenziali, grandi e minime, attraverso la dissacrazione, l'ironia verbale, il realismo espressionistico e deformante, disegna caratteri, tipi, figure rappresentative della vita quotidiana, anche se a volte li prende dalla storia o dalla notorietà. I personaggi e gli eventi sono, per così dire, calati in un'atmosfera tesa di sofferenza esistenziale. Inoltre, nell'arcano del sarcasmo, nei gesti scanzonati di tutti i giorni, nel linguaggio sanguigno, colorito, carico di immagini originali e peregrine, nel lessico che vuole suggerire e registrare il tormento degli stati d'animo dell'uomo, annidano le sofferenze dell'opera d'arte nel suo farsi o della scrittura nel suo apparire.

Indice analitico

Indice

Indice

Finito di stampare
nel mese di ottobre 1997
da Guerra guru s.r.l. - Perugia

Marcello Silvestrini
Docente di Lingua Italiana per Stranieri nel corso preparatorio

Claudio Bura
Docente di Lingua Italiana per Stranieri nei corsi medio e superiore (sezione per francofoni)

Elisabetta Chiacchella
Docente di Lingua Italiana per Stranieri nei corsi medio e superiore (sezione per ispanofoni)

Valentina Giunti Armanni
Docente di Lingua Italiana per Stranieri nei corsi medio e superiore (sezione per germanofoni)

Renzo Pavese
Docente di Lingua Italiana per Stranieri nei corsi medio e superiore (sezione mista)

Ogni Unità Didattica si articola in

Brano introduttivo d'autore contemporaneo. Si presentano le nuove strutture e gli ambiti lessicali con l'obiettivo primario di tener desta la motivazione ed il coinvolgimento psicologico

Verifica della comprensione del testo attraverso scelta multipla e questionario

Pratiche per l'AUTOAPPRENDIMENTO E L'AUTOCORREZIONE. Si promuove un intervento individuale diretto dell'allievo sui fenomeni linguistici

Suggerimenti per l'avviamento al testo scritto

Sintesi grammaticale. Attraverso microsistemi autonomi e onnicomprensivi, la norma e il riferimento grammaticale sono introdotti in contesti di larga frequenza e autenticità

Civiltà. *Scienza e tecnica. Come sposarsi in Italia. Gastronomia. Realtà sociale italiana. Mondo giovanile. Restauro e conservazione delle opere d'arte. Storia della lingua italiana. Posizione strategica dell'Italia. Italiani che hanno fatto fortuna, noti non solo in Italia. L'Italia del turismo. Assistenza sociale e servizio sanitario. Realtà politico-amministrativa dell'Italia contemporanea. Ecologia, difesa dell'ambiente e qualità della vita. La musica leggera italiana. L'opera lirica*